1001 GARTEN PFLANZEN

1001 GARTEN PFLANZEN

Modeste Herwig

Antje Rugullis

Parragon

Bath • New York • Cologne • Melbourne • Delhi
Hong Kong • Shenzhen • Singapore • Amsterdam

Parragon Books Ltd , Chartist House, 15–17 Trim Street, Bath BA1 1HA, UK
www.parragon.com

Text: Antje Rugullis
Fotos: Modeste Herwig

Layout, Typografie, Satz, Bildbearbeitung, Lithografie, Lektorat:
Makro Chroma Werbeagentur, Hilden

ISBN 978-1-4723-9866-6
Printed in China

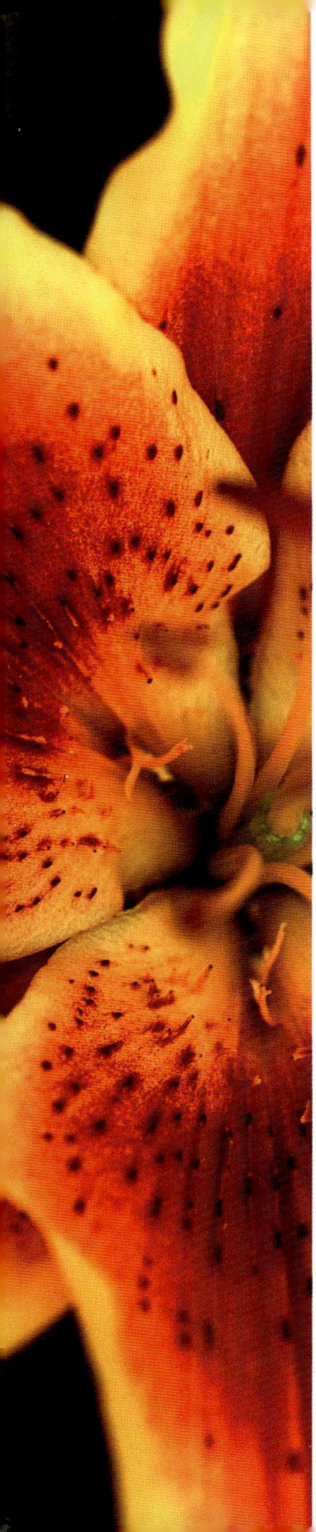

Inhalts-Verzeichnis

Zwiebel- und Knollenpflanzen

Geballte Farbenpracht nicht nur fürs Frühjahr

Wer den Frühling mit all seinen intensiven Farben genießen möchte, kommt an ihnen einfach nicht vorbei: Tulpen, Narzissen und Krokusse schmücken den Garten am Ende des Winters mit einer ungeahnten Sortenvielfalt. Lilien und Dahlien setzen das farbenfrohe Spektakel im Sommer und Herbst gekonnt fort. Und das wirklich Praktische an diesen Minikraftwerken ist, dass sie völlig unkompliziert und wahrhaft anspruchslos sind. Überlebenskünstler par excellence. Es gibt nur weniges, was Zwiebeln und Knollen nicht verzeihen können, dazu zählen im Wesentlichen Staunässe und Wühlmäuse. Doch vor beidem kann man sie schützen, indem man sie in gut durchlässigen Boden pflanzt und die Zwiebeln bei Bedarf in kleine Drahtkörbe setzt. Am eindrucksvollsten wirken sie übrigens in Gruppen. Daher möglichst gehäuft anpflanzen, hier darf es auch ruhig mal etwas enger werden. Wer mit dem Rückschnitt des Laubs wartet, bis dieses vergilbt ist – die Blüte sollte allerdings direkt nach dem Verblühen entfernt werden – kann sich im nächsten Jahr auf eine neue Blütenpracht freuen. Die Kraft der Pflanze zieht nämlich über das Laub in die Speicherorgane zurück. Auch Blumenzwiebeln und Knollen vermehren sich, daher einfach hin und wieder teilen. Sie werden sehen: Neue Standorte werden schnell akzeptiert.

20–60 cm | Sommer

Allium caeruleum* syn. *A. azureum

Blau-Lauch, Sibirischer Enzian-Lauch

Etwa 30 bis 50 sternförmige, himmelblaue, kühle Blüten fügen sich kunstvoll zu einer außergewöhnlichen kugelförmigen, dichten Dolde zusammen. Die schmalen, aufrechten Blätter schmücken den eintriebigen Stängel im unteren Drittel. Der Blau-Lauch bevorzugt mäßig nährstoffreiche Böden in voller Sonne, ansonsten ist er recht anspruchslos. Die Zwiebeln im Herbst pflanzen. Die Vermehrung erfolgt durch Brutzwiebeln oder Selbstaussaat. Diese feine *Allium*-Art, übrigens die einzige mit so wundervoll blauen Blüten, verdient einen gut sichtbaren Platz, besonders hübsch wirkt er auch in Kräuter- oder Rosengärten.

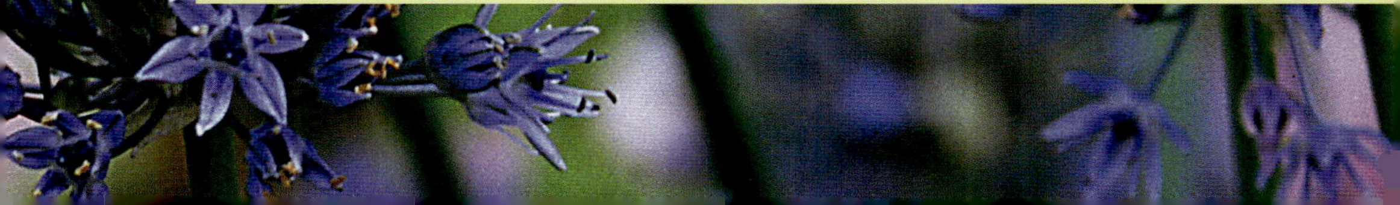

Allium cernuum

Verspielt nicken die kleinen, glockigen, rosa- bis amethystfarbenen Blütenbälle von ihrem stramm aufrechten Stängel herab. Die ungewöhnliche, bezaubernde Gartenpflanze mit eindeutigem Wildcharakter wirkt am schönsten in der Gruppe, zwischen niedrigen Beetpflanzen oder zusammen mit anderen *Allium*-Arten. Bevorzugt einen sonnigen Platz in nährstoffreicher, durchlässiger Erde. *Allium cernuum* ist recht anspruchslos, dafür wüchsig und ausdauernd, mit wintergrünen Blättern.

30–60 cm | Sommer

Allium christophii Sternkugel-Lauch

30–60 cm | Frühlingsende

Seine luftigen, sternförmigen Blüten kommen geradezu wie ein purpurnes Feuerwerk daher. Mit einem Durchmesser von bis zu 20 cm thronen die stolzen Blütenbälle auf ihrem straffen Stiel und bilden, einfach unübersehbar, einen attraktiven Blickfang für Steingarten oder Staudenbeet. Seine langen, riemenförmigen, lanzettlichen Blätter ziehen früh ein. Der Sternkugel-Lauch liebt sonnige Beete und durchlässige Böden. Die Zwiebeln im Herbst pflanzen. In der Pflege ist er anspruchslos; den Boden etwa alle zwei Jahre düngen. Zur Vermehrung Brutzwiebeln abnehmen, Selbstaussaat. **Tipp:** Sieht im Beet besonders schön aus mit hochstieligen, späten Tulpen aus dem gleichen Farbspektrum. Die getrockneten Blütenstände sind auch als Trockenblumen sehr dekorativ und lange haltbar.

Allium flavum Gelber Lauch

Mit einem leuchtenden Gelb hebt sich *Allium flavum* von der violetten Familienfarbe ab. Die glockenförmigen, zum Teil hängenden, kleinen Blüten sind in einer lockeren Dolde angeordnet. Das dezente Graublau des Laubs bildet einen hübschen Kontrast dazu. Er bevorzugt einen trockenen, steinigen Standort in voller Sonne. Dabei wirkt er besonders gut zwischen rötlich blühenden Kleinstauden oder Bodendeckern. Pflanzzeit ist im Herbst. Anspruchslos in der Pflege. Vermehrung durch Brutzwiebeln, Selbstaussaat.

Allium karataviense 'Ivory Queen' Blauzungen-Lauch

Aus einem Paar breiter, beinahe zungenförmiger, bläulich angehauchter Blätter schiebt sich ein niedriggestielter, ballförmiger Blütenstand aus zarten, rosaweißen Sternchen hervor. Er zeigt sich ausdauernd, bis zu drei Wochen lang, dem staunenden Blick des Betrachters. Eine wahre kleine Attraktion. In sonnigen, aber für *Allium* eher selten auch halbschattigen, Beeten und Steingärten bildet er zusammen mit farbkräftigen Stauden ein hübsches Gespann. Den Boden mag er gut durchlässig. Die Zwiebeln kommen im Herbst in den Boden. *Allium karataviense* ist ebenso pflegeleicht wie seine Artgenossen. Vermehren lässt er sich über Tochter- oder Brutzwiebeln sowie Aussaat. **Tipp:** Im ersten Jahr brauchen die Jungpflanzen aller *Allium*-Arten einen Winterschutz. Das optimale Substrat für *Allium* ist übrigens ein sandiger Lehm.

Allium moly Gold-Lauch

Ein kleiner Tausendsassa ist der leuchtend goldgelbe *Allium moly*, der in dichten, kleinen Dolden blüht. Dort, wo es ihm gefällt – in gut durchlässigen, auch frischen Böden an halbschattigen Standorten – breitet er sich rasch durch Tochterzwiebeln und Versamung aus. **Tipp:** Duftende Schnittblume. Ideal als Unterpflanzung für Sträucher. Harmoniert mit blauen und violetten Beetnachbarn. Wenn er lästig wird, Blüte direkt nach dem Abblühen abschneiden, um Selbstaussaat zu verhindern.

Allium roseum Rosen-Lauch

Zart und filigran wirkt diese rosa blühende Zierlauchart, die relativ große Blütenballen trägt und sehr unterschiedliche Höhen erreichen kann. An vollsonnigen Standorten und in gut drainierten Böden benötigt er nicht viel Pflege und breitet sich durch Brut- und Tochterzwiebeln schnell zu einem dichten Rasen aus. *Allium roseum* ist gut als Schnittblume für die Vase geeignet.

Allium sphaerocephalon Kugel-Lauch

Dekorativ und in besonders dichten, eiförmig gestreckten, kleinen Dolden zeigen sich die karminroten Blüten des Kugel-Lauchs. Seine dünnen, gelbgrünen Blätter welken noch während der Blüte. Er liebt volle Sonne und durchlässige, sommertrockene Böden. Ansonsten ist er anspruchslos. Pflanzzeit ist im Herbst. Vermehrung über Brutzwiebeln und Selbstaussaat. **Tipp:** Passt wunderschön zwischen Gräser und Bodendeckerstauden. Ist auch für extensive Dachbegrünungen geeignet. Ideale Schnittblume.

Allium triquetrum Dreikantiger Lauch

Von beinahe durchscheinendem Weiß, verziert mit einem zarten, grünen Mittelstreifen im Inneren, sind die lockeren, glockenförmigen Blüten dieses dreikantigen Zierlauchs, die zu einer Seite hin hängend abkippen. Niedrig und ausgesprochen zierlich, benötigt *Allium triquetrum* einen feuchten, durchlässigen, nährstoffreichen Platz im Schatten oder Halbschatten als Unterpflanzung unter Bäumen oder Sträuchern. Bei guten Bedingungen breitet er sich dafür recht stark aus. An sonnigen Standorten gedeiht er bei ausreichender Wasserversorgung. Pflanzzeit ist im Herbst.

60–100 cm | Früh- bis Hochsommer

Alstroemeria aurea **syn.** ***A. aurantiaca*** **'Orange King'** Goldene Inkalilie

Kann kurzfristig Frost vertragen, dennoch leichter Winterschutz erforderlich. In Staudenbeete oder an den Gehölzrand pflanzen. Stützstab erforderlich. Benötigt ausreichend Feuchtigkeit und gelegentlich Dünger. Verträgt Sonne und Halbschatten.

50–70 cm | Früh- bis Hochsommer

Alstroemeria-Ligtu-Hybriden Inkalilie

Der Klassiker für Sträuße und Gebinde macht auch im Garten eine gute Figur und sorgt für Farbenpracht mit einem Hauch Exotik. Diese Hybriden blühen in herrlichen Rosa-, Lachs- und Gelbtönen mit auffallenden, kontrastreichen Streifen. Besonders wohl fühlen sie sich an halbschattigen Plätzen mit nährstoffreichen, lockeren Böden. An sonnigen Standorten müssen sie in den ersten Wochen gut gewässert werden. **Tipp:** Verblühte Stängel nicht abschneiden, sondern durch kräftige Drehbewegung aus der Pflanze ziehen; dies stimuliert die Knolle zur Triebbildung. Mit Laub oder Stroh leichten Winterschutz herstellen. Kann Hautreizungen verursachen.

Amaryllis bella-donna 'Durban'

Belladonnenlilie

Die Bezeichnung „schöne Frau" trägt *A. bella-donna* völlig zu Recht, denn ihre duftenden, trichterförmigen Blüten sind wahrhaft edel und einfach bildschön. Der stabile Blütenschaft trägt sechs und mehr Blüten. 'Durban' zeigt sich in einem kräftigen Pink, andere Sortenfarben reichen von Weiß über Rosa bis Rot. *A. bella-donna* schiebt ihr Laub vor der Blüte hervor, zieht es aber schnell wieder ein, bevor der eigentliche Blütenschaft erscheint. Im Frühjahr in mäßig nährstoffreichen, durchlässigen Boden setzen. Sie liebt sonnige, geschützte Standorte z. B. an einer Südwand und eine gute Winterabdeckung. Eignet sich zur Verwilderung. **Tipp:** Den Stängel unter Umständen mit einem Stab stützen.

Anemone blanda 'White Splendour'

Balkan-Windröschen, Berg-Anemone

Schon im zeitigen Frühjahr, wenn die ersten Sonnenstrahlen die Schneedecke schmelzen lassen erstrahlen die unzähligen weißen Blütensterne von 'White Splendour', die sich effektvoll unter Sträuchern oder in Steingärten einfügen. In Massen gepflanzt wirkt sie einfach bezaubernd.

Anemone blanda 'Blue Shades'

Balkan-Windröschen, Berg-Anemone

Die sternförmigen, flachen Blüten signalisieren in leuchtendem Mittelblau von ihren kurzen Stielen: Der Frühling ist da. An ungestörten Standorten auf lockeren, humosen Böden mit gutem Wasserabzug bildet sie dichte Blütenteppiche. Ideal zum Verwildern in Wiesen, Steingärten und Rabatten. Pflanzung im Herbst oder Frühjahr. Vermehrung durch Teilung der Knollen. **Tipp:** Im Herbst mit einer dünnen Schicht Kompost abdecken. Passt zu Primeln und Krokus.

Anemone coronaria 'De Caen'

Garten-Anemone, Kronen-Anemone

Eine Schar leuchtend roter, blauer, violetter, weißer oder rosafarbener Schalen aus auffallend breiten Blütenblättern, in der Mitte geziert von einem schwarzen Kranz. Unübersehbar präsentiert sich *A. coronaria* in Beeten und Steingärten, am liebsten in Gruppen oder zusammen mit Wildtulpen, Blausternen und niedrigen Gräsern. Ihr Lieblingsplatz liegt sonnig bis halbschattig auf leichten, sandigen Böden. Sie mag es nicht zu feucht. Gepflanzt wird im Frühjahr oder im Herbst. Im Winter benötigt sie in unseren Breiten einen Schutz aus Laub oder Kompost, denn sie ist nicht frosthart. Sie mag es ungestört, daher, nur sofern erforderlich, die Knollen nach der Blüte ausgraben, trocken und frostfrei lagern. **Tipp:** Vor dem Pflanzen die Knolle ein bis zwei Tage in Wasser quellen lassen; dies regt die Bewurzelung an. Beliebte Schnittblume.

25–40 cm | Spätes Frühjahr

10–20 cm | Mittleres Frühjahr bis Frühsommer

Anemone nemorosa Busch-Windröschen

Ein echtes Kind des Waldes ist *A. nemorosa*. Sie genießt die Frühjahrssonne und bevorzugt während des Sommers ein eher schattiges Plätzchen. Daher sind sommergrüne Gehölzränder der ideale Standort – mit frischen, humosen, sommertrockenen Böden. Dort lässt sie ihre zartweißen, rosa angehauchten Blütenschalen sprießen, in der Mitte leuchtet intensiv ein gelber Kranz aus Staubgefäßen. Dreiteiliges, tief eingeschnittenes, grasgrünes Laub. Anspruchslos, Teppich bildend. Vermehrung durch Teilung der Rhizome. Pflanzzeit ist im Herbst. Besonders schön in Naturgärten. **Achtung:** Kontakt mit dem Pflanzensaft kann Hautirritationen hervorrufen. Bei Empfindlichkeit Handschuhe tragen.

Bis 25 cm | Frühes Frühjahr

Anemone pavonina Pfauenanemone

Die hübsche Wildblume streckt ihre feurig roten, becherförmigen Blüten hungrig der Sonne entgegen. Die Pfauenanemone zeigt ihre zarten Einzelblüten auch in Rosa oder Purpur, meist mit weißer Mitte. Aufgrund ihrer mediterranen Herkunft liebt sie sonnige Standorte auf leichten, sandigen Böden. Im Winter idealerweise mulchen oder frostfrei in Sand überwintern. Eignet sich mit ihrem Wildcharakter für naturnahe Beete und Steingärten.

30–50 cm | Spätes Frühjahr bis Frühsommer

Anemone sylvestris Großes Windröschen

Die cremeweißen Blüten mit den goldgelben Staubblättern sitzen auf langen Stängeln und wirken einfach atemberaubend. Verträgt Sonne und halbschattige Plätze und wasserdurchlässige, humose Böden. *A. sylvestris* breitet sich über Schösslinge rasch aus. **Tipp:** Anemonen, gleich welcher Art, sollten vorzugsweise in Tuffs von mindestens fünf Stück gepflanzt werden.

Arisaema candidissimum Weißer Feuerkolben

Stolz und prachtvoll sind Attribute, die sich einem beim Anblick der Blüte von *A. candidissimum* geradezu aufdrängen. Das frische, rosa-weiße Streifenmuster der Spathen – so die Bezeichnung für das den Blütenkolben umhüllende Blatt – ist ein wahrer Hingucker im Garten. Das dreiteilige Laub wird recht groß und verbreitet exotisches Flair. Die kleinen Blüten verbreiten einen zarten Duft. Als typische Waldpflanzen bevorzugen sie einen kühl-feuchten Schatten- oder Halbschattenplatz in feuchtem, humosem, leicht saurem Boden. Gut geeignet für Gehölzränder. Pflanzzeit ist vorzugsweise der Herbst. Vermehrung durch Aussaat oder Abnahme der Nebenknollen. Bei Trockenheit ausreichend wässern. In rauen Lagen sollte eine Winterdecke aus Laub und Reisig die Pflanze schützen. Winterschutz kann auch durch tiefes Eingraben (bis 30 cm) der Knolle erreicht werden. Falls nötig, die Knolle ausgraben und im Kühlschrank überwintern.

40–60 cm | Frühsommer bis Spätsommer

Arum italicum Italienischer Aronstab

Eine wahre Pflanzenattraktion mit ungewöhnlichem Blütenstand und leuchtend roten Beeren ist der Aronstab. Er treibt sein pfeilförmiges, glänzend grünes Laub im Herbst und zeigt im Frühsommer den von einem großen, gelbgrünen Spathen umhüllten, gelblichen Blütenkolben. Im Sommer trägt er dekorative rote Beeren, für Sträuße geeignet. Verträgt sonnige bis halbschattige, geschützte Plätze auf frischem, nährstoffreichem Boden. Pflegeleicht. In rauen Lagen Winterschutz. Vermehrung durch Nebenknollen oder Aussaat. **Achtung:** Alle Pflanzenteile der Aronarten sind giftig.

Bulbocodium vernum Frühlings-Lichtblume

Die zarten, rosa-violetten Blütensternchen scheinen direkt ohne Stiel aus dem Boden zu sprießen. Gegen Ende der Blütezeit zieht das Laub nach und wächst noch weiter in die Länge, bis es sich im Sommer zurückzieht. Die hübschen Frühlingsblüher passen ideal in Steingärten und zu Gehölzrändern, zusammen mit Fritillarien, Wildnarzissen und Krokussen bilden sie einen frühlingshaften Blütenteppich. Sie mögen es sonnig bis halbschattig. Wichtig ist eine gleichmäßige, ausreichende Bodenfeuchtigkeit, daher während der Wachstumszeit ausreichend wässern. Die Knollen lassen sich nicht lagern, nach dem Kauf direkt einpflanzen. Pflanzzeit ist Spätsommer/Herbst. Wenn das Laub eingezogen ist, lassen sich die Knollen aus der Erde nehmen und Tochterknollen davon abtrennen. **Achtung:** Enthält in allen Teilen, besonders in den Samen, Colchicin. Hochgiftig, daher für Gärten mit Kindern nicht geeignet.

Camassia cusickii Cusicks Prärielilie

Die hochwachsenden Blütenkerzen der Prärielilie sind die Höhepunkte im Frühjahrsgarten. Die traubigen Blütenstände tragen blassblaue, ins Lila spielende Blüten. Insgesamt anspruchslos. Winterhart, Winterabdeckung ist dennoch empfehlenswert. Kerzen nach der Blüte abschneiden, es sei denn, man will Samen ernten. Pflanznachbarn in Beeten sind: Tulpen, *Geranium, Iris, Polemonium.* Der Boden sollte ausreichend feucht sein, Sonne bis Halbschatten. Vermehrung durch Brutzwiebeln oder Aussaat. Die Prärielilie ist eine schöne Schnittblume.

10–15 cm | Frühes Frühjahr

Chionodoxa luciliae Schneeglanz, Schneestolz, Sternhyazinthe

Voller Ungeduld treibt es die anmutigen, leuchtend blauen Blütensterne durch den letzten Schnee der Frühlingssonne entgegen. Mit ihren hübschen Blautönen passt sie besonders gut zu gelben Frühlingsboten an Gehölzrändern oder in Steingärten. Anspruchslos. Sonnige Lagen, lockere Böden. Im Herbst pflanzen. Brutzwiebeln im Herbst abnehmen, auch Aussaat möglich.

100–200 cm | Hochsommer bis Mitte Herbst

Canna-Indica-Hybriden Indisches Blumenrohr

Mit einer breiten Farbpalette – von Scharlachrot bis Goldgelb – wartet die exotische Schönheit auf, die wegen ihrer prächtigen Blüten und dem üppigen, dekorativen Blattwerk geschätzt wird. Leuchtende Farben und eine beeindruckende Wuchshöhe machen sie zum selbstbewussten Blickfang. Auch die Laubblätter fallen durch ihre Tönungen zwischen Grün, Purpurrot und Bronze auf. *Canna* lässt sich mit farblich abgestimmten Sommerblühern unterpflanzen. Während des Wachstums braucht sie reichlich Wasser und Nährstoffe, etwa alle zwei Wochen düngen. Verblühtes abschneiden. Nach der Blüte handbreit zurückschneiden. In Regionen mit Frost Rhizome ausgraben, trocken und kühl lagern. Im Frühjahr die Rhizome mit Triebknospe teilen, ab Spätfrühling in den Boden pflanzen. Standort: sonnig, windgeschützt. Nährstoffreicher, gut durchlässiger Boden.

10–15 cm | Spätsommer bis Herbst

Colchicum autumnale Herbst-Zeitlose

Die eleganten, rosalila Blütenbecher der Herbst-Zeitlosen ähneln dem Krokus, strecken sich aber erst ab dem späten Sommer den letzten wärmenden Sonnenstrahlen entgegen. Blattlos, denn das Laub treibt erst im folgenden Frühjahr aus. Bevorzugt Sonne und fruchtbare, wasserdurchlässige, frische Böden. *Colchicum autumnale* ist recht anspruchslos. Am schönsten kann sie sich unter Sträuchern oder in Beeten präsentieren, wo sie in der späten Jahreszeit noch farbige Akzente setzt. Vermehrung durch Teilung alter Horste im Sommer oder Brutzwiebeln. **Achtung:** Alle *Colchicum*-Arten sind in den oberirdischen Teilen stark giftig.

Colchicum speciosum Herbst-Zeitlose

Die etwas größere Art *C. speciosum* entwickelt große, breite Blütenbecher in den Farben Blauviolett und Weiß. Die Blüten erinnern ein wenig an kleine Tulpen. Ihre Anforderungen an Standort und Boden ähneln denen von *C. autumnale*. *Colchicum* treibt aus einer Knolle meist mehrere Blüten. Knollen in Gruppen setzen.

Crinum × powellii Hakenlilie, Kaplilie

Mit ihrer eleganten Ausstrahlung erinnert sie stark an Lilien. Die bis zu 15 strahlenden, duftenden Trichterblüten – in Weiß oder Rosa – an dem hohen, kräftigen Schaft machen sie zu einer wirkungsvollen Solitärpflanze. In kleinen Gruppen gepflanzt, lässt sie sich jedoch zu einer wahrhaft prächtigen Blütenexplosion hinreißen. Sie entfaltet sich am liebsten an sonnig-warmen, geschützten Standorten, beispielsweise vor einer Südmauer. Den Boden liebt sie feucht, nährstoffreich und gut drainiert. In der Wachstumsphase reichlich wässern. Im Winter mit dicker Laubdecke oder Reisig abdecken. Wenn sie sich ungestört entwickeln kann, wird sie von Jahr zu Jahr prächtiger. Abgenommene Brutzwiebeln blühen erst nach drei bis vier Jahren.

Crocosmia × crocosmiiflora 'Lucifer'
Garten-Montbretie

Ein flammendes, scharlachrotes Ausrufezeichen setzt 'Lucifer' vorzugsweise in sonnigen Beeten zwischen anderen sommerblühenden Zwiebelpflanzen und Stauden. Im Halbschatten blüht sie weniger üppig. *C.* sind recht pflegeleicht, solange sie während des Wachstums regelmäßig Wasser erhalten. Verblühte Ähren unterhalb der letzten Blüte abschneiden. Für den Winterschutz eignen sich Laub und Reisig. Am richtigen Standort bilden *C.* durch Ausläufer und Brutknollen dichte Bestände. Leichte, durchlässige Böden. Pflanzzeit ist im Frühjahr. Auch als Schnittblume gut geeignet.

5–10 cm | Frühes Frühjahr

Crocus chrysanthus 'Cream Beauty' Kleiner Krokus

C. chrysanthus ist ein ausgesprochener Frühblüher. Die Sorte 'Cream Beauty' besticht durch ihre dezenten, cremefarbenen Blüten mit goldgelbem Schlund. Sein zartes Auftreten lässt nicht vermuten, dass er ein äußerst robuster, genügsamer und ausdauernder Vertreter ist. An sonnigen Plätzen mit durchlässigen, mäßig fruchtbaren Böden breitet er sich langsam, aber beständig aus und bildet, wenn man ihn lässt, üppige Horste. Gepflanzt werden die kleinen Knollen im Herbst. Krokusse wirken am schönsten in dichten Büscheln und werden durch einen gekonnten Farbmix zum echten Hingucker. So kommt 'Cream Beauty' zusammen mit einem violetten Blütenkissen so richtig zur Geltung. Ideal für Steingärten, helle Gehölzränder oder für den Rasen. Laub stehen lassen, bis es vergilbt. Achtung beim Rasenmähen. Weitere Pflege ist nicht erforderlich.

10–15 cm | Herbst

Crocus speciosus Herbstkrokus

Der Herbstblüher erscheint je nach Sorte in Zartblau bis Dunkelviolettblau mit dunklen Streifen oder aber in Weiß mit orangen Streifen. Orange Narbe. Sonnige Lagen mit durchlässigem Grund. Pflanzzeit ist im Sommer. Anspruchsloser Zeitgenosse.

5–10 cm | Frühes Frühjahr

Crocus tommasinianus 'Ruby Giant' Dalmatiner Krokus

Kräftige Farbe, zierlicher Wuchs. Dieser Frühjahrsblüher in dunklem Lila eignet sich hervorragend zum Verwildern und bildet schnell herrliche, farbintensive Blütenteppiche. *Crocus tommasinianus* 'Ruby Giant' ist nicht nur sehr beständig gegen Wind und Regen, sondern auch ein ausdauernder Blüher. Absolut pflegeleicht. **Tipp:** Ist eine ideale Bienenweide.

Cyclamen coum Vorfrühlings-Alpenveilchen

Wer bei seinem Namen lediglich an Großmutters Fensterbank denkt, tut dem zarten *C. coum* völlig Unrecht. Denn es ist eine äußerst robuste und ausdauernde Gartenpflanze, die an einem halbschattigen, windgeschützten Standort in humoser, gut drainierter Erde über Jahre hinweg zuverlässig blüht. Der kleine Frühlingsblüher mit den aparten, langstieligen Blüten in Weiß, Rosa oder Karminrot und den nierenförmigen Blättern liebt allerdings seine Ruhe und Ungestörtheit. Pflegeleicht. Alle ein bis zwei Jahre im Frühjahr oder Herbst mit Humus überstreuen. Im Winter mit Reisig und Nadelstreu schützen. Knollen im Spätsommer bis Herbst flach einpflanzen. Vermehrung durch Aussaat.

Cyclamen hederifolium Herbst-Alpenveilchen, Neapolitanisches Alpenveilchen

Ganz besonders winterhart ist *C. hederifolium*. Weniger durch die Blüte, als vielmehr durch die Form ihrer Blätter unterscheiden sich Alpenveilchenarten. So trägt dieses efeuartiges, wintergrünes Laub, das durch seine lebhafte, silbrig grüne Zeichnung auffällt. Die Blüten erscheinen entweder vor oder zusammen mit den jungen Blättern. Das herbstblühende Alpenveilchen verträgt halbschattige, aber auch sonnige Standorte und gilt als frosthart. In rauen Lagen dennoch Winterschutz vorbereiten. **Tipp:** Vorgezogene, getopfte Pflanzen lassen sich einfacher einpflanzen als die Knollen.

Cypripedium calceolus

Gelber Frauenschuh, Marien-Frauenschuh

Eine feine Rarität. Die winterharte Orchideenart treibt purpurne Blüten mit leuchtend gelber Lippe. Sie fühlt sich am wohlsten an geschützter Stelle am Gehölzrand oder in halbschattigen Steingärten. Bevorzugt feuchten, fruchtbaren, alkalischen Boden. Im Winter mulchen.

***Dahlia* 'Mignon Firebird'**
Einfach blühende Dahlie

Feuerrotes Blütenwunder mit leuchtend gelber Mitte. Zieht Insekten an. Verträgt volle Sonneneinstrahlung und ist als Schnittblume geeignet.

30–40 cm | Hochsommer bis Spätherbst

Dahlia Dahlie, Georgine

Sie bringen noch einmal die Sonne zurück in den herbstlichen Garten. Neben den Tulpen gehören die farbenprächtigen, vielgestaltigen und sortenreichen Dahlien zu den beliebtesten Knollenpflanzen. Die Körbchenblüter gibt es in allen Farben, außer in Blau. Je nach Blütenform unterscheidet man verschiedene Gruppen:

Einfach blühende Dahlien
Überwiegend niedrige Vertreter mit ungefüllten Blüten aus einem einfachen Ring mit breiten Zungenblüten und flacher, gelber Mitte (Mignon-Dahlien). Wirken wie eine Scheibe.

Anemonenblütige Dahlien
Tragen einen oder mehrere Ringe meist flacher Blütenblätter, die um eine dichte Gruppe von Röhrchenblüten angeordnet sind. Diese sind länger als bei den einfach blühenden Dahlien und bilden deshalb keine Scheibe. Halbgefüllt.

Halskrausen-Dahlien
Einfacher Ring von meist flachen Randblütenblättern. In jedem Blütenblatt des äußeren Rings befinden sich zusätzlich kleinere Blütenblätter, die optisch einen zweiten, meist helleren, inneren Ring bilden. Erinnert an eine Halskrause. Die Mitte ist flach wie bei den einfach blühenden Dahlien. Halbgefüllt.

Seerosen-Dahlien
Große, aber eher wenige, flache bis schalenförmig gebogene Blütenblätter. Nicht eingerollt. Die Blüte wirkt dadurch insgesamt flach. Gefüllt.

Schmuck-Dahlien
Dicht gefüllt mit vielen breiten, flachen Blütenblättern, deren Rand leicht nach innen gebogen ist. Biegen sich leicht zum Stängel zurück. Wirken üppig und füllig.

Ball-Dahlien
Runde, aber auch abgeflachte Form. Dicht sitzende Zungenblüten, die bis über die Hälfte der Längsachse nach innen eingerollt sind. Gefüllt.

Pompon-Dahlien
Eine Miniaturausgabe der Ball-Dahlie. Die Blütenblätter sind allerdings um mehr als die Hälfte eingerollt, sodass man wie bei einer Röhre hineinsehen kann. Gefüllt.

Kaktus-Dahlien
Schmale, spitze Blütenblätter, die über mehr als die Hälfte der Länge nach hinten eingerollt sind. Die Blütenblätter stehen straff gerade oder sind leicht zur Mitte hochgebogen. Gefüllt.

Semi-Kaktus-Dahlien
Ähneln der Kaktus-Dahlie, haben aber meist breitere Blütenblätter. Sind nur an der Spitze nach hinten eingerollt. Gefüllt.

▸ *Dahlia* 'Garden Show'
Anemonenblütige Dahlie

Mit einer unübertroffenen Farbkombination aus zartem Rosa-Rot. Mit einem warmen Bronzeton in der Mitte tritt 'Garden Show' an, um ihrer Konkurrenz die Schau zu stehlen. Blütenkopf 12 cm.

Dahlia Dahlie, Georgine

◂ *Dahlia* 'Lambada' Anemonenblütige Dahlie

Der Name klingt nach südamerikanischen Rhythmen. Und tatsächlich, die zarten Rosa- und Beige-Töne bringen lebhaften Schwung in den Garten. Ist auch für den Kübel hervorragend geeignet. Blütenkopf 16 cm.

▴ *Dahlia* 'Brides Bouquet'
Halskrausen-Dahlie

Kleine Unschuld in blassem Cremeweiß, geschmückt mit einer gleichfarbigen Halskrause. Blütenkopf 7 cm.

◂ *Dahlia* 'Night Butterfly' Halskrausen-Dahlie

Mit ihrem geheimnisvollen dunkelvioletten, beinahe schwarzen Outfit und dem feinen, weißen Kragen in der Mitte erobert 'Night Butterfly' die Herzen im Sturm. 6 cm.

Diverse Dahlien
Hierzu gehören Dahlien, die nicht zu einer der vorgenannten Gruppen zuzuordnen sind: Duplex-Dahlien, Giraffen-Dahlien, Orchideen-Dahlien, Hirschgeweih-Dahlien.

Dahlien zählen mit Recht zu den beliebtesten Gartenpflanzen, denn sie garantieren vom Hochsommer bis zu den ersten Herbstfrösten eine farbenfrohe und buschige Blütenpracht. Das spektakuläre Blütenwunder liebt sonnige, aber nicht übermäßig heiße, und freie Standorte, an denen es sich ungestört entfalten kann. Auch wenn keine durchgehende Sonne erforderlich ist, wird Schatten von Dahlien kaum toleriert. Die Erde sollte fruchtbar, humos, leicht sauer und gut wasserdurchlässig sein, bei Staunässe könnten die Knollen anfangen zu faulen. Dahlien gelten auch als ein wenig kontaktscheu, daher sollten sie mit ausreichendem Abstand gepflanzt werden. Als Kübelpflanzen sind Dahlien ein herbstliche Bereicherung für Terrasse und Balkon. Die höheren Sorten geben wunderbare Schnittblumen, die sich lange halten, wenn man das Wasser täglich wechselt.

▸ ***Dahlia* 'Twiggy'** Seerosen-Dahlie

Ein gute Schnittblume ist die pinke 'Twiggy'. Besonders hübsch mit einem Hauch von zartem Gelb in der Mitte. Blütenkopf 12 cm.

◂ ***Dahlia* 'Arabian Night'** Schmuck-Dahlie

Dunkelpurpurrot, beinahe schwarz, und geheimnisvoll zählt sie zu den erlesenen Kostbarkeiten im Reich der Dahlien. Blütenkopf 12 cm.

▸ ***Dahlia* 'Cafe au Lait'** Schmuck-Dahlie

Die großblütige Schmuck-Dahlie gehört zu den elegantesten Sorten, die man bekommen kann: subtiler Mokka-Ton, zartrosa angehaucht. Ein üppiger Blüher, der auch in der Vase auffallen wird. Blütenkopf 25 cm.

'Mistery Day' Schmuck-Dahlie

Wirkt durchaus dominant: Die üppige Blüte von 'Mistery Day' zeigt sich farbgewaltig in Fuchsia-Rot mit feinen, weißen Spitzen. Blütenkopf 14 cm.

◀ ***Dahlia* 'Boy Scout'** Ball-Dahlie

Ein wahrhaft femininer Farbton für einen 'Boy Scout', aber dennoch äußerst dekorativ. Blütenkopf 7 cm.

Dahlia Dahlie, Georgine

◀ ***Dahlia* 'Bantling'** Pompon-Dahlie

Geradezu perfekt, ja beinahe wie von einem anderen Stern wirkt der weithin leuchtende, orangefarbene Blütenball von 'Bantling'. Auch wenn die Blüte nur klein ist, so erreicht 'Bantling' immerhin eine stolze Höhe von bis zu 1m. Blütenkopf 6 cm.

▼ ***Dahlia* 'Nescio'** Pompon-Dahlie

Rot ist nicht gleich Rot. Noch nie wirkte es so glühend, berauschend und kraftvoll wie bei 'Nescio'. So intensiv, dass es einem beinahe den Atem verschlägt. Blütenkopf 7 cm.

So ganz mühelos kommt man allerdings nicht in den Genuss ihrer herrlichen Pracht. Dahlien benötigen schon die Aufmerksamkeit und Pflege. Aber ein wenig Mühe lohnt sich allemal. Dahlien sind frostempfindliche Knollenpflanzen. Nach dem ersten Frost müssen die Dahlien-Knollen ausgegraben werden, Erde leicht abklopfen. Zunächst an der Luft trocknen lassen, anschließend die Knollen in Torf oder trockenem Sand lagern und in einem frostfreien, kühlen, gut durchlüfteten Raum überwintern. In frostfreien Regionen können Dahlien über Winter in der Erde belassen werden. In Gebieten mit leichter Frostgefahr eine tiefe Mulchschicht auftragen. Im Spätfrühling können die Knollen wieder in den Garten gepflanzt werden, mehrjährige Knollen vorher teilen. Während des Wachstums regelmäßig stickstoffreichen Dünger zugeben, dies regt die Laubentwicklung an. Ab Hochsommer zur Blütenbildung kaliumreichen Dünger verabreichen. Die hohen Sorten benötigen eine Stütze, an der die neuen Triebe regelmäßig aufgebunden werden. Um die Knollen nicht zu beschädigen, erst die Stütze einklopfen, dann die Knolle pflanzen. Abgeblühtes regelmäßig herausschneiden. In Trockenzeiten ausreichend bodennah wässern.

100–120 cm | Hochsommer bis Spätherbst

▸ ***Dahlia* 'Apricot Star'**
Kaktus-Dahlie

In einem eher lockeren und beschwingten Outfit präsentiert sich 'Apricot Star'. Die lachsfarbene Blüte mit dem cremefarbenen Herz zeigt eine besonders ansprechende Farbgebung. Blütenkopf 15 cm.

70–90 cm | Hochsommer bis Spätherbst

▴ ***Dahlia* 'Mondeo'** Kaktus-Dahlie

Der Farbverlauf – gelb, übergehend in orangefarbene Spitzen – erinnert an einen erfrischenden, kühlen Sommerdrink. Blütenkopf 10 cm.

***Dahlia* 'Burning Love'** Semi-Kaktus-Dahlie

Ob sie nach dem berühmten Song von Elvis benannt wurde? Ihre Wirkung jedenfalls ist wild und glühend. Blütenkopf 10 cm.

100–120 cm | Hochsommer bis Spätherbst

Dahlia **'Cha Cha'** Semi-Kaktus-Dahlie

Ein wahrhaft attraktives Farbspiel für den Garten und die Blumenvase. Blütenkopf 12 cm.

90–110 cm | Hochsommer bis Spätherbst

Dahlia Dahlie, Georgine

50–70 cm | Hochsommer bis Spätherbst

◄ **'Melody Gipsy'** Semi-Kaktus-Dahlie

Die kleinblütige und mittelhochwachsende 'Melody Gipsy' erstrahlt in hellem Rosé mit einem kleinen, gelben Zentrum. Eine dankbare Schnittblume. Blütenkopf 12 cm.

▼ **'Nuit d'Été'** Semi-Kaktus-Dahlie

In einem ganz dunklen Weinrot mit beinahe schwarzem Zentrum vermittelt 'Nuit d'Été' einen Hauch von Schatten im strahlendsten Sonnenlicht. Blütenkopf 12 cm.

100–120 cm | Hochsommer bis Spätherbst

▼ **'Bishop of Llandaff'** Duplex-Dahlie

Die Duplex-Dahlien sind wie einfach blühende Sorten, allerdings mit mehr als nur einem Ring von Randblüten. 'Bishop of Llandaff' ist ein echter Klassiker: eine leuchtend rote Blüte mit kontrastreichem, dunklem Laub. 10 cm.

90–120 cm | Hochsommer bis Spätherbst

25–50 cm | Hochsommer bis Spätherbst

▸ ***Dahlia* 'Classic Masquerade'**

Duplex-Dahlie

Sie muss sich nicht verstecken. Das rotgeflammte Muster auf dem terrakotta-orangefarbenen Grund ist ein echter Hingucker. Besonders attraktiv dazu ist das violettschwarze Laub. Blütenkopf 10 cm.

◂ **'Classic Rosamunde'** Duplex-Dahlie

Die warm-pink-violetten Blütenblätter verbreiten eine freundliche Atmosphäre. Die dunklen Blätter bilden einen dekorativen Kontrast. Blütenkopf 10 cm.

80–100 cm | Hochsommer bis Spätherbst

***Dahlia* 'Promise'** Hirschgeweih-Dahlie

Hirschgeweih-Dahlien sind Kaktus-Dahlien, deren Blütenblätter am Ende gezackt oder geschlitzt sind. 'Promise' ist eine schwefelgelbe Sorte mit dieser geweihähnlichen Blütenform. Blütenkopf 18 cm.

120–140 cm | Hochsommer bis Spätherbst

Eranthis hyemalis Kleiner Winterling

Als wohlriechender Blütenteppich in geradezu blendendem Gelb ziert das robuste, kleine Wunder den tristen Frühjahrsgarten. Genügsam kommt er daher, ohne große Ansprüche an Boden oder Pflege. In Halbschatten oder frühjahrshellem Schatten breitet er sich an Gehölzrändern, unter Sträuchern oder auf schütteren Rasenflächen durch Tochterknollen oder Aussaat schnell aus. Pflanzzeit ist Herbst. Die Knollen sind sehr empfindlich gegen Austrocknen, nicht lagern. **Achtung:** giftig in allen Teilen, insbesondere die Knolle. **Tipp:** *E. hyemalis* ist hervorragend als Bienenweide geeignet.

***Eremurus × isabellinus* 'Pinokkio'** Isabellen-Steppenkerze

Straff aufrecht und gen Himmel strebend wie eine Rakete vor dem Start ziert 'Pinokkio' den sommerlichen Garten. Die dicht gepackten Einzelblüten an dem wahrhaft eindrucksvollen Blütenschaft leuchten in Kupfergelb bis Orange vor dunklen Gehölzen oder aus Staudenbeeten hervor. Voraussetzung ist, dass sie einen sonnigen, warmen und windgeschützten Platz auf nährstoffreichem, durchlässigem Boden ohne Staunässe haben. Die abgeblühten Kerzen bis zur Hälfte des Schafts zurückschneiden. Über Winter mit Laub und Reisig abdecken. Wenn nötig, auch den Blattaustrieb im Frühjahr vor Kälteschäden schützen. Da die Wurzelknollen brüchig sind, ist bei der Pflanzung Vorsicht geboten. Pflanzzeit Spätsommer. Teilung der Wurzelknollen erst nach drei bis vier Jahren möglich. Attraktive Schnittblume.

***Erythronium* 'Citronella'**
Hundszahn, Zahnlilie

Den wenig wohlklingenden Namen verdankt diese leichte, krönchenförmige Blütenschönheit ihrer eiförmigen, weißlichen Zwiebel, die tatsächlich dem Eckzahn eines Hundes ähnelt. Die zarten, gelben Hängeblüten mit den dunkelgelben Staubbeuteln bedanken sich für einen halbschattigen Platz in fruchtbarer, humoser Erde durch zahlreiches Erscheinen. Während des Wachstums feucht, aber frei von Staunässe, nach der Blüte eher trocken halten. In rauen Lagen ist Winterschutz mit Laub und Reisig nötig. Vermehrung im Spätsommer durch Brutzwiebeln, Aussaat. Dekoratives Laub.

Freesia lactea Freesie

In den gemäßigten Breiten kennt man sie eher als duftende Schnittblume. Bei Pflanzung im Frühjahr erscheint die Blüte im Sommer. In frostfreien Regionen im Herbst pflanzen, damit sie im Frühjahr blüht. Fruchtbare, feuchte, durchlässige Erde.

20– 40 cm | Sommer

30– 60 cm | Spät- sommer

Eucomis bicolor Gerandete Schopflilie

Ihre afrikanische Herkunft lässt sich nicht verleugnen. Die ausgefallenen, exotischen Blütenzylinder von *E. bicolor* bilden einen hinreißenden Blickfang vor dunklen Gehölzen, großen Steinen oder sommerlichen Beeten. Dicht an dicht hängen die blassgrünen, rosagerandeten Blütensterne an einem hohen Stängel, der von einem blättrigen Schopf gekrönt wird. Dieser Optik hat sie auch den Namen „Ananasblume" zu verdanken. Ihre auffallende Pracht zeigt sie in fruchtbarer, durchlässiger Erde an sonnigen bis lichtschattigen, geschützten Standorten. Den Boden während des Wachstums gleichmäßig feucht halten; wenn nötig, düngen. In milden Klimaten reicht eine Winterabdeckung. In rauen Gegenden sollten die Zwiebeln ab dem Herbst kühl und trocken außerhalb des Bodens überwintert werden. Pflanzung im Vollfrühling. Wenn das Laub vergilbt ist, können Brutzwiebeln abgetrennt werden.

Fritillaria imperialis 'Blom's Orange Perfection' Kaiserkrone

Durch ihre anmutige, stattliche Haltung und ihren üppigen, noblen Blütenschopf ist sie der Star im typischen Bauerngarten. Ihre farbkräftigen, orangeroten Blütenglocken wirken besonders schön in kleinen Gruppen und in der Nachbarschaft zu anderen Frühlingsblühern, farblich abgestimmten *Tulipa, Narzissus, Myosotis*. Sie liebt sonnige, warme Plätze mit nährstoffreichem, durchlässigem Boden. Die verwelkten Blütenkronen bis zu den ersten Blättern des Schafts entfernen. Nach dem Vergilben des Laubs darf die Kaiserkrone bis nahe über dem Boden gekappt werden. Regelmäßig düngen. Ansonsten genießt sie, ganz standesgemäß, einfach gerne ihre Ruhe. Pflanzzeit ist im Hochsommer, Zwiebeln nicht lange lagern. Vermehrung über Brutzwiebeln. Auch rote und gelbe Sorten. **Tipp:** Der strenge Geruch ihrer Zwiebeln soll angeblich sogar Wühlmäuse vertreiben. **Achtung:** Enthält Giftstoffe in allen Teilen.

Fritillaria meleagris Gemeine Schachblume, Kiebitzei

Grazile Eleganz beweist die Schachblume Jahr für Jahr in ihrem kleinen, karierten Outfit. In der Tat sind die breiten, anmutig nickenden Blütenbecher in der grafischen Strenge eines Schachbretts gezeichnet. Anders als die Effekt haschende *F. imperialis* entfaltet diese Art ihre Wirkung ganz uneitel an halbschattigen, kühlen Plätzen in fruchtbarer, feuchter Erde. In der Nähe zu niedrigwüchsigen Frühlingsblühern kann sich die Kleine gekonnt präsentieren. Auch in feuchten Wiesen oder an Teich- und Gehölzrändern kann sie sich ungestört entwickeln. Den richtigen Standort dankt sie mit problemlosem, üppigem Wuchs. Die Zwiebeln nicht lange lagern, sondern im Spätsommer in den Boden setzen. Auch Brutzwiebeln nach der Abnahme direkt wieder einpflanzen.

Fritillaria michailovskyi

Als dunkle Schönheit zeigt sich die glockenförmige, violettbraune Blüte der *F. michailovskyi,* verziert mit einem leuchtend gelben Blütenbund und gleichfarbigem Interieur auf einem zarten, dünnen Stängel. Für Staudenbeete im Bauerngarten und Steingärten in sonniger Lage mit eher trockener, durchlässiger Erde ist sie eine ausdauernde Art. Verträgt kaum Feuchtigkeit.

Fritillaria pallidiflora

Die niedrigwüchsige Blassgelbe mit breitem, blau-grünem Laub hat bis zu vier recht große, hängende Blütenköpfe. Sie benötigt einen humosen, durchlässigen und fruchtbaren Boden an einem sonnigen Standort. Die Blüten riechen leicht unangenehm.

Fritillaria persica 'Adiyaman' Persische Schachblume

F. persica ist sicherlich eine der außergewöhnlichsten Arten der Gattung, die den Frühlingsgarten um ein echtes Highlight bereichert. An einem einzigen Stängel hängen bis zu 30 zauberhafte, wohlriechende, braunpurpurne Blütenglocken. In schlichter Nachbarschaft, umgeben von Gräsern oder Farnen, lässt sich diese dekorative Schönheit am besten bewundern. Da sie eine Gebirgspflanze ist, kommt sie auch mit trockeneren Böden gut klar. Sie liebt geschützte, sehr warme Plätze. Wenn der Standort der richtige ist, benötigt sie wenig Pflege. Ein Reisigschutz für den Winter wird jedoch empfohlen. Vermehrung durch Brutzwiebeln.

Fritillaria raddeana

Ihr Erscheinungsbild wirkt wie eine kleinere Ausgabe der *F. imperialis.* Jedoch kommt sie deutlich weniger farbenfroh daher. *F. raddeana* trägt einen eher dezenten, fahlgelbgrünen Blütenkranz. Bei ihren Anforderungen bezüglich Pflege, Standort und Boden kommt die Verwandschaft allerdings wieder voll zum Tragen: Sonnige Plätzchen mit einem durchlässigen, fruchtbaren Boden sind erwünscht. Siehe auch *F. imperialis.*

Gagea lutea Wald-Gelbstern

Ein äußerst unkomplizierter und anspruchsloser Gast im Garten ist der gelbe *G. lutea*, der allerdings erst in der Gemeinschaft seine ganze Pracht entfaltet. Als „Solitär" eher etwas ausdrucksarm, in der Gruppe wird er zum unübersehbaren Blütenmeer. Besonders schön zur Geltung kommt er als Unterpflanzung von Gehölzen oder Laubhecken. Er braucht leichte Frühjahrssonne und feuchte, humusreiche Böden. Pflanzzeit ist im Herbst. Die Vermehrung erfolgt durch Aussaat oder durch Abtrennen von Brutzwiebeln nach dem Einziehen des Laubs.

Galanthus nivalis Kleines Schneeglöckchen

Mutig streckt dieser strahlende, weiße Winzling als einer der ersten sein Köpfchen in die winterliche Unwirtlichkeit des Gartens. Zäh und ausdauernd bietet er Schnee und Frost die Stirn. Wegen der rauen Witterung blüht *G. nivalis* am liebsten in der Sonne, nach der Blüte verträgt es aber auch Schatten und Halbschatten. Unter sommergrünen Gehölzen oder am Heckensaum kann es daher proper gedeihen. In einem feuchten, humusreichen Boden verwildert es über Brutzwiebeln und Selbstaussaat rasch zu üppigen Beständen. Es ist auf keinen Fall ein Einzelgänger. Die Nähe zu *Eranthis hyemalis*, Krokus, Anemone oder *Cyclamen* lässt sein unschuldiges Weiß regelrecht erstrahlen. Die haselnussgroßen Zwiebeln werden im frühen Herbst gepflanzt. Größere Schneeglöckchen eignen sich auch für die Vase und verbreiten einen zarten Duft. **Achtung:** Ganz so unschuldig, wie es wirkt, ist *G. nivalis* nicht. Es ist giftig in allen Teilen.

Galtonia candicans Sommerhyazinthe

Unter den sommerblühenden Zwiebelgewächsen ist *G. candicans* sicherlich das imposanteste. Rank und schlank, ganz in Weiß, ziert sie nicht nur Staudenbeete, sondern auch Blumenvasen. Ihre exotisch anmutende Pracht zeigt sie in sonnigen, geschützten Lagen, unterstützt durch reichlich Wasser und Düngergaben. Der Boden sollte fruchtbar und locker sein. Im Herbst Verblühtes abschneiden und in Gebieten mit strengen Wintern Zwiebeln ausgraben, trocken und kühl lagern. Frostempfindlich. Pflanzzeit ist im Frühjahr. Vermehrung durch Aussaat, selten durch Nebenzwiebeln. Zarter Duft.

100–150 cm | Spät-sommer

▶ *Gladiolus* 'Flevo Cosmic'

Die kurzstämmige, exotisch anmutende Schönheit gehört zur *Primulinus*-Gruppe. Die zarten, grüngelben Blüten haben pinke Spitzen und ein dunkelbraunes Auge. Ein prächtiger Anblick.

Gladiolus Gladiole, Siegwurz

◀ *Gladiolus* 'Flevo Smile'

Cremeweiße Blüten, die in ihrer Wirkung durch je zwei zartgelbe Blütenblätter unterstützt werden. Das ganze Ensemble wird durch einen Hauch von Rot in der Mitte abgerundet.

▲ *Gladiolus* 'May Bride'

Schaut her: groß und schlank, mit strahlend weißen Blüten, innen leicht gelb überhaucht. Eine herrliche Großblütige.

◀ *Gladiolus* 'Oberbayern'

Großblumige, violette bis dunkelblaue Sorte mit cremeweißer Mitte. Knollen geschützt überwintern, ist nicht winterhart. Butterfly-Gruppe.

Zeit für ein Comeback. Dank der Retrowelle hält die streng aufrechte, elegante Gladiole siegesgewiss Einzug in Gärten und Vasen. Mit einer Vielfalt an Farben und den reich bestückten, langen Blütentrieben sorgt sie für reichlich Atmosphäre im sommerlichen Garten, wo sie vorzugsweise vollsonnige, warme und windgeschützte Beete mit nährstoffreichen, tiefgründigen, ausreichend feuchten, aber durchlässigen Böden besiedelt. Staunässe tut ihr nicht gut, etwas grober Sand im Pflanzloch kann hier vorbeugend wirken. Die Knollen im Frühjahr einsetzen, hohe Sorten brauchen eine Stütze. Gladiolen passen gut in Gruppen zwischen mittelhohe Sommerblumen und Stauden. In frostgefährdeten Regionen müssen die Knollen im Spätherbst, wenn die Blätter gelbbraun werden, aus dem Boden genommen werden. Zur Überwinterung die Erde abklopfen, Knollen trocknen lassen und restliches Laub entfernen. In einem dunklen und kühlen Raum frostfrei lagern. Zur Vermehrung Brutknöllchen im Herbst von den alten Knollen abtrennen. Die alten, vertrockneten Knollen können weggeworfen werden.

▸ *Gladiolus* 'Priscilla'

Große, weiße Blüten, die mit einem gelben Schlund und rosafarbenen Blütenrändern verziert sind. Ein robuster Blüher.

◂ *Gladiolus* 'Traderhorn'

Stramm aufrecht steht die bis zu 1 m hohe, strahlend rote Blütenähre von 'Traderhorn'. Innen weiß gerippt. Großblütig.

▸ *Gladiolus byzantinus* subsp. *communis*

Byzantinische Siegwurz

Eine wuchsstarke, winterharte Art, die sich über Rhizomknollen gut ausbreitet. Ist sehr anspruchslos: benötigt Sonne und einen normalen Gartenboden. Liebhaberpflanze für Bauerngärten und Wildstaudenpflanzungen.

Gladiolus tubergenii 'Charm'

In der Tat – 'Charm' besitzt eine Menge Wildblumen-Charme. Blüht im Frühsommer mit purpurroten Blüten in den unterschiedlichsten Schattierungen. Elfenbeinweißer Schlund. Macht auch in der Blumenvase eine gute Figur.

***Hyacinthoides hispanica* 'Danube'**

Spanisches Hasenglöckchen

Einen frischen, blauen Akzent im Frühlingsgarten beschert einem das zarte Hasenglöckchen. Es bietet sich besonders für den Naturgarten an, wo es durch Verwilderung schnell üppige, blaue Teppiche bilden kann. Einen ausladenderen und aufrechteren Blütenstand sowie breitere Blätter als *H. non-scripta* kennzeichnen das *H. hispanica*. Am richtigen Standort sind beide Arten absolut pflegearm. Etwas Kompost alle paar Jahre und Wasser bei anhaltend trockener Witterung.

25–40 cm | Mittleres Frühjahr

***Hyacinthoides non-scripta* 'Bluebell'**

Atlantisches Hasenglöckchen

In England überzieht 'Bluebell' im Frühjahr zu Tausenden Waldränder und Wiesen mit seinen blauen Blüten. An kühlen, halbschattigen Plätzen, etwa am Gehölzrand oder als Einfassung schattiger Bereiche, gedeiht *H. non-scripta* auch im Garten äußerst üppig und ausdauernd. Der Boden sollte gut drainiert, mäßig nährstoffreich, humos und frisch – im Frühjahr sogar feucht – sein. Pflanzzeit ist im Herbst. Vermehrung durch Teilung des Bestands oder durch Abnahme von Brutzwiebeln. Auch weiße und rosa Sorten.

20–40 cm | Frühsommer

▶ ***Hyacinthus orientalis* 'Amethyst'**

Verführerisch strahlen die opulenten Röhrenblüten in dichten Trauben von 'Amethyst' in einem geheimnisvollen Violett-Pink. Ein wahres Schmuckstück im Frühlingsbeet.

15–25 cm | Mittleres Frühjahr

Hyacinthus Hyazinthe

20–25 cm | Spätes Frühjahr

Mit ihren prächtigen, leicht barock wirkenden Blütentrauben in herrlich klaren, lebhaften Farben und dem unverwechselbaren Duft gehört die Hyazinthe auf jeden Fall zu den Klassikern unter den Frühlingsblühern. Trotz ihres farb-intensiven, drallen Auftritts wirkt sie in der Gruppe am schönsten. Zusammen mit *Myosotis, Viola* oder *Bellis* bringt sie Schwung ins Frühlingsbeet oder ziert sonnige Gehölzränder. Sie bevorzugt einen warmen, geschützten Platz in der Sonne. Der Boden sollte gut durchlässig und nährstoffreich sein, optimal ist ein leichter Sandboden. In der Wachstumsphase werden ausreichend Feuchtigkeit und Nährstoffe benötigt, dabei unbedingt Staunässe vermeiden. In rauen Klimaten ist ein leichter Winterschutz aus Reisig empfehlenswert. Die Blütenkerzen, insbesondere von gefüllten Hyazinthen, neigen zum Umfallen, hier hilft ein kleiner Stab als Stütze. Verblühtes direkt abschneiden, das Laub erst, wenn es vergilbt ist. Im Laufe der Jahre lässt die Blütenpracht der Hyazinthe nach. Entweder neue Zwiebeln setzen oder nach dem Verwelken der Blätter vorsichtig Brutzwiebeln abnehmen und im Herbst an anderer Stelle pflanzen. Gute Bienen- und Hummelweide. Auch für die Vase geeignet. Hyazinthen sind giftig. Gefahr von Hautreizungen.

▲ **'City of Haarlem'**

Hellgelb bis elfenbeinfarben zeigt sich 'City of Haarlem' voller Zurückhaltung, eine recht alte und zuverlässige Sorte. Ungefüllt.

20–25 cm | Mittleres Frühjahr

◀ ***Hyacinthus orientalis* 'Delft Blue'**

Delfter Blau. Dieser Name lässt die Kolorierung dieser schönen und drallen Blütenkerze bereits erahnen. Ungefüllt.

▸ *Hyacintha orienta'is* 'Festival'

Multiflora-Hyazinthe

Die mehrtraubige '-estival' wirkt etwas lockerer und weniger ormal als die triebigen Sorten. Jede Zwiebel treibt fünf bis sieben Triebe. Ein üppiges, d ftendes Blütenbouquet ist also garantiert. Gu e Wetterbeständigkeit.

15–
20 cm

Mittleres
Frühjahr

'Paul Hermann'

Diese Hyazinthensorte erfreut die Sinne mit ihrer großen, pink-violettfarbenen Blütenkerze und dem intensiven Duft. Ein besonders schöner Hingucker für Beete, Steingärten oder Topfbepflanzung.

20–
25 cm

Mittleres
Frühjahr

Ipheion uniflorum Frühlingsstern, Sternblume

Das zierliche, sechszackige Sternchen des *I. uniflorum* strahlt in weißen, blau angehauchten oder violetten Blütenblättern, hübsch markiert mit dunklen Mittelstreifen. Die Frühjahrsblüten verbreiten einen süßlichen Duft, während die Blätter eher nach Knoblauch riechen. Das pflegeleichte, robuste Pflänzlein vermehrt sich an sonnigen, geschützten Plätzen in lockerem, feuchtem, aber durchlässigem Boden leicht zu Blütenteppichen. In Gegenwart von *Crocus, Narcissus* und *Scilla* kommt es schön zur Geltung. Winterschutz erforderlich. Pflanzzeit ist im Herbst.

***Ixia* 'Uranus'** Klebschwertel

Dunkel-zitronengelbe Blüten mit einem dunkelrot-schwarzen Zentrum. Sie liebt sonnig-warme, geschützte Lagen und gut drainierte, sandige Böden. In der Wachstumsphase gut wässern, nach der Blüte jedoch eher trocken stehen lassen. Im Herbst Knolle aus der Erde nehmen und im Pflanztopf bei 10 bis 15 °C überwintern.

***Leucojum aestivum* 'Gravetye Giant'**
Sommer-Knotenblume

Deutlich höher hinaus als seine kleinen Verwandten zieht es 'Gravetye Giant'. Bis zu acht glockige, weiße Blüten je Stängel. Hübsch zur Geltung kommt sie in Gewässernähe, leicht beschattet und auf nassem, humosem Boden. Die Zwiebeln im Herbst auspflanzen und danach ungestört entwickeln lassen, so kann sich auch *L. aestivum* ohne großen Aufwand ausbreiten. **Achtung:** *L. aestivum* und *L. vernum* sind giftig.

Bis 10 cm | Spätes Frühjahr

20–30 cm | Frühes Frühjahr

Leucojum nicaeense

Die zarteste und kleinste im Bunde der Knotenblumen zeigt sich mit ihren weißen Glöckchen im späten Frühjahr, wo sie in Beeten, im Steingarten oder im Pflanzkasten für strahlenden Glanz sorgt. Anders als die Verwandschaft bevorzugt *L. nicaeense* aber wärmende Sonnenstrahlen, wie sie es aus ihrer französischen Heimat gewohnt ist, und einen feuchten, durchlässigen Boden. Den Winter kann sie an geschützten, sonnigen Stellen überleben, benötigt aber einen leichten Schutz aus Laub und Reisig. Pflanzzeit für *L. nicaeense* ist im Herbst. **Tipp:** Alle Knotenblumen eignen sich auch für die Kultur in kleinen Gefäßen und als Schnittblumen.

Leucojum vernum Frühlings-Knotenblume, Märzenbecher

Kleinwüchsig ist er zwar, aber die dickbauchigen, nickenden Glocken des *L. vernum,* verziert mit einem gelbgrünen Fleck an jeder seiner weißen Zipfelspitzen, fallen einfach ins Auge. An halbschattigen Plätzen mit frischen, auch feuchten, humusreichen Böden – Gehölzrand oder Moorbeet – breitet er sich schnell zu üppigen Beständen aus. Zu seiner Anspruchslosigkeit gesellen sich noch zwei weitere Vorzüge: Er verbreitet einen wohlriechenden Duft und ist wegen seines Nektars sehr beliebt bei Bienen und anderen Insekten. Nach Einzug des Laubs lassen sich Brutzwiebeln abnehmen oder die Zwiebelhorste teilen. Auch Aussaat ist möglich. Pflanzzeit ist im Spätsommer.

Lilium **'Apeldoorn'** Asiatischer Hybrid

Die kräftig wachsende 'Apeldoorn' setzt lebhafte Akzente in unübersehbarem Orange. Üppige, becherförmige Blüten.

70–90 cm | Frühsommer bis Hochsommer

Lilium Lilie

Die Blütezeit der Lilie zählt zu den Höhepunkten, die der Sommergarten zu bieten hat. Durch ihre elegante, erhabene Statur und den Duft ihrer Blüten entwickelt sie einen unwiderstehlichen Charme. Überwältigend ist auch die Vielfalt an Farben und Formen dieser wandlungsfähigen Kosmopolitin. Es gibt sie in beinahe allen Farben, außer in Blau. Die Blüten zeigen gefleckte oder gestreifte Muster oder sind schlicht Ton in Ton. Sie sind becher-, schüssel-, trompeten-, trichter-, glocken- oder turbanförmig. Je nach Abstammung und Gestalt werden die Dauerblüher in acht Hybrid-Klassen eingeteilt, eine weitere Klasse umfasst die botanischen Arten. Die Asiatischen Hybriden sind dabei die wichtigste Klasse hinsichtlich der Kultivierung im Garten. Die Klasse der Trompetenlilien mit den prächtigen, großen Blüten sind leicht zu kultivieren und verströmen einen betörenden Duft. Die Orienthybriden sind manchmal etwas empfindlich, aber gefallen durch ihre sehr großen Blüten.

100–150 cm | Hochsommer bis Spätsommer

◀ ***Lilium* 'Bright Star'** Trompetenlilie

Macht seinem Namen alle Ehre: Auf den nach hinten gebogenen, elfenbeinfarbenen Blütenblättern erscheint ein heller, gelber Stern. Duftende Sorte. Verträgt kalkhaltige Böden.

Lilium Lilie

Die ausdrucksstarke Zwiebelpflanze macht fast überall eine gute Figur: im Gehölz- oder Bauerngarten, zwischen Sträuchern oder Rosen. Aber auch in großen Töpfen oder als Schnittblume in der Vase ist sie äußerst dekorativ.

Die meisten Arten wünschen einen vollsonnigen Platz für die Blüten und Schatten für die Zwiebel. Einige tolerieren aber auch lichte, halbschattige Standorte. Durchlässige, neutrale oder saure Böden, die mit verrottetem organischen Material angereichert sind, werden von den meisten Arten akzeptiert. Schwere Böden sollten vor der Pflanzung mit grobem Kies aufgelockert werden, um Staunässe zu vermeiden. Die Zwiebeln werden im Herbst oder Frühjahr gesetzt. Hohe Arten sollten gestützt werden. Im Sommer regelmäßig wässern und kaliumreichen Dünger verabreichen. Abgeblühtes regelmäßig entfernen, nach dem Abblühen Blütenstand abschneiden. Im Herbst mit Torf abdecken. Da die Edle auch bei Schnecken und Lilienhähnchen sehr beliebt ist, sollten diese abgesammelt werden, bevor von ihr nichts mehr übrig ist. **Tipp:** Wer noch keine Erfahrung mit Lilien hat, sollte zunächst zu den robusteren Hybriden greifen.

60–80 cm | Frühsommer bis Hochsommer

▲ ***Lilium* 'Cote d'Azur'** Asiatische Hybride

Ob in Steingärten, Sommerbeeten oder in Kübeln, die kleine 'Cote d'Azur' kommt in ihrem fuchsiafarbenen Outfit überall schön zur Geltung.

100–120 cm | Früh- bis Hochsommer

◀ ***Lilium* 'First Crown'** Orienthybride

Traumhaft schöne Blüten in einem warmen orange-bronzenen Ton mit feiner, rosafarbener Zeichnung. Ein duftender Frühblüher.

90–120 cm | Spät-sommer

120–200 cm | Hoch-sommer

▸ *Lilium* Golden-Splendor-Gruppe
Trompetenlilie

Dolden mit großen, gelben, seitlich abstehenden Blüten. Duftend.

◂ *Lilium* 'Mona Lisa' Orienthybride

Die bekannteste unter den pinken Hybriden. Sie ist recht pflegeleicht und hat einen betörenden Duft.

90–120 cm | Früh- bis Hoch-sommer

▸ *Lilium* 'Monte Negro' Asiatische Hybride

Die weit nach hinten gebogenen, großen Blüten auf kräftigen Stielen begeistern durch ihr elegantes, dunkles Rot. Ein Ausrufezeichen in jedem Garten.

'Star Gazer' Orienthybride

Ein echter Star ohne Allüren. Die populäre rotpinke Liliensorte ist nicht nur unglaublich schön und herrlich duftend, sondern auch noch sehr robust und einfach zu kultivieren. Ideal für „Anfänger".

100–150 cm | Hoch- bis Spät-sommer

◀ ***Lilium auratum* var. *platyphyllum***
Goldband-Lilie

Der auffällige goldgelbe Streifen auf jedem Blütenblatt ist das Markenzeichen der Goldband-Lilie. Die Blüten dieser aus Japan stammenden Art haben einen Durchmesser von bis zu 30 cm.

Lilium Lilie

◀ ***Lilium candidum*** Madonnen-Lilie

Sie ist das traditionelle christliche Sinnbild für Reinheit und Keuschheit. Immergrüne Art, ab Herbst mit Reisig schützen. Anspruchsvoll.

▲ ***Lilium hansonii*** Gold-Türkenbund-Lilie

Durch die weit zurückgerollten Blütenblätter entsteht der Eindruck eines kleinen Turbans. Leuchtend orange-gelbe Blüten.

◀ ***Lilium lancifolium*** Tiger-Lilie

Exotik im spätsommerlichen Garten. Die robuste Art bevorzugt feuchte, saure Böden.

30–100 cm | Früh-sommer

▸ ***Lilium martagon* var. *album***
Weiße Türkenbund-Lilie

Bis zu 50 kleine, reinweiße, nickende Blütlein erscheinen im Hochsommer. Allesamt mit zurückgebogenen Blütenblättern.

120–140 cm | Hoch-sommer

◂ ***Lilium pyrenaicum* subsp. *pyrenaicum***
Pyrenäen-Lilie

Die zitronengelben, kleinen Blüten sind zwar eine niedliche Augenweide, für ihren Duft hingegen sind sie nicht gerade berühmt.

90–130 cm | Hoch-sommer

▸ ***Lilium regale*** Königs-Lilie

Das Prachtstück geizt nicht mit seinen Reizen. Verführerisch duften die weiten, trompetenförmigen, weißen Blüten mit den purpurnen Streifen auf der Außenseite. Eine wunderbare Schnitt- und Kübelpflanze.

Lilium speciosum
Prächtige Lilie

Bildet Trauben von bis zu zwölf großen Blüten. Wächst am besten auf feuchtem, saurem Boden. Der anspruchslose Dauerblüher verbreitet einen zarten Duft. Ideal geeignet für die Nähe zu einer Terrasse oder einem Sitzplatz.

100–170 cm | Spätsommer bis Frühherbst

Mirabilis jalapa Wunderblume

Dass sie mit ihren Reizen geizen würde, kann man nicht behaupten, dennoch zeigt sich die Blüte von *M. jalapa* ganz schamhaft nur für eine einzige Nacht in ihrer vollen Pracht. Nur gut, dass der ausdauernde, duftende Dauerblüher geradezu verschwenderisch viele davon besitzt, noch dazu in den verschiedensten Farben. Denn das ist sicherlich ihre Besonderheit: verschiedenfarbige, leuchtende Blüten – rot, gelb, rotgelb – an ein und derselben Pflanze. An einem sonnigen, geschützten Platz in fruchtbarem, lockerem Boden öffnet sie ab dem Nachmittag langsam die zierlichen Knospen und beginnt ihren Flirt mit der Dunkelheit. Bei Frostgefahr: Im Spätherbst die knolligen Wurzeln aus dem Boden holen und in Erde trocken und kühl überwintern. Im späten Frühling pflanzen.

Muscari armeniacum Armenische Traubenhyazinthe

Diese Kulisse sollte in keinem Garten fehlen – wenn sich die kegelförmigen Blütentrauben von *M. armeniacum* in großer Schar zu einem unübersehbaren, kobaltblauen Teppich zusammenraufen – unbeirrt, in jedem Frühjahr aufs Neue. In Frühlingsbeet, Steingarten oder Gehölzrand findet *Muscari* auf jeden Fall Platz für den passenden Auftritt. Liebt ein sonniges bis halbschattiges Plätzchen mit gut drainiertem, feuchtem, mäßig fruchtbarem Boden. Pflanzzeit ist im Herbst. **Achtung:** Giftig und hautreizend.

***Muscari comosum* 'Plumosum' syn. 'Monstrosum'**
Schopfige Traubenhyazinthe

Als ausgesprochener Spätblüher betritt *M. comosum* erst die Bühne, wenn die letzten Tulpen beinahe verblüht sind. Das Ungewöhnliche an dieser anspruchslosen Art: Die purpurnen Blüten sitzen wie lockere Ähren um den Stiel. Ihr Schopf besteht aus unfruchtbaren, blau-violetten Blütenstielen, die sich zu einer fedrig-buschigen Krone zusammensetzen. Vermutlich dient dies dem Zweck, die Aufmerksamkeit vorbeifliegender Insekten zu erwecken.

Muscari latifolium Zweifarbige Traubenhyazinthe

Ganz Ton in Ton überrascht *M. latifolium*. Die oberen Blüten blühen hellblau, die unteren kleinen Kugelblüten kommen in geheimnisvollem Dunkel- bis Schwarzblau daher. Auch diese Art gedeiht üppig im Steingarten oder Rasen.

***Narcissus* 'Topolino'**

Trompeten-Narzisse

Dieser zweifarbige Zwerg ist ein fröhlicher Frühlingsbote mit hellem Kranz und gelber Krone.

20 cm | Frühes bis mittleres Frühjahr

Narcissus Narzisse

Die Einteilung der Narzissen erfolgt in zwölf Klassen mit einer Zuordnung nach Form und Länge der Nebenkrone, der Anzahl der Blüten je Stängel und der Blühzeit.

Trompeten-Narzissen
Meist eine Blüte. Die Trompete (Nebenkrone) ist mindestens so lang wie die Blütenblätter. Frühes bis mittleres Frühjahr.

Großkronige Narzissen
Einblütig. Nebenkrone ist maximal so lang wie die Blütenblätter, mindestens ein Drittel. Unterschiedlichste Farb- und Formvarianten. Frühjahr.

Kleinkronige Narzissen
Einblütig. Nebenkrone kürzer, maximal ein Drittel der Blütenblätter. Frühjahr.

Gefülltblühende Narzissen
Haupt- und Nebenkrone oder nur Nebenkrone gefüllt. Frühes bis mittleres Frühjahr. Einblütig.

Engelstränen-Narzissen
Nickende Blüte mit kurzer Nebenkrone und zurückgeschlagener Hauptkrone. Zwei bis drei Blüten pro Stiel. Stark duftend. Mittleres bis spätes Frühjahr.

Alpenveilchen-Narzissen
Nickende Blüte. Weit zurückgeschlagene Hauptkronenblätter, mit langer, schmaler Nebenkrone. Frühes bis mittleres Frühjahr.

Jonquillen-Narzissen
Meist mehrblütig. Kurze, breite Nebenkrone mit flachen, breiten, gerundeten Blütenblättern. Mittleres bis spätes Frühjahr.

Tazetten-Narzissen
Bilden duftende Blütenbüschel. Flache, breitblättrige Hauptkrone mit kleiner, becherförmiger Nebenkrone. Meist zweifarbig. Mäßig frosthart. Mittleres bis spätes Frühjahr.

Dichternarzissen
Einblütig. Große, weiße Hauptkrone und rot geränderte, relativ kleine, farbige Nebenkrone. Spätes Frühjahr bis Frühsommer.

Split-Corona-Narzissen
Meist einzelne Blüte, deren Nebenkrone geschlitzt und teils zurückgebogen ist. Frühjahr.

Wildnarzissen
Wildformen der beschriebenen Klassen. Blühen zwischen Herbst und Frühjahr.

Verschiedene Narzissen
Hybriden, die keiner anderen Klasse zugeordnet werden können.

'Slim Whitman' Großkronige Narzisse

Die aparte 'Slim Whitman' gilt als ideale Sorte zum Verwildern, sogar in eher schattigen Lagen. Cremeweißer Kranz mit hellorange-gelber Krone. Ein echter Hingucker.

35–50 cm | Frühjahr

Narcissus Narzisse

15–30 cm | Frühjahr

Einpflanzen und abwarten. So kurz und knapp liest sich die Gebrauchsanweisung für diese sortenreiche, vielfältige Gattung. Schönheit und Robustheit haben ihr den Weg nach oben geebnet und sie zu den beliebtesten Frühlingsblühern gemacht.

Einmal im Boden, erfreut sie jedes Jahr aufs Neue mit einem prachtvollen und üppigen Autritt. Große Anforderungen stellt sie dabei nicht. Der Boden, mäßig fruchtbar, sollte gut durchlässig sein, Trockenheit und Staunässe werden gleichermaßen nicht toleriert. In einem trockenen Frühjahr ist also Wässerung erforderlich. Narzissen sind hungrig nach Frühjahrssonne, akzeptieren aber durchaus auch halbschattige Plätze. Daher sind sie die Idealbesetzung für kahle Gehölzränder. Aber auch in Steingärten, Staudenbeeten oder Rasenflächen setzen sie leuchtende Akzente. Auf keinen Fall sollte man sie alleine stehen lassen; je zahlreicher ihr Erscheinen, um so mehr Bewunderung werden sie hervorrufen. Aber auch in Gesellschaft von *Muscari* oder Tulpen können sie sich wunderbar entfalten. Im September sollten die Zwiebeln in die Erde, damit sie vor dem Winter gut anwurzeln.

25–50 cm | Frühes bis mittleres Frühjahr

▲ **'Segovia'** Kleinkronige Narzisse

Die zarte Schönheit zieht nicht nur alle Blicke auf sich, sondern wirkt auch attraktiv auf Bienen und Schmetterlinge. Ein kleines Juwel in jedem Garten.

◀ **'Petit Four'** Gefülltblühende Narzisse

Die aprikot-rosafarbene üppige Krone bildet einen hübschen Kontrast zu dem weißen Kranz.

25–50 cm | Frühes bis mittleres Frühjahr

15–20 cm | Frühes bis mittleres Frühjahr

'Rip van Winkle' Gefülltblühende Narzisse

Wirkt ein wenig zottelig, aber die kleinblütige, niedrige 'Rip van Winkle' ist ein altbewährter Klassiker unter den Narzissen.

'Tahiti' Gefülltblühende Narzisse

Die rot-gelbe, großblütige 'Tahiti' verbreitet tatsächlich einen kurzen Hauch von Südsee-Flair im Frühlingsgarten.

15–20 cm | Mittleres bis spätes Frühjahr

***Narcissus* 'Hawera'** Engelstränen-Narzisse

Zitronengelb, elegant und zart duftend. Fünf bis sechs kleine, nickende Blüten hängen an einem Stängel. 'Hawera' eignet sich ideal für den Steingarten.

'Thalia'

Engelstränen-Narzisse

Stolz trägt die hohe 'Thalia' ein bis drei jungfräulich weiße Blüten an ihren Stängeln. Sie ist ein zuverlässiger und langlebiger Begleiter durch den Frühling. Am geeigneten Standort verwildert sie auch gerne.

25–40 cm | Mittleres bis spätes Frühjahr

20–
35 cm | Frühes bis
mittleres Frühjahr

◀ ***Narcissus* 'Jack Snipe'**
Alpenveilchen-Narzisse

Hinter der schwefelgelben Trompete stehen hübsch nach hinten gebogene, cremeweiße Blütenblätter. An Langlebigkeit und Blütenfülle ist 'Jack Snipe' kaum zu übertreffen. Sehr wüchsig und elegant.

Narcissus Narzisse

20–
30 cm | Frühes bis
mittleres
Frühjahr

◀ ***Narcissus* 'Jetfire'** Alpenveilchen-Narzisse

Ein extravaganter und beeindruckender Vertreter der Alpenveilchen-Narzissen ist 'Jetfire'. Die orangerote Trompete sticht auffällig aus den zitronengelben, nach hinten gebogenen Blütenblättern hervor.

30–
40 cm | Mittleres bis
spätes Frühjahr

▲ ***Narcissus* 'Bell Song'** Jonquillen-Narzisse

Auch diese charmante Sorte präsentiert sich gekonnt zweifarbig. Die blassrosafarbene, becherförmige Nebenkrone thront auf cremeweißen Blütenblättern.

20–
30 cm | Mittleres
bis spätes
Frühjahr

◀ ***Narcissus* 'Pipit'** Jonquillen-Narzisse

Zwar ein Zwerg, aber nicht zu übersehen ist 'Pipit' mit seinem strahlenden Gelb.

Nach dem Vergilben des Laubs können Tochter- und Seitenzwiebeln abgenommen werden. Bis zur Pflanzzeit im Herbst sollten diese kühl und trocken gelagert werden. Das Laub sollte immer bis zum völligen Einziehen an der Pflanze belassen werden, erst wenn sich die Blätter leicht abreißen lassen, kann es entfernt werden. Nur so lässt sich eine üppige Blüte im folgenden Jahr erhalten. Falls das welke Laub beim Rasenmähen stört, einfach zu Büscheln zusammenbinden und darum herum mähen.

Narzissen sind auch hervorragende Schnittblumen. Allerdings vertragen sie sich nicht gut mit anderen Schnittblumen, da sie einen giftigen Saft absondern. Daher einen Tag alleine im Wasser stehen lassen. Ein Stück Holzkohle im Wasser neutralisiert dieses Gift. **Achtung:** Alle Teile, insbesondere die Zwiebel, sind giftig.

Die meisten Narzissen-Sorten sind winterhart. Ein Frostschutz aus Laub und Reisig ist bei den Jonquillen- und Tazetten-Hybriden sowie bei den Wildnarzissen erforderlich.

▸ *Narcissus* 'Geranium' Tazetten-Narzisse

Mit drei bis sechs duftenden, orange-weißen Blüten je Stängel wartet 'Geranium' auf. Einfach bildschön und ideal zum Verwildern.

◂ 'Actaea' Dichternarzisse

Wohlriechend und festlich geschmückt bringt 'Actaea' eine lang anhaltende Blütenpracht in den Garten. An schlichter Eleganz ist sie kaum zu überbieten.

▸ *Narcissus poeticus* var. *recurvus* Pfauenaugen-Narzisse

Diese Variante der Dichternarzisse wird neben der auffälligen Blüte durch ihren intensiven, würzigen Duft wahrgenommen. Sie gehört zu den am spätesten blühenden Narzissen.

Narcissus bulbocodium
Reifrock-Narzisse

Die niedrige Wildnarzissenart besitzt einen unaufdringlichen und bezaubernden Charme. Ihre Blüte erinnert ein wenig an einen weit schwingenden Spitzenrock, daher trägt sie auch ihren Namen. Ideal für Steingärten.

10–
20 cm
Frühes bis
mittleres
Frühjahr

Ornithogalum umbellatum
Stern von Bethlehem, Dolden-Milchstern

Mit geradezu überschäumender Fülle zieren die milchweißen Blütensterne des *O. umbellatum* sonnige bis halbschattige Gebüschränder und Steingärten. Da er sich gerne ausdehnt, passt er gut in naturnahe Pflanzungen mit humosen, lockeren Böden. Seine flachen, kleinen Sterne zeigt er allerdings nur über die Mittagszeit, den Rest des Tages bleiben die Blüten geschlossen. Dafür ist er gänzlich anspruchslos. Wird im Herbst in kleinen Gruppen gepflanzt. Vermehren lässt er sich einfach durch Aussaat oder Brutzwiebeln.

10–30 cm | Spätes Frühjahr bis Frühsommer

Oxalis acetosella Wald-Sauerklee

Das Pflänzlein mit den munter nickenden, weißen Blütenschalen und dem filigranen, lindgrünen Laub wirkt so anmutig und harmlos. Dabei tritt es mit seinem expansiven Drang ganze Eroberungsfeldzüge an und vertreibt, was ihm in den Weg kommt. Als Waldpflanze und Bodendecker eignet sich *O. acetosella* besonders zur Unterpflanzung von Gehölzen. An solchen schattigen Plätzen mit humosem, feuchtem, saurem Boden findet er sich bestens zurecht. Auf der einen Seite wenig zimperlich, zeigt er sich jedoch auch durchaus reizempfindlich. Bei schlechter Witterung schließt er seine Blüten. Berührt man die waagerecht gestellten Blätter, stellt er sie nach kurzer Zeit senkrecht nach unten. Er braucht über das Jahr hinweg viel Feuchtigkeit, sonst ist er pflegeleicht. Im Herbst pflanzen. Vermehrung über Teilung, Brutzwiebeln oder Aussaat.

5–10 cm | Spätes Frühjahr

Puschkinia scilloides Puschkinie

Klein, niedlich, pflegeleicht. Mit diesen Attributen lässt sich der hellblaue Frühjahrsblüher knapp und präzise beschreiben. Wer ihn im Herbst in kleinen Gruppen unter Gehölze, in den Rasen oder Steingarten pflanzt, wird lange Freude an ihm haben.

Ranunculus-Asiaticus-Hybriden Ranunkel

Sie ist ein liebenswertes Pflänzlein. Weithin sichtbar ist die intensive Leuchtkraft ihrer Blütenbälle mit frischen, klaren Farben von Rot über Rosa zu Orange, Gelb und Weiß. Es gibt sie in gefüllter oder ungefüllter Version. Kurz: Die Knolle hält für jeden Geschmack etwas bereit. Die Pflanzzeit beginnt je nach Witterung bereits zeitig im Frühjahr. Die Knollen vor der Pflanzung drei bis vier Stunden wässern. Der Standort sollte sonnig und geschützt liegen, mit einem gut durchlässigen, nährstoffreichen und humosen Boden. Ideal sind Steingärten oder Beetränder. Während der Blüte feucht halten und bei Bedarf einmal wöchentlich düngen. Nach dem Vergilben die Knollen aus dem Boden nehmen. Ein paar Tage trocknen lassen, kühl und trocken lagern. Knollen teilen oder Brutknollen abnehmen. **Tipp:** Knollen zeitlich versetzt pflanzen, dann kann man die Blüte über Wochen genießen.

Roscoea auriculata

Die schlankwüchsige Extravagante sollte ihren Auftritt nur im Gefolge schlichter Begleiter wie Gräser oder Farne bekommen. Sie liebt kühle, leicht beschattete Plätze mit mäßig fruchtbarem, feuchtem, durchlässigem Boden. Knolle im Winter tief pflanzen. Vor dem Frost Pflanzstelle mit dicker Laubschicht abdecken. Wenn nötig, die Rhizome leicht feucht und kühl in Sand gelagert überwintern.

Scilla siberica Sibirischer Blaustern

Sehr vielseitig einsetzbar ist dieser kleine, blaue Tausendsassa. An leicht schattigen Standorten unter Laubgehölzen wildert er schnell aus, in Rasenflächen und Steingärten begleitet er *Tulipa*, gelbe *Narcissus*- oder andere *Scilla*-Arten. Benötigt mäßig fruchtbaren, humusreichen, wasserdurchlässigen Boden. Ansonsten sind die Ansprüche gering. Die Zwiebeln sollten nach dem Kauf schnell gepflanzt werden. Pflanzzeit ist Herbst. Eine leichte Kompostabdeckung im Winter schützt ihn.

Sternbergia lutea Gelbe Sternbergie, Goldkrokus

Rätselhafterweise erfährt der Herbstgarten oftmals eine etwas stiefmütterliche Behandlung. Dabei gibt es so fröhliche Herbstblüher wie *S. lutea.* Dank seiner strahlenden, goldgelben Blüten bringt er noch einmal einen Hauch von Glanz und Lebendigkeit in müde Steingärten und vor lichte Gehölze. Seiner mediterranen Herkunft entsprechend liebt er sonnige, warme Standorte mit steinigen, sommertrockenen Böden. Im Sommer in Gruppen pflanzen, während dieser Ruhezeit können auch die Zwiebelhorste geteilt werden. Aber es sei hier einmal angemerkt – wie bei vielen Pflanzen gilt auch für *S. lutea*: Seine volle Pracht entfaltet er dann am besten, wenn er ungestört bleibt. In rauen Gegenden ist ein guter Winterschutz aus Laub oder Reisig erforderlich. Die Zwiebeln können aber auch nach der Blüte in Kästen überwintert werden.

Tigridia pavonia Pfauenblume, Tigerblume

Einen Hauch von Einzigartigkeit verbreitet *T. pavonia* mit ihrem extravaganten, scharlachroten Tupfenmuster auf gelbem Grund. Sparsam öffnet sie die roten, gelben, orangen oder weißen Blütenblätter nur für einen einzigen Tag. Da sie reichlich davon hat, hält das Spektakel jedoch ohne weiteres einige Wochen an. Für ihren spektakulären Auftritt – der in der Gruppe übrigens am schönsten ist – braucht sie Sonne, Wärme sowie einen fruchtbaren Boden. Während der Blüte gleichmäßig feucht halten, nach dem Abblühen eher trocken halten. Im Herbst knolligen Wurzelstock aus dem Boden nehmen, bei 5 bis 10 °C überwintern.

20–40 cm | Frühjahr bis Frühsommer

Trillium grandiflorum Große Dreizipfellilie

Schon die reizvolle geometrische Form und das satte, grüne Laub strahlen eine unvergleichliche Ruhe aus. Übertroffen wird die gelassene Wirkung allerdings noch durch die weit geöffnete, glänzend weiße Blüte von *T. grandiflorum*. Als Waldpflanze ist sie besonders für schattige Gartenpartien geeignet. Sie ist daher die ideale Unterpflanzung von Rhododendren oder Baumbeständen. Im Boden ist sie anspruchsvoll: Sie braucht einen lockeren, feuchten, aber gut drainierten, sauren Humus. Eine ausreichende Wasserversorgung sollte besonders im Frühjahr gewährleistet sein. Im Sommer zum Schutz vor Trockenheit den Boden mit Nadelstreu oder Rindenstückchen mulchen. *T. grandiflorum* wird im Herbst gepflanzt. Ins Pflanzloch eine Drainage aus Blähton geben. **Tipp:** Als große Gruppe flächig pflanzen. Die Rhizome lassen sich teilen. Wenn sie aber einmal angegangen ist, am besten ungestört lassen.

50–60 cm | Frühsommer

***Triteleia laxa* 'Queen Fabiola'** Blaue Triteleie

Tief violettblau erhebt sich 'Queen Fabiola' würdevoll mit einer dichten Blütendolde am langen, blattlosen Stiel. Das grasartige Laub fällt hingegen kaum auf. Der Sommerblüher eignet sich für Natur- und Steingärten – wirkt neben *Geranium, Sedum* oder niedrigen Gräsern – ist aber auch eine hübsche Schnittblume. Bevorzugt vollsonnige Standorte an Böschungen oder vor Trockenmauern. Da die Pflanze keine Nässe verträgt, sind sandige, nährstoffreiche Böden ideal. Während des Wachstums feucht halten, in der Ruhezeit – nach der Blüte – nicht mehr gießen. Wenn der Boden zur Überwinterung zu feucht oder frostig ist, Zwiebeln nach der Blüte aus dem Boden nehmen und trocken lagern. Bleiben sie über Winter im Boden, mit einer Reisigschicht abdecken. Pflanzzeit ist Herbst. Vermehrung über Brutzwiebeln.

***Tulipa* 'Apricot Beauty'** Einfache frühe Tulpe

Sicherlich der Klassiker unter den apricotfarbenen Tulpen. Ein ausdauernder Blüher für Beete und Vasen.

30–40 cm | Mittleres bis spätes Frühjahr | !

Tulipa Tulpe

35–45 cm | Mittleres bis spätes Frühjahr

◀ ***Tulipa* 'Christmas Dream'**
Einfache frühe Tulpe

Ganz in Fuchsia-Rot präsentiert sich die großblütige 'Christmas Dream'.

25–35 cm | Mittleres Frühjahr

▲ ***Tulipa* 'Monte Carlo'** Gefüllte frühe Tulpe

Alles auf Gelb setzt die große, üppig gefüllte Blüte von 'Monte Carlo'. Ein wahrhaft schöner Eyecatcher.

30–40 cm | Mittleres Frühjahr

◀ ***Tulipa* 'Prinses Irene'** Einfache frühe Tulpe

Die wunderschöne, orangefarbene Blüte, pink geflammt, verbreitet nicht nur Frühlingsstimmung, sondern auch einen zarten, süßen Duft. Verträgt volle Sonne.

Ein Frühjahrsgarten ohne Tulpen ist eigentlich nicht wirklich vorstellbar. Ihre außerordentliche Variationsbreite mit den verschiedensten Blütenformen, Farben, Größen und Blütezeiten macht sie zum Gartenliebling schlechthin. Ihrem Hang zur Wandlungsfähigkeit wurde mit einer Klassifizierung Rechnung getragen, die die zahlreichen Arten und Sorten in 15 Klassen einteilt:

Einfache frühe Tulpen
Becherförmige Tulpen mit kräftigem Stiel, die sich weit öffnen. Sehr widerstandsfähig gegen Regenwetter. Teilweise duftend. Mittleres bis spätes Frühjahr. Gute Haltbarkeit, problemlose Kultur. Beliebte Gartentulpe. 15 bis 45 cm.

Gefüllte frühe Tulpen
Die gefüllten Becherblüten am kräftigen Stiel sind lang haltende Blüher. Mittleres Frühjahr. Hervorragende Schnittblumen. 30 bis 40 cm.

Triumph-Tulpen
Die konischen, ungefüllten Blüten sind widerstandsfähig gegen schlechte Wetterverhältnisse. Stehen auf höheren Stielen als die frühen Tulpen. Hervorragende Schnittblume. Mittleres bis spätes Frühjahr. 35 bis 60 cm.

20–30 cm | Mittleres Frühjahr

▸ **'Orange Princess'** Gefüllte frühe Tulpe

Auch die gefüllte Variante der 'Prinses Irene' verbreitet einen feinen, süßen Duft.

35–45 cm | Mittleres Frühjahr

◂ **'Peach Blossom'** Gefüllte frühe Tulpe

Zartes Rosa, sanfter Honigduft. Die beliebte 'Peach Blossom' verbreitet Frühlingsstimmung mit ihren fröhlichen, ausdauernden Blüten.

40–50 cm | Mittleres bis spätes Frühjahr

▸ ***Tulipa* 'Abu Hassan'** Triumph-Tulpe

Einen Hauch von orientalischem Flair verbreitet 'Abu Hassan' mit seiner kontrastreichen Farbkomposition. Die rotbraunen Blütenblätter sind von einem feinen Rand in Vanillegelb umzogen. Auch als Schnittblume ein dauerhafter Blüher.

'Ice Follies' Triumph-Tulpe

Eine extravagant blühende Sorte mit großen, schweren Blütenkelchen. Die Blütenblätter sind mehrfarbig geflammt in kräftigen Farben. Kelche öffnen sich weit. Sie liebt einen geschützten Standort.

30–50 cm | Mittleres bis spätes Frühjahr

▶ ***Tulipa* 'Negrita'** Triumph-Tulpe

Die aparte 'Negrita' zeigt sich in einem sehr dunklen Violett. Die Altbewährte zeichnet sich vor allem auch durch ihre Standfestigkeit aus. Sie lässt sich gut verwildern.

Tulipa Tulpe

◀ ***Tulipa* 'Daydream'** Darwin-Hybride

In einem leuchtenden, warmen Orange-Rot setzt die großblütige 'Daydream' deutliche Akzente im Frühjahrsgarten. Sie öffnet zum Ende der Blütezeit weit ihre Kelche.

▲ ***Tulipa* 'Golden Parade'** Darwin-Hybride

Stramm aufrecht stehen die schlanken, goldgelben Blüten von 'Golden Parade'. Zu Beginn der Blüte sind die Kelche noch elegant geschlossen.

◀ ***Tulipa* 'Pink Impression'** Darwin-Hybride

Ganz „Pretty in Pink" und doch irgendwie dezent präsentiert sich die prächtige, zuverlässige Blüherin.

Darwin-Hybriden
Besitzen die größten Blüten aller Gartentulpen und sind mit ihren starken Stielen außerordentlich wetterfest. Die Blütenkelche öffnen sich gegen Ende der Blüte zu weiten Schalen. Mittleres bis spätes Frühjahr. 50 bis 70 cm.

Einfache späte Tulpen
Eher schlanke, eiförmige Blüten mit einem satinartigen Schimmer sitzen auf kräftigen Stielen. Gut geeignet für wärmere Klimate. Spätfrühling. 45 bis 75 cm.

Lilienblütige Tulpen
Elegant geformte Tulpe in herrlichen Farben. Schlanke, lange Blüten mit spitzen, oft zurückgebogenen Blütenblättern. Spätfrühling. 45 bis 65 cm.

Gefranste Tulpen
Fein eingeschnittener Blütensaum; man kann von einer gefransten Tulpe sprechen. Elegant und lange haltbar. Spätfrühling. 35 bis 65 cm.

50–60 cm | Spätes Frühjahr

50–60 cm | Spätes Frühjahr

▶ **'Recreado'** Einfache späte Tulpe

Beinahe wie ein violett gefärbtes Ei balanciert 'Recreado' auf einem langen Stiel. Eine außerordentlich elegante Garten- und Schnittblume.

◀ **'Mariette'** Lilienblütige Tulpe

Ganz ladylike hält 'Mariette' die schlanken Blütenblätter hoch geschlossen. Einfach ein Gedicht.

50–60 cm | Spätes Frühjahr

▶ ***Tulipa* 'Mona Lisa'** Lilienblütige Tulpe

Der Name ist Programm. Die gelb-rot geflammte 'Mona Lisa' gehört sicherlich zu den Schönsten und Geheimnisvollsten, die die Lilienblütigen zu bieten haben.

***Tulipa crispa* 'Aleppo'**

Gefranste Tulpe

Ungewöhnlich und sicherlich etwas Besonderes sind, die gefransten Tulpen (Abstammung: *Tulipa crispa*). Bekannt für eine reichhaltige Blüte. Eine bildschöne Sorte ist 'Aleppo' mit ihren rot-gelben Blütenblättern. Auch für die Vase gut geeignet.

50–70 cm | Spätfrühling

50–60 cm · Spätes Frühjahr

◀ ***Tulipa* 'Blue Heron'** Gefranste Tulpe

Mit ihrem zarten Violett und dem weißen, gefransten Rand bringt 'Blue Heron' romantische Stimmung in den Garten.

Tulipa Tulpe

50–60 cm · Spätes Frühjahr

◀ ***Tulipa* 'Laverock'** Gefranste Tulpe

Leuchtend gelb, stark gefranst. Die zarte 'Laverock' setzt garantiert neue Trends im Garten. So etwas sollte man sich schon einmal gönnen.

50–60 cm · Spätes Frühjahr

▲ **'Green River'** Viridiflora-Tulpe

Nur wenige Blumen tragen Grün in ihrer Grundfarbe. 'Green River' zeigt sich in grün-orange. Äußerst reizvoll.

50–60 cm · Spätes Frühjahr

◀ ***Tulipa* 'Groenland'** Viridiflora-Tulpe

Die kann was: Zartrosa, gekürt mit einem grünen Streifen und einem Hauch von Creme. Wunderschön in einer grün-weißen Kulisse.

Viridiflora-Tulpen
Besonders reizvolle Tulpen. Sie fallen meist durch eine grüne Zeichnung auf, die sich der Länge nach über das Blütenblatt zieht. Spätes Frühjahr. 40 bis 55 cm.

Rembrandt-Tulpen
Schlanke, ungefüllte Blüte mit Streifen oder Flammung. Spätes Frühjahr. 45 bis 65 cm.

Papageien-Tulpen
Große Blüten mit bizarr geschlitzten und gewellten Rändern. Meist mehrere intensive Farbtöne. Die Blüten öffnen sie gegen Ende der Blütezeit weit, sodass sich die Stängel biegen. In der Vase ein wunderbarer Solitär. Spätes Frühjahr. 35 bis 65 cm.

Gefüllte späte Tulpen
(Päonienblütige Tulpen)
Dicht gefüllte, bauschige, meist sehr große Blüten. Einfach begeisternd. Sind leider empfindlich gegen Wind und Regen. Die Gefüllten blühen im späten Frühjahr. 35 bis 60 cm.

▸ 'Hollywood Star' Viridiflora-Tulpe

Wer diesen Namen trägt, liebt extravagante Auftritte: glühendes Rot in zarter, grüner Umhüllung.

◂ 'Flaming Parrot' Papageien-Tulpen

Die eigenwillige Form und die auffallende, rotgeflammte Zeichnung machen den 'Flaming Parrot' zu einem besonders prachtvollen Highlight. Ideal zum Schnitt.

▸ *Tulipa* 'Libretto Parrot' Papageien-Tulpe

In einem zurückhaltenden Cremeweiß mit einem Hauch von Zartrosa präsentiert sich ganz unschuldig 'Libretto Parrot'. Romantik pur.

◂ *Tulipa* 'Salmon Parrot' Papageien-Tulpe

Diese ausdrucksstarke, lachsfarbene Sorte erhält durch den cremegelben Rand eine besonders schöne Farbwirkung. Wunderschön in Gruppen und Beeten oder als Solitär in der Blumenvase. Papageien-Tulpen immer windgeschützt pflanzen, durch die großen Blüten kippen sie leicht um.

'Weber's Parrot' Papageien-Tulpe

Beinahe zu schön, um wahr zu sein, ist die faszinierende Sorte 'Weber's Parrot'. Die üppigen, gerüschten Blütenblätter in zartem Elfenbeinweiß mit purpurrosafarbenem Rand muten doch tatsächlich ein wenig barock an. Verträgt volle Sonne

35–40 cm | Spätes Frühjahr

Tulipa Tulpe

40–45 cm | Spätes Frühjahr

◀ ***Tulipa* 'Angelique'** Gefüllte späte Tulpe

Die hübsche, gefüllte Blüte von 'Angelique' betört nicht nur durch ihren zartrosafarbenen Auftritt, sie bereitet auch einen erfreulichen, feinen Duft. Ein echter Klassiker für den romantischen Garten.

45–55 cm | Spätes Frühjahr

▲ **'Lilac Perfection'** Gefüllte späte Tulpe

Ein violettfarbenes Blütenmeer bildet 'Lilac Perfection' in der Gruppe. Die süßlich duftende Sorte hat, typisch für ihre Klasse, auffallend große Blüten.

◀ ***Tulipa* 'Ancilla'** Kaufmanniana-Hybride

Die Kleine ziert Beete und Steingärten. Außen rosa und rot. Innen blütenweiß mit einem roten Ring in der Mitte.

10–20 cm | Mittleres Frühjahr

Kaufmanniana-Hybriden
Auch Seerosen-Tulpe genannt, weil sie sich bei Sonnenschein öffnet wie eine Seerose und am Abend wieder schließt. Die Innenseite ist oft anders gefärbt als die Außenseite. Meist zweifarbige, einfache Blüten. Botanische Tulpe. Sehr robust. Frühes bis mittleres Frühjahr. 15 bis 30 cm.

Fosteriana-Hybriden
Große, ungefüllte Blüten, die sich weit öffnen. Botanische Tulpe. Auch für weniger geschützte Standorte geeignet. Mittleres Frühjahr. 20 bis 60 cm.

Greigii-Hybriden
Sehr dekoratives Laub mit braunem, streifigem oder geflecktem Muster, leicht gewellte Ränder. Blüten öffnen sich weit im Sonnenlicht. Farbtöne meist rot, weiß, gelb. Frühes bis mittleres Frühjahr. Botanische Tulpe. 15 bis 30 cm.

Mehrblütige Tulpen
Keine offizielle Klasse, aber wegen ihrer Popularität oftmals gesondert ausgewiesen. Einfache späte, aber auch Triumph-, Greigii- und Botanische Tulpen haben mehrblütige Sorten.

▸ **'California Sun'** Kaufmanniana-Tulpe

In strahlendem Gelb-Rot versprüht die temperamentvolle 'California Sun' wahre Lebensfreude.

◂ **'Early Harvest'** Kaufmanniana-Tulpe

Ein schmaler, gelber Rand umfasst die orangeroten Blütenblätter der frühblühenden, hübschen 'Early Harvest'.

▸ ***Tulipa* 'Jeantine'** Kaufmanniana-Tulpe

Zierlich, mit spitzen, schlanken Blüten, zeigt sich 'Jeantine' innen in einem apricot-rosafarbenen Outfit mit hellem, gelbem Grund. Außen sind die Blütenblätter karminrot. Ein früher Langblüher.

'Scarlet Baby'

Kaufmanniana-Hybride

Die attraktive, dunkelrote 'Scarlet Baby' gehört zu den kleinsten Sorten, die die Klasse Kaufmanniana zu bieten hat. In der Gruppe wirkt ihr leuchtendes Rot geradezu unerhört berauschend und leidenschaftlich.

◂ ***Tulipa* 'Concerto'** Fosteriana-Hybride

Von auffallender Schönheit. Beinahe magnolienhaft breitet 'Concerto' die dezent weißen Blätter nach außen und präsentiert stolz sein goldgelbes Inneres.

Tulipa Tulpe

◂ ***Tulipa* 'Orange Emperor'** Fosteriana-Hybride

Im schrillsten Orange sorgt 'Orange Emperor' garantiert für Abwechslung im Frühjahrsbeet. Für Mutige: Einfach mal mit Rot und Lachsfarben mischen.

▴ ***Tulipa* 'Purissima'** Fosteriana-Hybride

Auch 'White Emperor' genannt. In reinstem Weiß ziert 'Purissima' Steingärten, Beete und Brautsträuße.

◂ ***Tulipa* 'Sweetheart'** Fosteriana-Hybride

Cremeweiße Ränder zieren das zartgelbe 'Sweetheart'. In Gruppen gepflanzt ein unvergleichbarer Anblick.

Andere Arten –
Wildtulpen (Botanische Tulpen)
Die letzte Klasse umfasst insbesondere die Wildtulpenarten. Sie sind hervorragend zum Verwildern geeignet. Niedrigwüchsig und teils duftend. Tulpen sind erstaunlich bescheidene Pflanzen, an denen man lange Freude hat. Sie fordern eigentlich nur zwei Dinge relativ unerbittlich ein: Schutz vor Staunässe, da sonst die Zwiebel wegfault, und einen Platz an der Sonne. Die meisten Tulpen kommen zwar auch im Halbschatten zurecht, aber ihre Blüte leidet darunter schon sichtbar. Optimal sind: ein nährstoffreicher, gut durchlässiger Boden in voller Sonne und möglichst windgeschützt.

Am schönsten wirken Tulpen in der Gruppe, hier darf es durchaus auch eine größere Menge von 50 bis 60 Stück sein. Im Frühjahrsbeet, in der Rabatte oder im Steingarten – hierfür eignen sich vor allem die niedrigen Wildarten – bilden sie so auffallende Farbinseln. Überhaupt ist ihr Farbspektrum geradezu legendär und reicht von weiß bis schwarzviolett, von zart gesäumt bis geflammt.

25–30 cm | Mittleres Frühjahr

▸ 'Easter Surprise' Greigii-Hybride

Mit einem gekonnten Farbübergang von Zitronengelb bis zu einem warmen Orangeton in den Spitzen fasziniert 'Easter Surprise'.

◂ 'Lady Diana' Greigii-Hybride

An Eleganz kaum zu überbieten. So einzigartig sie auch ist, in der Gruppe gepflanzt wirkt sie immer noch am beeindruckendsten.

25–35 cm | Mittleres Frühjahr

▸ *Tulipa* 'Mary Ann' Greigii-Hybride

Im Sonnenlicht öffnen sich die Blüten der Greigii-Hybriden komplett und geben den Blick frei auf das dekorative Innenleben, das, wie hier bei 'Mary Ann', wie ein kunstvolles Mosaik wirkt.

20–25 cm | Mittleres Frühjahr

40–50 cm | Spätfrühling

◂ 'Colour Spectacle'
Mehrblütige Tulpe

Mit drei bis sieben Blüten pro Stängel beschert die in kräftigem Rot geflammte 'Colour Spectacle' ein wahrhaft blühendes Vergnügen. Nicht nur im Garten ein schöner Anblick, auch als Schnittblume ist sie hervorragend geeignet.

***Tulipa* 'Orange Bouquet'** Mehrblütige Tulpe

Diese einfache, spätblühende Sorte blüht in kräftigem Orange. Die Blüte auf dem Hauptstiel ist meist üppiger als die auf den Nebenstielen.

40–50 cm | Spät-frühling

Tulipa Tulpe

10–15 cm | Vor-frühling

10–15 cm | Vor-frühling

◀ ***Tulipa clusiana* var. *chrysantha*** Wildtulpe

Wie gemalt wirkt die edle Wildtulpe *T. clusiana*. Die eleganten, spitz zulaufenden Blüten sind schwefelgelb mit lackroter Außenseite. Verträgt volle Sonne.

20–25 cm | Mittleres Frühjahr

▲ ***Tulipa humilis*** Wildtulpe

Bei Sonnenschein öffnet *T. humilis* ihre pinklilafarbenen Blüten und gibt den Blick frei auf ein gelbes Inneres. Geschlossen erinnert sie ein wenig an einen Krokus.

◀ ***Tulipa linifolia* 'Batalinii'** Wildtulpe

Die bezaubernde Schönheit mit niedrigem Wuchs trägt feine, zitronengelbe Blüten. Sie ist bekannt als emsiger Blüher, der in wenigen Jahren ganze Kolonien bilden kann.

Aber nicht nur im Beet, auch in Kübeln, Töpfen und Kästen – und natürlich in der Vase – kommen Tulpen schön zur Geltung.

Tulpen vertragen durchaus auch eher etwas trockenere Böden, nur zur Blütezeit benötigen sie eine ausreichende Bodenfeuchtigkeit. Die verwelkten Blüten und Fruchtstände sollten möglichst bald auf halbe Stängelhöhe abgeschnitten werden, sodass die Samenbildung der Zwiebel nicht die Kraft raubt. Das Laub hingegen bleibt so lange stehen, bis es vergilbt ist. Somit kann die Zwiebel optimal ausreifen. Ein Standortwechsel tut gut, wenn die Blütenfülle nachlässt, ansonsten kann die Zwiebel über Jahre an ihrem Platz bleiben.

Nachdem das Laub vertrocknet ist, können die Zwiebeln aus dem Boden geholt und die Nebenzwiebeln abgetrennt werden. Bis zur Pflanzzeit im Herbst trocken, dunkel und kühl lagern.

Alle Pflanzenteile sind leicht giftig. Längerer Kontakt kann zur sogenannten „Tulpenzwiebel-Dermatitis" mit Hautreizungen führen.

20–30 cm | Mittleres Frühjahr

▸ *Tulipa saxatilis* Kretische Tulpe

Lilarosa Blüten mit einem gelben Herz. Ein äußerst dankbarer, zarter Blüher.

15–20 cm | Vorfrühling

◂ *Tulipa sylvestris* Wildtulpe

Robust und vermehrungsfreudig bereichert *T. sylvestris* jeden Steingarten. Die gelben, glockenförmigen Blüten bezaubern zudem durch einen köstlichen Duft. Verträgt auch Halbschatten.

▸ *Tulipa tarda* Wildtulpe

Die mehrblütige Zwergstern-Tulpe trägt bis zu acht duftende Blüten an einem Stängel. Bei Sonnenschein öffnet sie die cremeweißen Blüten sternförmig und zeigt ihre dottergelbe Mitte. Ausgezeichnet zum Verwildern geeignet und ein guter Bodendecker.

10–15 cm | Mittleres Frühjahr

Tulipa turkestanica
Wildtulpe

Die cremefarbenen, fast pergamentenen, sternförmigen Blüten mit ihrem gelben Auge hängen zahlreich an grazilen Stielen. *T. turkestanica* gehört zu den ersten Blühern unter den Wildtulpen.

15–20 cm | Vorfrühling

40– 75 cm | Frühes bis mittleres Frühjahr

Zantedeschia aethiopica Kalla

Elegant und geheimnisvoll, exotisch und ausdrucksstark. Die vielseitige südafrikanische Schönheit ist an Lobeshymnen kaum zu überbieten. Ihr kelchförmig geschwungenes „Blütenblatt" – botanisch gesehen eigentlich ein Hochblatt – will sich so recht zu keiner klaren Farbe bekennen, meist zeigt es sich in Variationen von Weiß, Elfenbein, Grün oder changiert in Rose, Orange und sogar in Schwarz. Ihr längliches, pfeilförmiges Laub bietet dazu mit seinem dunklen Grün einen passenden Kontrast. *Z. aethiopica* liebt helle, warme Standorte, verträgt aber auch einen leichten Halbschatten, wenn der Platz nur warm genug ist. Im Sommer hat sie einen hohen Wasserbedarf und benötigt daher – schließlich ist sie eine Sumpfpflanze – einen ausreichend feuchten Boden. Während des Wachstums regelmäßig düngen. Nach der Blüte Düngen einstellen. Winterharte bis frostempfindliche Sorten. In kalten Regionen ist Winterschutz erforderlich; oder knolligen Wurzelstock in trockenem Sand frostfrei überwintern. **Achtung:** Giftig in allen Teilen.

***Zantedeschia aethiopica* 'Green Goddess'** Kalla

Die außergewöhnliche grün-weiß gefärbte 'Green Goddess' zählt zu den wichtigsten Sorten von *Z. aethiopica*. Noch einige allgemeine Informationen: *Z.* eignet sich auch hervorragend als Kübelpflanze, insbesondere in kalten Klimaten empfiehlt sich diese Variante. Vermehrung durch Abnahme von Seitensprossen der Rhizome oder Teilung. Äußerst dekorative und langlebige Schnittblume.

60– 100 cm | Spätes Frühjahr bis Hochsommer

Einjährige Pflanzen

Sommerlicher Blütenrausch

In den warmen Monaten zwischen Frühjahr und Herbst haben die Einjährigen ihren großen Auftritt. Allerdings blühen und gedeihen sie nur einen Sommer lang, dann sterben sie ab. Das frühe Aus ist Teil einer Überlebensstrategie, bei der die Kraft der Pflanze allein in die Produktion widerstandsfähiger Samen geht. Die Einjährigen werden jedes Jahr, vom zeitigen bis zum späten Frühjahr, entweder in Vorkultur oder direkt im Beet erneut ausgesät. Wesentlich müheloser ist der Kauf bereits vorgezogener Pflanzen. Viele der Einjährigen neigen aber auch zur – nicht immer wünschenswerten – Selbstaussaat, wenn der Fruchtstand ausgereift ist. Sollte der Samen also noch vom Vorjahr im Boden liegen, keimt er bei entsprechender Bodentemperatur und bildet eine stattliche Pflanze, die im Sommer herrlich blüht. Häufig sind die als einjährig kultivierten Pflanzen in ihrer Heimat mehrjährige, ausdauernde Pflanzen, die in unseren Breiten Probleme mit dem Frost bekommen.

Die meisten von ihnen sind Sonnenanbeter und viele verlängern ihre Blütezeit, wenn Abgeblühtes entfernt wird.

20–80 cm | Frühsommer bis Spätherbst

Ageratum houstonianum Leberbalsam

Herrliche Blütenpolster, die mit kleinen, büscheligen und ausdauernden Blütenköpfchen in Violett, Rosa, Blau oder Weiß übersät sind, bildet der Leberbalsam, der je nach Sorte bis zu 80 cm hoch werden kann. Die niedrigen Sorten sind sehr dekorativ in niedrigen Einfassungen, Steingärten und Kästen, die höheren Sorten sind geeignete Hintergrundpflanzen und gute Schnittblumen. In seiner subtropischen und tropischen Heimat verholzt der Leberbalsam zu einem Strauch. In kühleren Gefilden übersteht er keinen Winter im Freien und wird daher einjährig kultiviert. Er bevorzugt einen fruchtbaren und feuchten, aber gut durchlässigen Gartenboden. Da er keine Trockenheit verträgt, muss er bei trockener Witterung ausreichend gewässert werden. Verblühtes abschneiden. Aussaat im zeitigen Frühjahr bei 16 bis 18 °C, im Spätfrühling ins Freie pflanzen. Direktaussaat ist nicht empfehlenswert. *A. houstonianum* wirkt geradezu magnetisch auf Schmetterlinge.

Amaranthus caudatus Garten-Fuchsschwanz

Attraktiv und sehr exotisch wirken die prächtigen, karminroten Blütenähren, die ganz leger vom hochragenden, hellgrün belaubten Stängelende des *A. caudatus* fast bis zum Boden herabhängen. Die sehr haltbaren Blütenstände passen am besten in Prachtstaudenrabatten oder Bauerngärten – als Solitär oder Kübelpflanze. Er liebt Sonne und einen mäßig nährstoffhaltigen, feuchten, aber durchlässigen Boden. Besondere Pflege fällt nicht an. Die Pflanze samt sich kräftig aus. **Tipp:** Auch gut zum Schnitt und als Trockenblume geeignet, behält die Farbe für lange Zeit. Zieht Schmetterlinge an.

Amaranthus hypochondriacus 'Green Thumb'

Trauer-Fuchsschwanz

Wie aufzeigende Finger strecken sich die strahlenden, gelbgrünen Triebe von 'Green Thumb' in die Höhe. Diese grüne Rarität wirkt schon ein wenig so, als käme sie aus einer anderen Welt zu uns in den Garten. Besonders eindrucksvoll lässt sich dieses Exemplar kombinieren mit Pflanzen mit großen Blättern oder mit Blüten in kontrastierenden Farben, wie kräftige Rot- und Gelbtöne. Bevorzugt warme, sonnige und geschützte Orte in feuchter, durchlässiger und humoser Erde.

Antirrhinum majus 'Peaches and Cream'

Garten-Löwenmaul, Großes Löwenmaul

Der aufrecht wachsende Dauerblüher *A. majus* ist ein Klassiker im Bauerngarten und im Sommerbeet und zeigt sich in einer breiten Farbpalette von Weiß, Gelb, Orange, Rot, Violett bis fast Schwarz und verschiedenen Wuchshöhen. Die aparten, zweifarbigen Blüten der niedrigen Sorte 'Peaches and Cream' bilden dichte, endständige Trauben. Die kurzlebige, meist einjährig gezogene Staude sollte regelmäßig stängellang abgeerntet werden, um die Blühfreudigkeit zu erhalten. Bevorzugt einen sonnigen Standort in nahrhafter, gut durchlässiger Erde. **Tipp:** *A. majus* ist eine hervorragende und beliebte Schnittblume.

Atriplex hortensis 'Red Plume'
Rote Gartenmelde, Spanischer Salat

Streng aufrecht, irgendwie grasähnlich, teht die schlanke 'Red Plume'. Mit ihren ielen purpurfarbenen Blättern und dem ot gefärbtem Stiel ist sie eine attraktive, ontrastreiche Ergänzung für das sommerliche Stauden- oder Blumenbeet. Da ie nicht windempfindlich ist, gibt sie einen uten Windschutz für niedrigere Stauden. hre gelb-grünen Blüten sind eher unscheinbar. Benötigt feuchte, aber durchlässige, ruchtbare Erde. In Trockenzeiten reichlich vässern, um ein Welken zu verhindern. Verblühtes vor der Samenbildung abschneiden, onst verbreitet sich die Gartenmelde stark. **Tipp:** *A. hortensis* ist ein altes Feingemüse, lessen Blätter im Salat oder wie Spinat zubereitet werden können.

Brachyscome iberidifolia Blaues Gänseblümchen

Der fröhliche Vielblüher trägt auf seinen Blütenstielen violette, blaue, rosa oder weiße, margeritenähnliche Blüten. Wahlweise mit gelber oder bei der Splendour-Serie mit schwarzer Mitte. Zur Beetbepflanzung, für Steingärten oder Kästen. Nährstoffreiche, lockere Böden.

Calendula officinalis Garten-Ringelblume

Die sehr unempfindliche Beet- und Schnittpflanze gibt es in gelben creme- und orangefarbenen Blüten, die ungefüllt oder gefüllt sind, sowie in hohen und zwergigen Wuchssorten. Die auch als Arzneipflanze verwendete *C. officinalis* mag mittelschweren, feuchten Boden. Passt hervorragend in Bauerngärten oder in sommerliche Blumenbeete. Verblühtes wegschneiden, das fördert die Blühwilligkeit. Da sie sich stark selbst aussät, kann man ihre Anwesenheit Jahr für Jahr genießen. **Tipp:** Die Blütenblätter sind essbar. Der Blütenboden hingegen schmeckt bitter.

Callistephus chinensis

Gartenaster, Madeleine-Aster, Sommeraster

Die Vielfalt der prächtigen, einjährigen Gartenaster zeigt sich in ihren verschiedenen Wuchshöhen, Blütenformen und Farben. Es gibt Zwerg- und hohe, bis über 1 m emporwachsende Sorten, die auch gute Schnittblumen sind. Die Blütenköpfe sind einfach, halbgefüllt oder gefüllt. Viele lebhafte Farben, meist in Purpur oder Violettblau, aber auch in Weiß, Gelb, Rot oder Rosa, sorgen für ein buntes Spektakel im Beet oder in der Pflanzschale. Sie verträgt jeden gepflegten Gartenboden in voller Sonne.

Centaurea cyanus Kornblume

So kennt man sie: In einfachen, hellblauen Blüten steht sie im Sommer im Getreidefeld. Aber es gibt auch weiße und rosa Formen, gefüllte und ungefüllte Blüten. Jedenfalls ist sie der ideale frische Farbtupfer zwischen Stauden, Rosen, Phlox oder in Sommerblumenbeeten. Sie bevorzugt windgeschützte Lagen mit einem nährstoffreichen, durchlässigen Untergrund. Eine besondere Behandlung benötigt sie nicht, sie ist eher genügsam. Sogar etwas Trockenheit wird von ihr toleriert. Hohe Sorten sollten gestützt werden, sodass sie bei Wind nicht umknicken. Wer sich die Vorkultur sparen möchte, kann *C. cyanus* ab dem mittleren Frühjahr direkt ins Freiland aussäen. **Tipp:** Die Kornblume ist für Bienen und Schmetterlinge sehr interessant.

Clarkia amoena Atlasblume

Die reizende *C. amoena* zeigt ihre papierartigen, seidigen Blüten im Sommer über Wochen. Sie tut sich schwer mit feuchten, heißen Bedingungen, treibt aber auf durchlässigen, mäßig fruchtbaren Böden im nächsten Frühjahr ohne Probleme wieder aus. Ist der Boden zu fruchtbar, zeigt sie viele Blätter, aber nur wenige Blüten. Ob Bauerngarten oder Sommerbeet, in Gruppen gepflanzt wirkt sie am schönsten.

Coreopsis tinctoria 'Mahogany Midget' Färber-Mädchenauge

Die scharlachroten, leuchtenden Blütenkörbchen mit dem gelben Zentrum lassen die Zwergwüchsige im Sommer ganz groß herauskommen. Freut sich über jeden durchlässigen Gartenboden in Sonne oder Halbschatten. Verwelkte Blüten entfernen, damit sie noch einmal blühen kann.

Cleome hassleriana syn. _C. spinos_ 'White Queen' Dornige Spinnenpflanze

Den wenig charmanten Namen verdankt die exotisch und bizarr aussehende *C. hassleriana* den herausragenden, langen Staubblättern ihrer Blüten, die Spinnenbeinen ähneln, sowie den Stacheln an ihren Blattstielen. Die duftende 'White Queen' ist eine gute Ergänzung für Sommerbeete. Da die Pflanze einen aufrechten, kaum verzweigten Wuchs hat, sollte sie schon in Gruppen gepflanzt werden, damit sie auch von weitem gut sichtbar ist. Ein leichter, nährstoffreicher, gerne sandiger Boden in voller Sonne ist ideal. Damit die Blühfreudigkeit nicht nachlässt, die Samenschoten regelmäßig herausknipsen. Stutzen der Jungpflanzen fördert die Verzweigung. Vorkultur ab zeitigem Frühjahr, ab spätem Frühjahr ins Freiland pflanzen. Es gibt auch Sorten mit rosafarbenen, roten und violetten Blüten.

Cosmos bipinnatus Sensation-Serie Fiederblättriges Schmuckkörbchen

In Hülle und Fülle wirken die rosafarbenen, zarten Blüten einfach am schönsten. Ebenso reizvoll wie die großen, üppigen Blüten der Sensation-Serie ist das zierliche, fiedrige Laub. Passt gut in Blumenbeete naturnaher Gärten. Das Schmuckkörbchen mag warme, feuchte, drainierte, mäßig fruchtbare Standorte. Entfernt man die abgeblühten Köpfe, verlängert man die Blüte. Aber dennoch einige Samen reifen lassen, damit es sich selbst aussäen kann. Direktsaat ins Beet im späten Frühjahr.

Dorotheanthus bellidiformis Garten-Mittagsblume

Kleine, margeritenähnliche Blüten und brillante Farben in Lila, Rot, Orange, Gelb oder Weiß, dadurch zeichnet sich die kriechend wachsende Garten-Mittagsblume aus, die den ganzen Sommer über fleißig blüht und dabei farbenprächtige Polster bildet. Reichlich Sonne – denn nur dann öffnet sie ihre feinstrahligen Blüten – und Trockenheit sorgen dafür, dass sie täglich schöner wird. Als Bodendecker für Beete, Steingärten oder Einfassungen, aber auch in Pflanzschalen macht sich diese Einjährige besonders gut. Sie mag magere, trockene Böden. Ihre Blühkraft kann gesteigert werden, wenn Verblühtes regelmäßig entfernt wird.

10– 15 cm | Frühsommer bis Spätsommer

Eschscholzia californica

Kalifornischer Kappenmohn, Schlafmützchen

Wie gemalt wirken die schalenförmigen, seidig glänzenden Blüten, die sich stolz oben auf den langen Stielen die beste Sicht verschafft haben. Ganz gleich, ob in Rosa, Gelb, Orange, Rot oder Weiß, gefüllt oder gekräuselt, *E. californica* bringt Farbe und Leichtigkeit in Blumenbeete und Steingärten. Ein wenig eigen, zeigt sich das buschige Gewächs mit dem fein gefiederten, blaugrünen Laub nur bei Sonnenschein vollständig geöffnet. Daher empfiehlt sich ein karger, durchlässiger Boden in voller Sonne. *E. californica* sät sich leicht von alleine aus und erscheint im nächsten Frühjahr, wenn der Boden über Winter ungestört geblieben ist.

Bis 30 cm | Sommer | !

30–60 cm | Sommer bis Herbst

Felicia amelloides Blaue Kapaster

Aus ausladenden, dunkelgrünen Laubpolstern ragt eine Fülle von lavendelblauen Blüten im Gänseblümchen-Look hervor. Voraussetzung sind Sonne und ein karger, durchlässiger Boden. Regen schadet der Blühfreudigkeit hingegen sehr. Kann überwintert werden. Vermehrung über Kopfstecklinge im Spätsommer oder Aussaat im Frühjahr.

15–30 cm | Spätes Frühjahr bis Frühherbst

Gazania-Hybride Gazanie

Diese Sonnenanbeterin präsentiert ihre einzelnen Blütenköpfchen in einer Auswahl leuchtender, auffälliger Farben von Gelb, Rosa, Orange, Rot bis Weiß, meist mit einer dunkleren Zeichnung auf den Blütenblättern. Allerdings bleiben die Blüten an Regentagen oder an schattigen Plätzen verschlossen. Bei sparsamer Wasserversorgung zeigt sie sich hingegen recht blühfreudig, daher empfiehlt sich ein vollsonniger Standort mit einem leicht sandigen, durchlässigen Boden. Der Pflegeaufwand ist gering. Abknipsen der verblühten Köpfchen und gelegentliches Düngen verlängern die Blütezeit. In frostgefährdeten Gebieten wird die Gazanie als Einjährige kultiviert. An einem geschützten, hellen Platz kann die Sommerblüherin bei 8 bis 10 °C durchaus überwintern.

Gypsophila elegans Sommer-Schleierkraut

Zur luftigen Auflockerung von Sommerbeeten eignet sich die weiß oder rosa blühende *G. elegans* besonders gut. Das stark verzweigte, buschige Gewächs trägt eine ganze Fülle zierlicher, sternförmiger Blüten, die auch in Sommersträußen gerne als zierende Beigabe Verwendung finden. Der Bedarf von *G. elegans* an Wasser und Nährstoffen ist gering, dafür bevorzugt sie einen kalkhaltigen Boden, möglichst in voller Sonne. Die hochwachsende Sorten sollten aufgebunden werden, damit sie nicht knicken.

Bis 60 cm | Hochsommer bis Frühherbst

Helianthus annuus 'Autumn Beauty'

Gewöhnliche Sonnenblume

Van Gogh hätte diese Sonnenblume nicht schöner malen können. 'Autumn Beauty' zeigt sich in warmen, herbstlichen Farbtönen mit mahagoniroten, goldgelben oder bronzeroten Zungenblüten. Die bis zu 15 cm großen, margeritenähnlichen Blütenköpfe kommen als Gruppe vor Fassaden, Zäunen oder als Hintergrundbepflanzung besonders hübsch zur Geltung.

Helianthus annuus 'Teddy Bear' Gewöhnliche Sonnenblume

Wer wenig Platz hat für die großen Sorten, kann diese leuchtenden Sommerblumen auch mit Zwergsorten in seinen Garten holen. 'Teddy Bear' gehört zu den niedrigen Ausführungen und begeistert durch seine weich gefüllten, gelben Blütenköpfe, die immerhin einen Durchmesser von bis zu 13 cm erreichen können. Eindrucksvoll schafft es der kleine Standfeste, ganze Beete in ein einziges gelbes Farbenmeer zu verwandeln, und auch für den Pflanzkübel ist er ein durchaus geeigneter Kandidat. Dafür braucht er allerdings viel Futter. Eine gute Versorgung mit Nährstoffen und Wasser sowie ein lockerer, durchlässiger Boden, der keine Staunässe produziert, sollten auf jeden Fall gewährleistet sein. Ab dem späten Frühjahr können die Samen direkt an Ort und Stelle ausgesät werden. **Tipp:** In der Vase hält *H. annuus* länger, wenn man viel von dem Laub entfernt und das frisch angeschnittene Stielende etwa eine halbe Minute in kochendes Wasser taucht. Damit soll Keimbildung verhindert werden.

Helichrysum bracteatum Garten-Strohblume

Wegen seiner Frostempfindlichkeit wird *H. bracteatum* in kalten Klimaten nur einjährig kultiviert, in der australischen Heimat ist es durchaus mehrjährig. Die pergamentartigen, gelben, weißen, roten oder rosafarbenen Blüten öffnen sich nur bei Sonnenschein komplett und sorgen in Beeten oder Rabatten für leuchtend bunte Farbkleckse. Verträgt einfache Gartenerde in sonniger Lage. Auf Staunässe reagiert die Pflanze allerdings sehr empfindlich. Ideal zum Trocknen geeignet.

15–20 cm | Spätes Frühjahr bis Herbst

***Impatiens walleriana* 'Peach Swirl'**

Fleißiges Lieschen

Der wunderbar buschige Dauerblüher bringt mit einer Fülle an zierlichen Blüten reichlich Farbe in dunkle Gartenbereiche. Das Fleißige Lieschen macht seinem Namen alle Ehre und blüht mit unermüdlichem Elan, selbst wenn man ihm ein nur wenig sonniges Plätzchen zuweist. Neben der leuchtenden Sorte 'Peach Swirl', die durch ihr kräftig rosafarbenes Blütenblatt mit einem rosaroten Rand selbst unter dunklen Sträuchern noch auffällt, gibt es eine breite Farbpalette von Weiß über Orange und Lachsfarben bis zum tiefen Violett, auch zweifarbig. Die meist einjährig gezogene Staude ist für Beete oder Gefäße in Schattenbereichen eine unverzichtbare Sommerpflanze. Sie mag einen windgeschützten, humosen, feuchten, aber durchlässigen Standort. Am besten gedeiht sie bei gleichmäßiger Wasserversorgung und gelegentlichen Düngergaben.

60–80 cm | Sommer

***Lavatera trimestris* 'White Beauty'**

Becher-Malve, Garten-Strauchpappel

Mit den prächtigen weißen Trichterblüten und dem buschigen Wuchs zieht 'White Beauty' die Blicke garantiert auf sich. Die typische Bauerngartenpflanze wirkt nicht nur im Staudenbeet, sondern sieht auch vor Holzzäunen schön aus. Mag durchlässige, mäßig nährstoffreiche Böden. Staunässe vermeiden. Hohe Pflanzen an exponierten Standorten aufbinden.

Lobelia erinus Blaue Lobelie, Männertreu

Ihr lang anhaltender Blütenflor aus unzähligen zierlichen, kleinen Blüten leuchtet in Blau, Lila, Rosa oder Weiß. Unter den zahlreichen Sorten von *L. erinus* gibt es nicht nur hervorragende polsterbildende Bodendecker für Einfassungen und Beete, sondern auch überhängende Sorten für Gefäße und Ampeln. Sie mag humosen, feuchten Boden in Sonne oder Halbschatten und sollte regelmäßig feucht gehalten werden. Der Lichtkeimer kann ab dem zeitigen Frühjahr vorgezogen werden, dabei nicht mit Erde abdecken. Im späten Frühjahr ins Freiland pflanzen. Nach der ersten Blüte etwa ein Drittel einkürzen, blüht dann erneut.

Lobularia maritima Strand-Silberkraut

Ein verlockender Honigduft hängt über den üppigen, flachen Blütenpolstern des Strand-Silberkrauts, die zum Ausfüllen kahler Beetflächen, zur Unterpflanzung von Hochstämmchen oder als Bodendecker zwischen Rosen sehr beliebt sind. Auch in Mauer- und Pflasterspalten findet es seinen Platz. Die kleinen, becherförmigen Blüten, die reichlich Insekten anlocken, blühen in Weiß, Rosa oder Zartviolett und bedecken mit ihrer Vielzahl das graugrüne Laub fast vollständig. Es empfiehlt sich, die Pflanzen nach der ersten Blüte zurückzuschneiden, damit es weiter treibt. Das Strand-Silberkraut bevorzugt einen sonnigen Standort und nährstoffärmere Böden, es verträgt auch Küstenklima und sät sich selber aus.

Matthiola incana **'Cinderella Lavender'**
Garten-Levkoje

Die ursprünglich halbstrauchige *M. incana* wird bei uns als Einjährige kultiviert. Die zwergwüchsigen Vertreter der Cinderella-Serie bestechen durch ihre wunderschön gefüllten, duftenden Blütentrauben. 'Cinderella Lavender', ein echter Früh- und Dauerblüher, eignet sich ideal für Rabatten in Bauerngärten oder Pflanzgefäße. Im Garten hat sie die Eigenschaft, sich zu verzweigen und mehrere Blumentrauben zu bekommen, im Topf bleibt sie sehr kompakt und trägt meist nur eine Blüte. Jeder feuchte, wasserdurchlässige Boden an geschützter Stelle wird akzeptiert.

Bis 25 cm | Hochsommer bis Spätsommer

Nemesia strumosa 'KLM'

Benannt nach der holländischen Fluggesellschaft, deren Geschäftsfarben sie trägt, zeigt sich 'KLM' in sattem Blau und elegantem Cremeweiß. Dazu trägt sie einen kleinen, gelben Schlund. Die Anspruchslose bildet hübsche, reichblühende Polster in Sommerbeeten und Gefäßen.

60–90 cm | Spätsommer

Moluccella laevis Muschelblume

Nicht ganz alltäglich, aber dafür äußerst reizvoll wirkt die aufrecht wachsende *M. laevis*. Die Muschelblume zeichnet sich durch hellgrüne Trichter aus, bei denen es sich nicht um Blüten-, sondern um Hochblätter handelt, die dicht an den hohen, unverzweigten Stängeln sitzen. Die weißen, kleinen, sogar duftenden Blüten kommen darin gar nicht großartig zur Geltung. Mit ihren ungewöhnlichen Blütenständen, die auch bei Floristen sehr beliebt sind, ist sie eine aparte Bereicherung für sommerliche Blumenbeete, am besten in Gruppen gepflanzt. Besonders bizarr erscheint sie, wenn die Hochblätter mit der Samenbildung weiß geädert und pergamentartig werden. Als Standort toleriert sie jeden feuchten, durchlässigen Boden. Gelegentliches Düngen fördert das Wachstum.

Bis 40 cm | Frühsommer bis Herbst

Nicotiana × sanderae 'White Bedder'

Nicotiana × sanderae ist eine Verwandte der Tabakpflanze; die kurzlebige Staude wird oft einjährig gezogen. Die großen Blüten von 'White Bedder' stehen an einer buschig wachsenden Pflanze mit leicht klebrigen Blättern und zeigen sich den ganzen Tag hindurch in strahlendem Reinweiß. An einem windgeschützten, feuchten, durchlässigen Standort blüht sie sehr ausdauernd und bedarf keiner besonderen Pflege außer einem Rückschnitt der verwelkten Blüten und Wässerung bei Trockenheit. **Achtung:** Der Kontakt mit den Blättern kann zu Hautreizungen führen.

Nigella damascena Braut in Haaren, Gretel im Busch, Jungfer im Grünen

Diese Pflanze, die es schafft, gleich drei geheimnisvolle Namen auf sich zu vereinen, hat einige Aufmerksamkeit verdient, denn sie gehört zu den interessantesten Anblicken, die der Garten zu bieten hat. *N. damascena* produziert blaue, weiße, gelbe oder rosafarbene, zierliche Blüten, die von einem dichten Kranz sehr fein gefiederter Blätter umgeben sind, dadurch wirkt sie, als wäre sie in einen Nebel gehüllt. Ebenso sehenswert sind die kugeligen Fruchtstände, die gerne für Trockenblumen-Arrangements verwendet werden. In sonniger Lage und in durchlässigem Boden lässt sich dieses Blütenwunder ohne weiteren Aufwand genießen. **Tipp:** Die Pflanze sät sich selbst aus, wenn man ein paar Samenkapseln stehen lässt.

Papaver rhoeas Klatschmohn

Ohne die hauchdünnen, in zartem Pastell oder knalligem Rot leuchtenden Blütenschüsseln des *P. rhoeas,* die schimmern, als wären sie aus feiner, zerknitterter Seide, fehlt etwas im Sommergarten. In naturnahen Gärten einfach unverzichtbar. Der Anspruchslose gedeiht in jedem Gartenboden und muss nur bei anhaltender Trockenheit gewässert werden. Lässt man die Samenkapseln stehen, samt er sich von allein aus.

***Petunia* 'Prism Sunshine'** Petunie

Die beliebten Petunia-Hybriden gibt es in nahezu allen Farbnuancen, in verschiedenen Wuchs- und unterschiedlichen Blütenformen. Die samtigen Blüten sind gesternt, geädert oder haben gekräuselte Ränder, manchmal sind sie auch gefüllt. Die zur Grandiflora-Gruppe gehörende 'Prism Sunshine' strahlt mit ihren großen, hellgelben bis cremefarbenen Blütentrichtern mit feiner, grüngelber Äderung zugleich Eleganz und Frische aus. Der Dauerblüher mag leichte, durchlässige Böden in Beeten oder Schalen. Trockenheit und zuviel Feuchte hingegen sind unerwünscht. Verblühtes regelmäßig abknipsen.

Bis 45 cm | Hochsommer bis Frühherbst

Phlox drummondii Einjähriger Phlox

Ein kurzes, aber dafür intensives Vergnügen bietet *P. drummondii*, die einjährige Variante der klassischen Bauerngartenpflanze. Mit einer Fülle farbintensiver, flacher Blüten in Weiß, Gelb, Lachsfarben, Rosa, Rot oder Violett ist der ein- oder mehrfarbige Einjährige Phlox ein unverzichtbarer Blickfang im Sommerblumenbeet. Die aufrechte, buschig wachsende Pflanze, die es in niedriger und höher wachsender Ausführung gibt, mag durchlässige, humose Böden in voller Sonne. Durch einen starken Rückschnitt nach der ersten Blüte auf 10 bis 15 cm lässt sich eine zweite Blüte fördern. **Tipp:** Die Blüten sind essbar und können für einen Salat verwendet werden.

10–20 cm | Sommer

***Portulaca grandiflora* 'Everbloom'** Portulakröschen

Die leicht kriechende *P. grandiflora* mit den fleischigen Blättern und den reizvollen, satinartigen Blüten, die den Heckenrosen so ähnlich sieht, ist die ideale Besetzung für heiße und trockene, sandige Plätze im Garten. Lediglich Staunässe und geringe Temperaturen verträgt sie nicht. Für Steingärten, als Bodendecker oder Topfbepflanzung.

2–3 m | Hochsommer bis Spätherbst | Herbst

***Ricinus communis* 'Carmencita'** Palma Christi, Rizinus, Wunderbaum

R. communis überrascht durch seine außerordentliche Wuchskraft, durch die er innerhalb von drei Monaten seine Statur erhält. In wärmeren Gegenden ist dieser verzweigte Strauch mehrjährig, in unseren Breiten wird er mangels Frosthärte gewöhnlich als Einjähriger gezogen. 'Carmencita' zeichnet sich durch apartes, bronzerotes Laub aus, das an Kastanienblätter erinnert. Als Blüten erscheinen endständige Ähren, an denen die männlichen, gelben Blüten unten und die weiblichen, rötlichen Blüten oben blühen. Die auffälligen, kugeligen, rötlichbraunen Spaltfrüchte tragen Stacheln. Die dekorative Blattschmuckpflanze wirkt eindrucksvoll in größeren, sonnigen Beeten, vor Mauern oder in Kübeln. Braucht sehr nährstoffreiche, durchlässige Böden und reichlich Wasser. **Achtung:** Die Samen sind äußerst giftig.

Rudbeckia hirta 'Irish Eyes' Rauer Sonnenhut

Der margeritenähnliche, leuchtend gelbe Blütenkopf mit dem grünen Knopf in der Mitte thront hoch oben auf einem aufrechten, rau behaarten Stiel. Durch die lange Blütezeit bis in den späten Herbst bringt 'Irish Eyes' einen letzten warmen Farbtupfer ins sommerliche Blumenbeet. 'Irish Eyes' lässt sich farblich reizvoll mit Fetthenne, blauem Leberbalsam und Raublatt-Astern kombinieren. Die Pflanze ist relativ anspruchslos, bevorzugt aber einen sonnigen Standort mit feuchtem, nährstoffreichem und mittelschwerem Boden.

60–75 cm | Hochsommer bis Spätherbst

Salvia farinacea 'Strata' Mehliger Salbei

In Steingärten oder erhöhten Beeten zwischen Stauden kommt die buschig wachsende, grau bemehlte *S. farinacea* mit den auf der Unterseite weiß behaarten Blättern besonders gut zur Geltung. Die zweifarbige 'Strata', ein besonders gelungenes Exemplar dieser Art, zeigt an den langstieligen Ähren zugleich lavendelblaue und weiße Blüten und erhält dadurch einen schönen silbrig blauen Schimmer. Der Mehlige Salbei ist ein eher anspruchsloser Zeitgenosse, der auf einem sehr durchlässigen, leicht trockenen Boden in voller Sonne gedeiht. *S. farinacea* ist eine Mehrjährige, die in frostgefährdeten Gebieten nur einjährig gezogen wird. Sie kann aber durchaus frostfrei drinnen überwintert werden.

Bis 60 cm | Spätes Frühjahr bis Herbst

Bis 20 cm | Frühsommer bis Spätherbst

Sanvitalia procumbens Husarenknopf

Einfach entzückend sind die kleinen, dicht gedrängten, goldgelben Blütenknöpfe, die aussehen wie eine Miniaturausgabe der Sonnenblume und bis zum ersten Frost einfach unermüdlich durchblühen. Der kriechende, breit verzweigte Bodendecker mit den länglich ovalen Blättern bildet hübsche Einfassungen oder überdeckt unschöne Beetflächen. Jeder lockere, durchlässige Gartenboden in voller Sonne wird akzeptiert. Der Knirps benötigt wenig Pflegeaufwand, die abgeblühten Teile sollten allerdings regelmäßig zurückgeschnitten werden, damit die Blüte bis in den Herbst anhält.

20–70 cm | Frühsommer bis Frühherbst

Solenostemon scutellarioides syn. _Coleus blumei_ Buntnessel

Wer der Anziehungskraft dieser farbkräftigen Blattpflanzen nicht widerstehen kann, läuft Gefahr, regelrecht vom Buntnesselfieber ergriffen zu werden. Bizarr gemustert in Rot, Gelb, Rosa oder Grün, mit gewelltem, gesägtem oder glattem Rand, die Buntnessel bringt spannungsreiche Abwechslung ins Sommerbeet. Mag durchlässigen, humosen Boden.

Bis 50 cm | Sommer bis Frühherbst

Schizanthus × _wisetonensis_ Spaltblume

Die fröhlichen, orchideenähnlichen Blüten bedecken im Sommer die Pflanze komplett und sorgen über Wochen für ein strahlendes Farbenmeer in Weiß, Gelb, Rosa oder Violett. Ein wenig empfindsam zeigt sich diese zarte Blüherin allerdings schon, denn die volle Pracht entfaltet sie nur an geschützten Plätzen und unter idealen Bedingungen. Bei großer Hitze oder kräftigen Regenschauern etwa verweigert sie ihren üppigen sommerlichen Auftritt und zwingt einen, mit den feinen, farnartigen Blättern vorlieb zu nehmen. Man muss es dann auf einen neuen Versuch im nächsten Jahr ankommen lassen. Zu den sonstigen Bedingungen gehören ein fruchtbarer, feuchter, durchlässiger Boden in voller Sonne. **Tipp:** In der Vase halten sich die Blumen bis zu zwei Wochen.

30–120 cm | Frühsommer bis Spätherbst

Tagetes-Erecta-Hybriden Hohe Studentenblume

Die gefüllten, kugelrunden, großen Pompons in frischem Gelb oder leuchtendem Orange stehen erhaben über dem dunkelgrünen, fiedrig-geteilten Laub. Die hochwachsenden sind eine ausgezeichnete Hintergrundbepflanzung für sommerliche Beete und Rabatten. Da sie neben ihren unübersehbaren Blütenbällen auch wunderbar robust und pflegeleicht sind, zählen sie unbedingt zu den Klassikern der formalen Beetgestaltung.

Tagetes-Patula-Hybride Studentenblume

Sie blühen unablässig in gelben, roten und braunen Schattierungen oder in lebhaften Kombinationen dieser Farben, mit gefüllten oder ungefüllten Blütenköpfchen. Die Zwergsorten bilden dichte, kleine Büsche. Sie werden in den Sommerbeeten oft als farbenfrohe Füllpflanzen eingesetzt oder bilden Einfassungen. Die unermüdlichen Dauerblüher bevorzugen sonnige Standorte mit nährstoffreichem Boden. Kleiner Wermutstropfen: Sie stehen eindeutig auf der Lieblingsspeiseliste von Schnecken.

***Tagetes tenuifolia* 'Ornament'**
Gestreifte Mexikanische Studentenblume

'Ornament' ist ein wahrer Dauerblüher. An seinen Stängeln sitzen zahlreiche einfache, rotbraune Blüten, die sich in besonderem Maße unempfindlich gegenüber Regen zeigen. Im Vergleich zu den Hybriden zeichnet sich *T. tenuifolia* durch ein zarteres, fein zerteiltes Laub aus. Ein vollsonniger Platz auf jedem normalen, durchlässigen Gartenboden genügt der hübsch gemusterten Pflanze, um sich bestens entfalten zu können. Verwendung für Beetränder, Staudenbeete und Steingärten. *T. tenuifolia* wird von Schnecken verschont.

Tanacetum parthenium Mutterkraut

Für eine Hauptrolle ist es vielleicht nicht geeignet, aber die attraktiven, gänseblümchenartigen, oft auch gefüllten, weiß-gelben Blütenköpfchen und das aromatische, zart gefiederte, frisch-grüne Laub machen *T. parthenium* zu einem beliebten Begleiter für Beete oder Rabatten oder auch für den Kräutergarten. Die kurzlebige Staude wird meist einjährig gezogen, kann in milden Wintern aber durchaus überleben und dann ausdauernd sein. Jeder durchlässige Boden ist willkommen.

Tithonia rotundifolia

Mexikanische Sonnenblume, Mexik. Tithonie

Die einjährige Mexikanische Sonnenblume gilt als echter Schmetterlingsmagnet. Einzeln oder in Gruppen bildet sie eine schöne Hintergrundbepflanzung für Beete und wirkt besonders hübsch in naturnahen Gärten. Aber auch als Kübelpflanze macht sie eine gute Figur. Sie entwickelt regelrecht verzweigte Büsche mit rauen, fast dreieckigen Blättern. Die Farbpalette der zinnienähnlichen Blüten umfasst ein feuriges Orange, leuchtendes Gelb oder kräftiges Rot. Sie benötigt volle Sonne und fruchtbare, gut drainierte Böden. Bei Trockenheit ausreichend wässern. Samt sich von alleine aus. **Tipp:** Sie ist ein gute Schnittblume. Damit sie lange hält, sollten die Stängelenden nach dem Anschnitt kurz über eine Flamme gehalten und in warmes Wasser gestellt werden.

***Tropaeolum majus* 'Whirlybird Orange'** Große Kapuzinerkresse

Rührende, bunte Blütenkleckse. Im Gegensatz zu den sehr wüchsigen einjährigen Kletterern der Art *T. majus* besteht die Whirlybird-Serie aus zwergigen, buschigen Einjährigen mit ungefüllten oder halbgefüllten Blüten. 'Whirlybird Orange' bildet kleine, kompakte Hügel, die von einer frischen, orangefarbenen Blütenpracht überdeckt sind. Die halbgefüllten Blüten strecken ihre Köpfe neugierig aus dem Blattwerk hervor und stellen einen wunderschönen Blickfang dar. Sie gedeihen auf den meisten Böden, bevorzugen jedoch nährstoffarme, mäßig trockene bis feuchte Böden und einen sonnigen Standort. Der ideale Bodendecker zur Gestaltung von Beeten, Rabatten, Kübeln oder Kästen.

Ursinia anethoides Bärenkamille

Die buschige, verzweigte Bärenkamille mit dem fein gefiederten Laub entpuppt sich als herrlicher Dauerblüher, der sich den Sommer über mit ständig neuen, goldgelben Blüten mit einer purpurnen Zeichnung zeigt. Selbst bei schlechtem Wetter lässt sie ihre hübschen Blüten strahlen. Die immergrüne Staude, die meist als Einjährige gezogen wird, liebt vollsonnige Plätze mit einem sandigen, fruchtbaren Boden.

25–75 cm | Hochsommer bis Frühherbst

Xeranthemum annuum

Einjährige Papierblume

Auf aufrecht verzweigten, schlanken Stielen mit filzig behaarten Blättern sitzen die zierlichen Blütenköpfe mit ihren papierartigen weißen, rosafarbenen oder violetten Hüllblättern. Mäßig fruchtbarer, durchlässiger Boden. Zum Trocknen gut geeignet.

***Zinnia elegans* 'Envy'** Zinnie

Die beliebte und alles andere als altmodische aufrechte *Z. elegans* gibt es in einer Vielzahl von Höhen, Blütenformen und -größen. Alle Varianten bestechen aber durch ihre samtigen, margeritenartigen Blüten, die es fast in jeder erdenklichen Farbe gibt. Die auffällige, halbgefüllte 'Envy' zeigt sich in einem kühlen, hellen Gelbgrün, das halbschattige Plätze regelrecht zum Leuchten bringt. Die wunderbare Schnittblume bevorzugt fruchtbare, durchlässige Erde.

Bis 75 cm | Frühsommer bis Frühherbst

***Zinnia elegans* 'Orange King'** Zinnie

In Gruppen gepflanzt bildet 'Orange King' einen markanten Blickpunkt im Stauden- oder Sommerblumenbeet. Die einjährige Bauerngartenpflanze ist aber auch die ideale Ergänzung für den Nutzgarten, wo sie zwischen Kohl und Salat für reichlich frische Farbe sorgt. Je öfter sie geschnitten wird, um so blühfreudiger zeigt sie sich, vor allem Verblühtes sollte regelmäßig entfernt werden. Sie wächst bevorzugt in vollsonnigen Lagen. Da Zinnien sehr kälteempfindlich sind, pflanzt man sie am besten erst im späten Frühjahr aus.

60–
80 cm

Frühsommer
bis Frühherbst

Zweijährige Pflanzen

Zweijährige Blütenwunder

Anders als die einjährigen Sommerblumen, die sich in wenigen Monaten vom einfachen Samen zur prachtvollen Blüte mausern, benötigen die Zweijährigen etwas mehr Vorlauf. Sie brauchen zwei Vegetationsperioden und eine Überwinterung, um Blüte und Samen zu entwickeln. Nur bei zeitiger Aussaat und günstigen Standortbedingungen können sie im selben Jahr zur Blüte kommen.

Zweijährige bilden im ersten Jahr meist eine kräftige Blattrosette. Im nächsten Frühjahr erscheint dann die prächtige Blüte. Bevor sie abstirbt, reifen etliche Samen heran, die die meisten Zweijährigen großzügig über den gesamten Garten verteilen. Aber natürlich lassen sich die zweijährigen Sommerblüher auch gezielt aussäen oder meist vorgezogen kaufen.

Die Samen können im Sommer in kleinen Aussaattöpfen vorkultiviert werden, bevor sie im Frühherbst an den gewünschten Standort ins Freie gepflanzt werden.

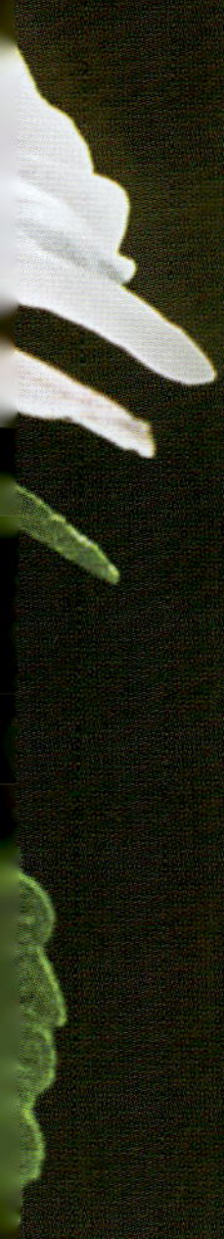

1,2–2,5 m | Sommer bis Frühherbst

Alcea rosea Chinesische Stockrose, Gewöhnliche Stockrose

Aufrecht und stolz ragen die beachtlichen, prächtigen Blütenkerzen mit dem rauen, meist herzförmigen Laub in die Höhe. Aus den Blatt-achseln heraus scheinen die zahlreichen einfachen, gefüllten oder ungefüllten, reizenden Einzelblüten das Gartengeschehen zu verfolgen. *A. rosea* blüht in Weiß, Gelb und verschiedenen Rosa- und Rottönen bis zu einem geheimnisvollen Schwarzrot. Die Schalenblüten, vor allem die ungefüllten, werden gerne von Bienen und Schmetterlingen aufgesucht. Sie kommt in naturnahen Gärten zusammen mit anderen Bauerngartenblumen vor einem Hintergrund, etwa einer Mauer oder Hauswand, einem Zaun oder einer Pergola am schönsten zur Geltung. In der Gruppe gepflanzt bildet sie einen romantischen Blickfang. Die Staude wird meist zweijährig gezogen, samt sich aber selbst aus. Es empfiehlt sich, die jungen Pflanzen heranwachsen zu lassen und die Mutterpflanze zu entfernen. **Tipp:** Die jungen Blüten der *A. rosea* lassen sich ohne Staubgefäße im Salat essen.

Bis 2 m | Sommer bis Frühherbst

Alcea rosea 'Nigra' Chinesische Stockrose, Gewöhnliche Stockrose

Ausgesprochen magisch wirken die samtigen, tief-dunkelroten, beinahe schwarz schimmernden Blüten der *A. rosea* 'Nigra'. Seine Faszination entfaltet das Farbwunder in großen Bauern- oder Kräutergärten. In voll sonnigen Lagen und auf einem mäßig fruchtbaren, voll durchlässigen Untergrund fühlt sich die Stockrose am wohlsten. An exponierten Stellen ist ein Halt durch Pflanzstäbe erforderlich, damit die Blütenkerze nicht einknickt. An trockenen Plätzen sollte regelmäßig für reichlich Wasser gesorgt werden.

5–20 cm | Frühes Frühjahr bis Frühsommer

Bellis perennis Gänseblümchen, Maßliebchen

Vorwitzig recken sich die gefüllten, kleinen, rosa, weißen oder roten Blütenköpfchen im Frühjahr aus Beeten und Pflanzschalen empor. Mit den wild wachsenden Gänseblümchen hat diese wuchskräftige Zuchtform nichts mehr gemein. Die charmante, irgendwie auch ein wenig altmodisch wirkende, zweijährig kultivierte Staude liebt sonnige bis halbschattige Plätze in gut drainierter, mäßig fruchtbarer Erde. Durch Entfernen der abgeblühten Köpfchen verlängert sich die Blütezeit. Die kleinen *Bellis* sehen auch in kurz gebunden Sträußchen sehr hübsch aus.

Campanula medium Marien-Glockenblume

Mit den lockeren Trauben blauer, weißer oder rosafarbener, großer, gefüllter oder ungefüllter Blütenglocken scheint die Marien-Glockenblume regelrecht den Sommer einzuläuten. Die üppige Blütenfülle der beliebten Bauerngartenpflanze ist eine lohnenswerte Ergänzung für Beete und Rabatten in naturnah gestalteten Gärten. Aber auch als Schnittblume wirkt sie besonders dekorativ. Einen nährstoffreichen, feuchten, aber drainierten Boden und Wassergaben an trockenen Tagen – mehr beansprucht sie nicht für sich.

60–90 cm | Spätes Frühjahr bis Hochsommer

Dianthus barbatus Bart-Nelke

Die farbenprächtige Bauerngartenpflanze ist eine dankbare Blüherin, die ihre schöne romantisch-altmodische Wirkung allerdings erst in der Gruppe so richtig entfalten kann. Die buschige, kurzlebige Staude, die als Zweijährige gezogen wird, bildet dichte, flache, 8 bis 12 cm breite Büschel aus vielen kleinen, einfachen oder gefüllten, süßlich duftenden, oftmals auch zweifarbigen Blüten in weiß, rosa, lachsfarben oder scharlachrot. *D. barbatus* ist eine hervorragende, haltbare Schnittblume, die sich sehr einfach ziehen lässt. Die Vermehrung erfolgt über Aussaat – die Bart-Nelke neigt auch zur Selbstaussaat – oder Grünstecklinge. Im Winter empfiehlt sich ein Reisigschutz. Mag frischen, nährstoffreichen Boden.

Dianthus-Chinensis-Hybride 'Charm Scarlet'

Chinenser-Nelke, Kaiser-Nelke

Die einfach blühende, kompakt wachsende 'Charm Scarlet' aus der Charm-Serie präsentiert ihre leuchtend roten, zierlich gefransten Blüten den ganzen Sommer über auf starken Stielen. Die vielfältigen Hybriden der Chinenser-Nelke machen sich am besten als Gruppenpflanzung in Beeten, insbesondere als Einfassung oder in Pflanzgefäßen. In sonniger Lage und einem nährstoffreichen Boden benötigt die Zweijährige ansonsten wenig Pflege.

Digitalis ferruginea subsp. *ferruginea*

Rostiger Fingerhut

Der zweijährige, an günstigen Standorten auch mehrjährige Rostige Fingerhut gehört mit zu den größten Digitalis-Arten. Er entwickelt einen wahrhaft imposanten Blütenstand aus unzähligen exotisch wirkenden, goldbraunen Blütenglöckchen, die innen mit einer rotbraunen Äderung versehen sind. Der Rostige Fingerhut liebt im Garten eher trockene und sonnige Plätze mit nährstoffreichen Böden. Im ersten Jahr nach der Aussaat bildet sich nur eine Blattrosette, im zweiten Jahr lassen sich dann die herrlichen Blüten bewundern. Er samt sich von alleine aus. **Achtung:** Giftig in allen Pflanzenteilen.

1–
2 m

Frühsommer bis
Hochsommer

'igitalis purpurea subsp. purpu
'oter Fingerhut

.e auffälligen, glockigen, pinkfarbenen lüten hängen in einer lockeren Trau͡be am beren Teil des Stängels. Die an Fingerhüte innernden nickenden Blüten strecken ih-n hübsch gefleckten Schlund nach oben nd weisen alle in eine Richtung. **Achtung:** lle Pflanzenteile sind giftig.

Bis 1 m

Frühsommer bis
Hochsommer

Digitalis grandiflora Großblütiger Fingerhut

Digitalis ist eine wunderschöne Rabattenpflanze, die häufig als der Klassiker schlechthin in Bauerngärten zu finden ist. Der Großblütige Fingerhut fällt auf durch seine großen, blassgelben Glockenblüten, die alle zu einer Seite zeigen. Er lässt sich ganz wunderbar in Staudenrabatten mit Rittersporn oder Eisenhut kombinieren oder belebt immergrüne Gehölzpflanzungen. Der Zweijährige, an geeigneten Standorten auch Mehrjährige, mag einen sonnigen bis halbschattigen Standort in jeder durchlässigen Erde. Lässt man die Samenstände im Herbst stehen, samt er sich von alleine aus. **Achtung:** Alle Pflanzenteile sind giftig.

1–
2 m

Frühsommer bis
Hochsommer

Digitalis purpurea* f. *albiflora Weißer Fingerhut

Dieser elegante Fingerhut präsentiert eine dichte Blütentraube voll schöner, reinweißer Blüten, die um einen kräftigen Blütenstängel angeordnet sind. Der robuste meist Zweijährige neigt leicht zur Selbstaussaat, sodass die Sämlinge später nur noch vereinzelt werden müssen. Bevorzugt halbschattige bis schattige Lagen in jedem guten, durchlässigen Boden. Die ideale Pflanze zur Aufhellung dunkler Gartenbereiche. **Achtung:** Alle von *Digitalis purpurea* f. *albiflora* Pflanzenteile sind giftig.

Erysimum cheiri syn. *Cheiranthus cheiri*

Goldlack

Aus dem Frühjahrsbeet ist *E. cheiri* nicht wegzudenken. Die wohlriechenden Blütentrauben erscheinen zahlreich in vielen samtenen Farbtönen von Gelb, Orange, Rot über Bronze bis Braun am Ende der Triebe. Für warme Farbakzente auf jeden Fall die richtige Wahl. Wirkt in Kombination mit *Myosotis, Primula* und *Tulipa*. Bevorzugt mäßig fruchtbare, gut drainierte, alkalische Böden.

Hesperis matronalis subsp. *matronalis* Gewöhnliche Nachtviole

Die entzückende Blüherin mit den zarten Rispen meist lila- oder purpurfarbener Blüten verströmt am Abend einen wohlriechenden, veilchenhaften Duft. Die Gewöhnliche Nachtviole wird überwiegend zweijährig kultiviert, treibt aber an einem geeigneten Standort wie eine kurzlebige Staude. Sie mag einen sonnigen bis halbschattigen Platz mit fruchtbarem, alkalischem, feuchtem Boden. Als alte Bauerngartenpflanze passt sie am schönsten in Staudenbeete, Wild- oder Bauerngärten. **Tipp:** Die Blüten lassen sich gut mit Salat essen, die jungen Blätter können wie Ruccola verwendet werden.

Lunaria annua Einjähriges Silberblatt

Um es vorweg zu sagen, das Einjährige Silberblatt wird ein- oder zweijährig kultiviert. Da die Pflanze aber zur Selbstaussaat neigt und schnell verwildert, ist dieser Unterschied nach einigen Jahren sowieso nur marginal. Auf jeden Fall lohnt es sich, *L. annua* Beachtung zu schenken, denn an ihr ist einfach alles dekorativ. Den weißen bis hellvioletten, duftenden, feinen Blüten folgen auffallend silbrige, flache Samenstände, die für Blumenarrangements verwendet werden können und sicherlich das besondere an *L. annua* sind. Das hübsche, eiförmige Laub ist am Rand grob gezähnt. Mit ihrem Duft zieht *L. annua* Bienen an. Mag leichte, feuchte Böden.

40–50 cm | Bis 60 cm | Spätes Frühjahr bis Mitte Herbst

'lalva sylvestris 'Primley Blue'
'ilde Malve

ır aparter Wildpflanzencharakter kommt n eindrucksvollsten in naturnahen Gärten ıd Staudenrabatten zur Geltung. Denn e zwei- oder mehrjährige 'Primley Blue' ächst zu einer aufrechten, buschigen flanze mit rundlich gelappten, dunkel-ünen Blättern heran. Die hervorragende auerblüherin, die ihre attraktiven, dunkel äderten, blauen Blüten in etagenartiger ıordnung präsentiert, ist ein echter Hin-ıcker. Sie sollte einen sonnigen Standort in ıem feuchten, durchlässigen Gartenboden kommen, der durchaus auch etwas karg in kann. Gute Begleitpflanzen sind *Cam-ınula,* blühende Gräser, Phlox, Nachtker-oder Salbei. Neigt zur Selbstaussaat.

15–30 cm | Mittleres Frühjahr bis Frühsommer

Myosotis sylvatica Wald-Vergissmeinnicht

Einer der beliebtesten Frühjahrsblüher ist die kleine, meist blau, selten weiß blühende *M. sylvatica* mit dem gelben Punkt in der Mitte. Die zweijährig kultivierte Staude gedeiht auf jedem Gartenboden und mag ausreichend Wasser. Bei strengem Frost sollte sie mit einer Reisigschicht bedeckt werden. Sät sich sehr stark selbst aus.

1–1,5 m | Frühsommer bis Frühherbst

Oenothera biennis Gewöhnliche Nachtkerze

Wirklich stattliche Ausmaße kann die Gewöhnliche Nachtkerze erreichen. An dem hoch aufrecht wachsenden Haupttrieb der Zweijährigen sitzen am Ende große, gelbe, becherförmige Blüten, die sich erst gegen Abend öffnen und einen süßlichen Duft verbreiten. Sie besiedelt durchlässige, humose, aber auch trockene, steinige Böden und passt wegen des Wildblumencharakters in naturnahe oder Steingärten. Da sie sich sehr stark selbst aussät, ist sie gut zum Verwildern geeignet. Aus den reifen Samen wird das Nachtkerzenöl gewonnen. Zieht Falter an.

Onopordum acanthium
Gewöhnliche Eselsdistel

Über eines sollte man sich im Klaren sein, wenn man dieses wehrhafte, irgendwie urtümliche, aber auch höchst dekorative, silbrig grau behaarte Gewächs in seinen Garten holt: Hat es sich einmal ausgesät, kann man es nur schwer wieder vertreiben. Daher ist die Gewöhnliche Eselsdistel am besten in verwilderten Gärten aufgehoben. An sonnigen und nährstoffreichen Stellen fühlt sie sich besonders wohl und holt Schmetterlinge und Bienen in den Garten.

Papaver nudicaule Island-Mohn

Die große Anziehungskraft des *P. nudicaule* entsteht durch seine intensiv leuchtenden, kräftig roten oder pastellfarbenen, papierartigen, transparenten Blütenblätter, die das Licht ganz leicht durchschimmern lassen. Aber auch die blattlosen, haarigen, nicht ganz geraden Stiele tragen zu seiner Attraktivität bei. Zwar sind die Blüten kurzlebig, dafür öffnen sich unaufhörlich immer wieder neue, gefolgt von dekorativen Samenkapseln. Am wirkungsvollsten präsentiert sich der Island-Mohn in Gruppen gepflanzt, gehäuft setzt er schöne, luftige Farbakzente in Beete oder naturnahe Gärten. Die selten als Zweijährige kultivierte Staude ist äußerst anspruchslos und wächst auf jedem durchlässigen, fruchtbaren Gartenboden. **Tipp:** Hält in der Vase länger, wenn man ihn schneidet, solange die Knospen noch geschlossen sind. Stiel kurz in kochendes Wasser halten.

Salvia sclarea Muskateller-Salbei

Diese alte Heil- und Würzpflanze wird vor allem wegen ihrer aufrechten, buschigen Statur und der zarten Blütenfarbe gepflanzt. Der zwei- oder auch mehrjährige Muskateller-Salbei ist ein beeindruckender Solitär, der im zweiten Jahr an endständigen Rispen blasslila blüht und gleichzeitig auffällige, fliederfarbene Tragblätter entwickelt. Ein herrlicher Blickfang. Die farbigen Blätter bleiben auch nach der Blüte an der Pflanze. Die Pflanze liebt mäßig nährstoffreichen, leicht trockenen Boden in voller Sonne. Sät sich selbst wieder aus.

erbascum thapsus subsp. thapsus
leinblütige Königskerze

us Wildblumenrabatten, Kräuter- oder eidegärten, zwischen Disteln, niedrigen äsern, Salbei oder Lavendel ist die mächge Erscheinung der Kleinblütigen Königsrze nicht wegzudenken. Aus ihrer winterünen, dekorativen Blattrosette steigt im ommer ein kräftiger, wollig behaarter und verzweigter Stängel hervor, an dessen nde schalenförmige, gelbe Blüten sitzen. var haben die Blüten nur eine kurze Lensdauer, dafür erscheinen ständig neue d wirken auf Hummeln besonders attrak. Voll sonnige, windgeschützte Standorte t gut durchlässigen, auch mageren, troenen Böden sind für sie ideal. Neigt zur lbstaussamung.

***Viola × wittrockiana* Imperial-Serie** Garten-Stiefmütterchen

Die buschige, aufrechte Staude der Imperial-Serie, die als Zweijährige kultiviert wird, entwickelt im zeitigen Frühjahr und Winter schöne, große Einzelblüten in den verschiedensten Farben und mit einer kontrastreichen Zeichnung in der Blütenmitte. Der tristen Jahreszeit begegnet sie mit fröhlichen Farbtupfern in Beeten oder Pflanzgefäßen. Mag sonnige bis halbschattige Lagen mit humosen, fruchtbaren Böden. Wer sie im Frühsommer aussät, kann bereits im Herbst mit der ersten Blüte rechnen. Im Winter mit Reisig abdecken.

Stauden

Gesellige Evergreens und individuelle Glanzlichter

Zunächst eine kurze Definition der Staude: Unter diesem Begriff tummeln sich eine ganze Reihe mehrjährige Blüher, Struktur gebende Blattwunder und Grünpflanzen. Allen gemeinsam ist, dass es sich um krautige – grüne und saftige – also nicht verholzende Mehrjährige handelt. Die meisten verbringen den Winter unter der Erde und treiben im Frühjahr erneut aus. In der Gartengestaltung haben sie ihren festen Stammplatz, denn eigentlich kommt man ohne diese Multitalente nicht aus. Ob in formell angelegten Beeten, naturnahen Gärten, Trockenzonen oder Feuchtgebieten, Licht oder Schatten, sie machen immer eine gute Figur. Das Arten- und Sortenspektrum ist so vielfältig, dass Stauden jeden Standort bedienen können und unerschöpfliche Gestaltungsmöglichkeiten zu jeder Jahreszeit bieten. Die passende Komposition zu finden, ist eine Frage der individuellen Vorlieben und Zeichen der Handschrift ihres Gärtners.

Noch etwas Praktisches zum Schluss: Stauden lassen sich durch Samen – einige samen sich von selbst aus – meistens aber durch Teilung und Stecklinge vermehren. Die meisten vertragen einen Rückschnitt nach der ersten Blüte und blühen dann noch ein zweites Mal. Frühjahr und Herbst sind in der Regel die typischen Pflanzzeiten. Für frostempfindliche Stauden ist das Frühjahr besser, da sie sich bis zum Winter gut entwickeln können.

Bis 1,2 m | Früh- bis Spätsommer

Acanthus mollis Latifolius-Gruppe

Pracht-Akanthus

Die faszinierenden, schlanken Blütenkerzen, die sich hoch über dem büscheligen, flach gelappten, glänzend grünen und hübsch geäderten Laub erheben, machen *A. mollis* zu einer außergewöhnlichen Strukturpflanze im Staudenbeet oder zum dekorativen Solitär mit eindeutigem Wildcharakter. Die Blüten erscheinen in Weiß, meist purpurüberzogen, und stehen dicht an den bis zu 1 m hohen Stängeln. Sie eignen sich gut als Schnitt- und Trockenblumen. Der sehr wüchsige Pracht-Akanthus bevorzugt mäßig fruchtbaren, durchlässigen Boden. Der Pflegeaufwand hält sich in Grenzen. Welke Blütenstände und Blätter sollten nach der Blüte entfernt werden. In kühlen Klimaten empfiehlt sich ein Winterschutz. **Tipp:** Einige Blütenstände über Winter stehen lassen, mit einem Frostmantel sehen sie noch einmal zauberhaft aus.

Acanthus spinosus Stachliger Akanthus

In der Dramaturgie eines Staudenbeets übernimmt diese zart weiß-violett blühende Statue garantiert eine führende Rolle. Neben dem atemberaubenden, hohen Blütenstand bezaubert *A. spinosus* auch durch die schönen, tief bis zur Mittelrippe eingeschnittenen, dunkelgrünen Blätter, die am Rand stachelig sind. Die beeindruckend geformten Blätter sind häufig als Vorlage in der antiken Bildhauerkunst verwendet worden. Mag mäßig nährstoffreiche, gut drainierte Böden. Die Blüten ziehen Bienen an. In rauen Gegenden empfiehlt sich leichter Winterschutz.

Achillea filipendulina Gold-Garbe

Ein Klassiker im Bauerngarten ist *A. filipendulina* mit ihren schirmartigen, flachen Scheindolden auf den aufrechten Stängeln und dem fein gefiederten, graugrünen Laub. Die gelbgoldenen Blüten sind so kompakt, dass sie in der Gruppe scheinbar schwebende Farbpunkte bilden. In Begleitung mit roten und blauen Beetstauden ergibt sich so eine malerische Komposition. Die anspruchslose Staude mag volle Sonne und toleriert beinahe jeden durchlässigen Gartenboden. Verblühtes abschneiden, dadurch bilden sich neue Blütentriebe, die die Blütezeit deutlich verlängern. Die eingetrockneten Blütenstände halten sich aber auch bis in den Winter. *A. filipendulina* bildet kräftige Horste. Der Kontakt mit dem Laub kann zu Hautreizungen führen.

Achillea millefolium subsp. *millefolium* 'Feuerland'

Gewöhnliche Schafgarbe, Wiesen-Schafgarbe

Die intensiv orangeroten, schirmartigen Blütenteller von 'Feuerland' sind nicht nur ein Hingucker im Stauden- oder Wildblumenbeet, sie sind auch haltbare Schnittblumen. Dem farnartigen, dunkelgrünen Laub wird ein aromatischer Duft nachgesagt. Neigt dazu, sich stark auszubreiten, daher sollte die Pflanze alle paar Jahre im Spätwinter geteilt werden. Gedeiht in jedem Gartenboden, nur Staunässe sollte vermieden werden. Der botanische Name leitet sich übrigens von Achilles ab, der damit seine Wunden geheilt haben soll.

Bis 1,2 m | Hoch- bis Spätsommer

Iconitum × cammarum 'Bicolor'
iarten-Eisenhut

)ie prächtigen, lockeren Blütenripsen von Bicolor' brauchen in erster Linie einen ?latz, an dem die zarten, blau-weißen Blü- en so richtig zur Geltung kommen. Beson- lers schön passt er in Naturgärten oder ıber in Gehölzgärten. Die Blüten erinnern ı ihrer Form an Helme oder Kappen und eben sich schön von den dunkelgrünen, jelappten, glänzenden Blättern ab. *A.* × *:ammarum* bevorzugt kühle, absonnige Stellen mit feuchtem, nährstoffreichem Un- ergrund. Bei gleichmäßiger Wasserversor- ung wird auch ein sonniger Standort gut 'ertragen, lediglich Mittagshitze ist nicht ewünscht. Die sonstigen Ansprüche hal- en sich in Grenzen. Ein feuchter Boden ist vichtig, daher bei Trockenheit wässern. Die ıufrechte Staude kann geteilt werden, wenn hre Blühfreudigkeit nach Jahren nachlässt. **ıchtung:** Alle Pflanzenteile sind hochgiftig. 'orzugsweise mit Handschuhen anfassen.

Bis 1,8 m | Frühherbst bis Spätherbst

***Aconitum carmichaelii* var. *carmichaelii* 'Barker's Variety'**
Chinesischer Eisenhut

Sehr beeindruckend, was 'Barker's Variety' da so zu bieten hat. Die tiefviolettblauen, hohen Blütenrispen bringen noch einmal so richtig Farbe in das herbstliche Staudenbeet. **Achtung:** Giftig in allen Teilen.

60–90 cm | Frühsommer bis Hochsommer

***Acorus calamus* 'Variegatus'** Kalmus

Der schilfähnliche Kalmus wächst ursprünglich in Uferbereichen ode Sumpfgebieten und bevorzugt daher ein Umfeld am Teichrand, i Sumpfgärten oder im Wasserkübel. Die schwertförmigen Blätter tra gen bei 'Variegatus' weiße Längsstreifen. Die unscheinbaren, grüne Blüten zeigen sich nur nach milden Wintern und in warmen Sommern Sie werden auffällig an einem 5 bis 7 cm langen Blütenkolben präsen tiert, der seitlich zwischen den Blättern hervorwächst. Diese Blatt schmuckstaude liebt sonnige Plätze.

Actaea alba Weißfrüchtiges Christophskraut

An feuchten, schattigen Plätzen fühlt sich die Waldpflanze besonders wohl. Sie eignet sich daher ideal für schattige Rabatten, Gehölzgärten oder Bachufer. Die großen, stark gefiederten, gezähnten Blätter und die sich im Anschluss an die Blüte entwickelnden Trauben von weißen Beeren machen *A. alba* zu einer beliebten Gartenstaude. Zudem ist die Pflanze recht anspruchslos. **Achtung:** Die Beeren sind stark giftig.

Actaea rubra Rotfrüchtiges Christophskraut

Aus unscheinbaren kleinen, weißen Blütenähren entstehen die dichten Trauben glänzend roter Beeren, die an geraden, rotgrünen Stängeln überaus dekorative, kräftige Farbkleckse in schattige Bereiche bringen. Die wertvolle Schattenstaude ist ein guter Partner für Schatten liebende Gräser, Farne, Funkien und Silberkerzen. Ihren deutschen Namen erhielt die Pflanze wohl nach dem Heiligen Christophorus, dem Schutzheiligen bei Krankheiten und Tod. **Achtung:** Die Beeren sind stark giftig.

Adonis vernalis Frühlings-Adonisröschen

Ein wahrer Herzensbrecher ist das liebliche Frühlings-Adonisröschen. Seine großen, leuchtend goldgelben, anemonenartigen Blüten und das fein gefiederte, zartgrüne Laub, das in Kränzen ordentlich um den Stängel steht, machen es zu einer heiß begehrten Staude für den Steingarten. Die zerbrechliche Pracht ziert sich im Spätsommer mit glänzenden, nussähnlichen Früchten und versteht es auch, Bienen auf sich aufmerksam zu machen. Ein mäßig fruchtbarer, gut durchlässiger, alkalischer Boden in voller Sonne gefällt *A. vernalis* am besten. Ansonsten ist es recht pflegeleicht und bedankt sich mit schöner Blüte, wenn es lange am selben Ort stehen darf. **Achtung:** Die kleine Schönheit ist giftig.

Bis 60 cm | Hochsommer bis Frühherbst

Agapanthus africanus 'Albus'
Afrikanische Schmucklilie

Ein Stück frisches, tropisches Flair bringt die elegante, weiße Form der Afrikanischen Schmucklilie in den Garten. Die trompetenförmigen Blüten stehen, zu runden Köpfen formiert, hoch oben auf stramm aufrechten, blattlosen Stängeln, die sich zahlreich aus attraktivem, riemenförmigem, graugrünem Laub hervorschieben. Der Lieblingsplatz dieser Prachtstaude – wie kann es anders sein – liegt in der Sonne, bevorzugt in fruchtbaren, feuchten, aber gut drainierten Böden. Wo die Temperaturen unter 0 °C zu fallen drohen, ist *A. africanus* jedoch besser im Kübel aufgehoben. Sie sollte kühl, aber frostfrei und nicht zu dunkel überwintert werden. Bis zum Ende der Blütezeit reichlich gießen und monatlich düngen. Die Blüten sind auch hervorragende Schnittblumen.

60–90 cm | Spätsommer bis Frühherbst

Agapanthus praecox* subsp. *orientalis

Seine prachtvolle Gestalt und die mediterrane Ausstrahlung machen *Agapanthus* zur beliebten Garten- und Kübelpflanze. Mit seinen langen, riemenförmigen Blättern, die üppig grün und sehr dekorativ sind, bildet er schöne Horste. Als Highlight wachsen daraus auch noch lange, gestielte Dolden mit trompetenförmigen, mittelblauen Blüten.

Bis 2 m | Bis 3 m

Agave americana Hunderjährige Agave

Für *A. americana* dürfte die Kübelhaltung in den meisten Gegenden vorprogrammiert sein, denn weniger als 5 °C verträgt die dickfleischige Sukkulente nicht. Dafür übersteht sie mit ihrer Fähigkeit, Wasser und Nährstoffe zu speichern, ohne Probleme schon mal eine Trockenperiode. Ihre urtümliche, dominante Blattstruktur macht aus ihr ein hervorragendes gestalterisches Element für Terrassen, Mauern oder Wege. Die Hundertjährige Agave blüht erst in hohem Alter mit bis zu 4 m hohen Blütenständen. Danach stirbt sie ab, hinterlässt der Nachw[illegible] aber reichlich Ableger.

Ajuga reptans Kriechender Günsel

Innerhalb weniger Jahre überdeckt der Kriechende Günsel halbschattige, kahle Freiflächen oder Gehölzränder, gerne auch im feuchten Milieu, mit einem dichten, immergrünen Teppich. Ab dem späten Frühjahr wird das dunkelgrüne Laub der Wildstaude von kurzen, beblätterten Kerzen dunkelblauer Blüten überragt. Die Ausläufer der pflegeleichten Pflanze können leicht aus dem Boden herausgezogen werden, wenn sie anfangen sollte zu wuchern.

Alchemilla mollis Weicher Frauenmantel

Es sind vor allem die ausgesprochen dekorativen, rundlichen, gekerbten Blätter, die den Charme von *A. mollis* ausmachen und von deren Cape-artiger Form sich auch ihr deutscher Name ableiten dürfte. Die horstbildende Staude schließt bereitwillig und unaufdringlich Lücken in Staudenrabatten oder lichten Gehölzgruppen. Im Frühsommer legen zahlreiche winzige, gelbgrüne, ausdauernde Blütenrispen – ganz Ton in Ton – einen luftigen Schleier über das graugrüne Blattwerk. Die Blüten eignen sich auch als Schnitt- und Trockenblumen. Die sehr anpassungsfähige Staude ist mit einem feuchten, humosen Boden zufrieden und bedarf sonst keiner weiteren Pflege. Ein Rückschnitt nach der Blüte regt eine weitere Blütezeit im Frühherbst an und verhindert das Aussamen.

Alisma plantago-aquatica Froschlöffel

Am wohlsten fühlt sich der Froschlöffel bei einem Wasserstand von 10 bis 20 cm. Die Teichrandpflanze mit den äußerst aparten, graugrünen, langgestielten, elliptischen Blättern bildet im Sommer quirlige, hohe Rispen mit weißen oder rosaweißen Blüten, die sich auch für Trockenblumen-Arrangements eignen. Am schönsten zur Geltung kommt sie mit anderen Sumpfpflanzen wie Sumpfiris, *Cyprus* oder *Carex*. Für Vermehrung sorgt sie selbst durch Aussaat, der Wurzelstock kann aber auch im Frühjahr geteilt werden.

Bis 1 m | Hochsommer bis Frühherbst

Althaea officinalis 'Romney Marsh'
Echter Eibisch

Die vieltriebige, aufrechte 'Romney Marsh' zeigt im Sommer Büschel blassrosafarbener, trichterförmiger Blüten. Die dunkelgrünen Blätter sind flach gelappt und am Rand leicht gezähnt. In naturnahen Pflanzungen, gemischten Beeten oder Staudenrabatten ist sie einfach unverzichtbar. Um seine dezente Pracht voll entfalten zu können, benötigt der Echte Eibisch einen windgeschützten, sonnigen Platz mit nährstoffreichem, feuchtem, aber gut drainiertem Boden.

Bis 90 cm | Frühsommer bis Frühherbst

Anchusa azurea 'Loddon Royalist' Italienische Ochsenzunge

Die Blüten von 'Loddon Royalist' haben eine intensive, tiefblaue Farbe, wie man sie nur selten findet. Die aufrecht wachsende, kräftige Blütenstaude fügt sich wunderbar als Begleitpflanze in sonnenreiche Staudenbeete. Die borstigen Stängel tragen reichlich borstig behaarte, längliche Blätter, die wohl der Namensgeber für die Italienische Ochsenzunge sind. Mag mäßig fruchtbaren, sommertrockenen Boden in voller Sonne.

60–90 cm | Hochsommer bis Spätsommer

Anemone hupehensis 'Hadspen Abundance' Herbst-Anemone

Ein bezaubernder, zartrosafarbener Herbstblüher mit markanten gelben Staubgefäßen, der auch in absonnigen Lagen seine Zier zum besten gibt. Neben ihren feinen, porzellanartigen Blütenschalen zeichnet sich die Herbst-Anemone auch durch ihr hübsches, dunkelgrün gelapptes Laub und einen anmutigen, verzweigten, lockeren Wuchs aus. Diese Pflanze hat man gern im Garten, denn bei aller Schönheit ist sie recht anspruchslos. Bevorzugt sonnige, lieber halbschattige oder auch schattige, kühle und geschützte Standorte mit einem feuchten humosen Untergrund. Daher fühlt sie sich unter Gehölzen oder auch im Schatten von Mauern recht wohl. In rauen, schneefreien Lagen bevorzugt sie im Winter eine leicht Laubdecke.

Anemone Hybride 'Honorine Jobert'

Ein wirklich prachtvolles Exemplar ist die feine 'Honorine Jobert'. Die strahlend weißen Blüten mit den goldgelben Staubblättern öffnen sich schalenförmig und sind unterseits zartrosa überlaufen. Mit ihr kommt Leichtigkeit und verspielte Eleganz in halbschattige Beete oder Gehölzgruppen, dabei toleriert sie beinahe jeden Boden. In der Regel braucht sie einige Zeit, bis sie sich an einen Standort gewöhnt hat, nach der ersten Eingewöhnungsphase ist sie aber kaum noch zu bremsen.

Angelica archangelica Echte Engelwurz

Die Echte Engelwurz sorgt mit ihren aufrecht in die Höhe schießenden, majestätischen Blütenstängeln für einen Hauch von Urgewalt im Garten. Die stattlichen Stängel tragen ab Frühsommer schirmförmige, breite Dolden mit grünlich-gelben Blüten, die sich später zu dekorativen Samenständen entwickeln. Das schöne, tief eingeschnittene, hellgrüne Laub trägt ebenfalls zur Attraktivität der horstbildenden Staude bei. Nach dem Kraftakt der Blüte stirbt *A. archangelica* ab, jedoch nicht ohne sich vorher reichlich selbst ausgesät zu haben: Für Nachkommen ist also gesorgt. Aber auch durch Abschneiden von Verblühtem vor der Samenbildung kann die Staude überleben und im nächsten Jahr erneut blühen. Die alte Heilpflanze verträgt voll- oder halbschattige Lagen in tiefgründigem, feuchtem Boden. Ideal als Solitär zwischen Gehölzen, in Rabatten oder im Kräutergarten.

Anthemis tinctoria Färber-Hundskamille

Anfangs ein wenig unscheinbar, entwickelt sich die Färber-Hundskamille zur Blütezeit zu einem dichten, goldgelben Busch. Die margeritenähnlichen Blüten mit der gelben Mitte, die sich auf dünnen Stielen gen Sonne strecken, überdecken dann das zarte, gefiederte Laub fast vollständig. Die kurzlebige Staude ist der ideale Lückenfüller für sonnige, trockene Staudenbeete oder Steingärten. Anspruchslos, wie sie ist, genügt ihr auch ein nährstoffarmer, trockener Boden, der gut durchlässig ist. Ihre Lebensdauer kann übrigens durch einen kräftigen Rückschnitt im Spätsommer verlängert werden.

Bis 60 cm | Spätes Frühjahr bis Hochsommer

Aquilegia Hybride 'Crimson Star'

Die Standortwahl für die zweifarbige 'Crimson Star' erfordert besondere Sorgfalt, damit ihre hübschen Blüten auch so richtig zur Geltung kommen. Die locker angeordneten, glockenförmigen Blüten erstrahlen in kräftigem Rot-Weiß und hängen an schlanken Stielen, hoch über dem blaugrünen Laub. Die nickenden Blüten der *Aquilegia* sind vor allem in naturnahen Pflanzungen von Bauerngärten oder an leicht schattigen Gehölzrändern äußerst beliebt, denn dort kommt ihr Wildblumencharakter gut zur Geltung. Ihr reicht ein fruchtbarer, feuchter, aber durchlässiger Gartenboden. Da sie, wenn ihr der Standort gefällt, zur kräftigen Selbstaussaat neigt, sollte sie vor der Samenreife zurückgeschnitten werden.

60–90 cm | Spätes Frühjahr bis Frühsommer

Anthericum liliago Astlose Graslilie

Das pflegeleichte, zierliche *A. liliago* ist die ideale Pflanze für das Wildblumenbeet. Im späten Frühjahr wachsen über den grasähnlichen Blättern Trauben lilienartiger, weißer Blüten, die an schlanken Trieben stehen. Für jeden durchlässigen Boden an einem sonnigen Standort geeignet.

Bis 90 cm | Spätes Frühjahr bis Frühsommer

Aquilegia vulgaris 'Nivea' Gewöhnliche Akelei

Wie bauschige, weiße Rüschenröcke hängen die unschuldig wirkenden Blüten von 'Nivea' an den farblich abgestimmten, dezent blassgrünen Sprossen. Der erste Blick täuscht, die Zarte ist recht wuchskräftig und erreicht ganz ordentliche Höhen. Im Halbschatten gruppiert sorgt sie für freundliche, helle Spots und wirkt besonders gut neben Glockenblumen, Anemonen, Tränendes Herz und Farnen. Akeleien gelten auch als gute Schnittblumen.

Arabis caucasica Kaukasische Gänsekresse

Viel mehr in die Breite als in die Höhe treibt es die Kaukasische Gänsekresse. Die wüchsige, immergrüne Polsterstaude ist dabei sogar derartig raumgreifend, dass kleinere Arten einfach schon mal überwuchert werden können. Die Pflanzstelle sollte daher mit Sorgfalt ausgewählt werden. Typisch für sie sind karge, steinige, auch trockene Lagen, die sie im Frühjahr mit einer Vielzahl kleiner, weißer oder auch blassgelber bzw. rosafarbener Blüten in dichte Blütenteppiche verwandeln kann. Die robuste Pflanze ist absolut anspruchslos.

Armeria maritima Gewöhnliche Grasnelke

Trotz der Namensgleichheit pflegt die Gewöhnliche Grasnelke keinerlei verwandtschaftliche Beziehung zur Nelke. Sie ist vielmehr – der botanische Name *A. maritima* lässt es bereits erahnen – in Küstenbereichen heimisch, denn die Kleinstaude toleriert salzige Standorte. Aber auch im nicht-maritimen Garten hat sie ihren festen Platz und begeistert vor allem im Frühjahr, wenn zahlreiche bauschige, runde Blütenköpfe auf schlanken Stielen fröhlich aus dem grasartigen Laub hervorsprießen und diesem etwas unscheinbar wirkenden grünen Polster eine kräftige Portion Farbe einhauchen. Ihr Spektrum reicht von Weiß zu Hell- und Dunkelrosa. Steinige, sandige, auch karge, durchlässige Böden sind für sie kein Problem und machen sie zur Idealbesetzung für Stein- oder Heidegärten, Weg- oder Fugenbepflanzungen. *A. maritima* ist sehr anspruchslos und übersteht auch Trockenperioden.

Aruncus dioicus Wald-Geißbart

Anspruchslose, langlebige, attraktive Blütenstaude, gerne auch mit hübschem Blatt, für schattige, feuchte Standorte gesucht. Alles kein Problem für den horstbildenden Wald-Geißbart. Mit seinen hellen, federartigen Blütenrispen, die im Sommer über dem stark geäderten, großen Laub geradezu malerisch hervorwedeln, gehört er zu den unverzichtbaren Leitstauden in beschatteten Gehölzbereichen oder am Teichufer. Als Waldart liebt er nährstoffreichen Boden und ein luftfeuchtes Klima. *A. dioicus* ist zweihäusig. Es gibt also männliche und weibliche Pflanzen. Aus den weiblichen Blüten entwickeln sich grüne Samenstände, die ihre Samen freigiebig verstreuen, wenn die verwelkten Blüten nicht entfernt werden. **Tipp:** Die jungen Sprossen können als spargelähnliches Gemüse zubereitet werden.

Bis 90 cm | Hochsommer bis Frühherbst

Asclepias tuberosa Knollige Seidenpflanze

Die feurig orangeroten Blütendolden von *A. tuberosa* sind wahre Magneten für Schmetterlinge und Bienen. Die knollige, langlebige, dekorative Staude ist daher gut geeignet für Wildblumengärten und Sommerrabatten. Die sich aus der Blüte entwickelnden Fruchthülsen bringen lange, seidig behaarte Samen hervor, die sich munter vom Wind verteilen lassen. Die Knollige Seidenpflanze ist recht anspruchlos, blüht am richtigen Standort Jahr um Jahr und belästigt ihre Nachbarn nicht durch Wucherung. Sie mag nährstoffreiche, durchlässige Böden in voller Sonne, toleriert aber auch Halbschatten. Ist wunderbar als Schnittblume geeignet. **Achtung:** Gilt als schwach giftig.

Bis 1,5 m | Spätes Frühjahr

Asphodeline lutea Junkerlilie

Besondere Kennzeichen: blaugrünes, grasiges Blatt und hohe, schmale Blütenkerze. Ein wenig Geduld muss man schon mitbringen, wenn die Junkerlilie als Sämling den Garten betritt, denn ihre leuchtend gelben duftenden Blüten wird sie frühestens nach zwei, vielleicht auch drei Jahren zeigen. Mag trockenen, durchlässigen, mäßig fruchtbaren Boden.

Bis 90 cm | Mittleres bis spätes Frühjahr

Asphodelus albus Affodill

Die unbeblätterten, schlanken Blütenschäfte des Affodill münden in langen, zarten Blütentrauben in Weiß oder Rosa. Die auffallend schöne Pflanze ist eine echte Bereicherung für naturnahe Gärten. Heimisch fühlt sie sich auf gut durchlässigen, warmen Böden.

▸ *Aster alpinus* 'Dunkle Schöne'
Alpen-Aster

Die kleinen Alpen-Astern sind reizende, kompakte Frühjahrsblüher mit nur einem Blütenköpfchen je Stängel, die sich am besten im Steingarten präsentieren. Sie lieben gut durchlässige, mäßig fruchtbare Böden. Die Sorte 'Dunkle Schöne' hat besonders schöne dunkellilafarbene Blütenköpfchen mit gelber Mitte. Alle zwei bis drei Jahre teilen.

Bis 25 cm | Spätes Frühjahr bis Frühsommer

Aster Aster

Bis 60 cm | Hochsommer bis Frühherbst

◂ *Aster amellus* 'Rudolf Goethe'
Berg-Aster, Kalk-Aster

Die großen, sternförmigen, tieflavendelfarbenen Blüten betonen den wilden, rauhaarigen Charme von 'Rudolf Goethe'. Mag gut durchlässigen, kalkhaltigen Boden in voller Sonne.

Bis 1,2 m | Spätsommer bis mittlerer Herbst

▴ *Aster cordifolius* 'Silver Spray'
Blaue Wald-Aster

Die auffallend kleinen, hellrosa getönten Blütenköpfe von 'Silver Spray' stehen an reich verzweigten Rispen. Bevorzugt feuchte, mäßig fruchtbare Erde.

Bis 60 cm | Hochsommer bis Mitte Herbst

◂ *Aster divaricatus* Weiße Wald-Aster

Diese buschige und reichblühende, robuste Art bildet lockere Schirmrispen, die sich aus vielen weiß-gelben Blüten zusammensetzen.

Das weite Spektrum der Astern reicht vom kompakt wachsenden Zwerg für den Steingarten bis hin zur hochwachsenden Prachtstaude für das Staudenbeet. Mit ihren fröhlichen Blütenfarben, die zwischen Weiß, Rosa, Blau oder Violett rangieren, erfreuen sie den Betrachter zu unterschiedlichen Blütezeiten, vom späten Frühjahr bis in den Herbst hinein. Selbst der erste Frost kann ihnen noch nicht allzu viel anhaben.

Die meisten Asternarten lieben Sonne und Wärme, nur einige wenige wie die *A. divaricatus* können auch im Halbschatten gedeihen. Hinsichtlich des Bodens sind sie eher anspruchslos. Für die meisten Kandidaten sollte er feucht, durchlässig und nicht zu schwer sein. Nach der Blüte empfiehlt sich ein Rückschnitt, um somit Samenansatz und eine mögliche Selbstaussaat zu verhindern. Denn dort, wo die Staude sich wohl fühlt, neigt sie dazu, sich stark auszubreiten. Auch eine gelegentliche Teilung ist förderlich für Wuchs und Blüte. Astern gelten als eine wichtige Nahrungsquelle für Insekten.

▸ *Aster × frikartii* 'Flora's Delight'

Frikarts Aster

Flora's Delight hat einen buschigen, aufrechten Wuchs mit fliederfarbenen Blüten und graugrünem Laub. Sie besticht durch ihre großen, 5 bis 8 cm breiten Blüten und eine lange Blütezeit.

◂ *Aster lateriflorus* 'Horizontalis'

Kattun-Aster, Verkümmerte Aster

Die weit ausladenden Ästchen mit den rosa überlaufenen Mini-Blüten lassen 'Horizontalis' wirken wie einen dichten, blühenden Busch. Bevorzugt mäßig fruchtbare, feuchte Erde im Halbschatten.

▸ *Aster novae-angliae* 'Barr's Pink' Neuengland-Aster, Raublatt-Aster

Die halbgefüllte Sorte 'Barr's Pink' mit ihren strahlenden, pinkfarbenen Blütenköpfen ist eine hohe, großblütige Herbstaster. Sie hat rau behaarte Blätter und verträgt mehr Trockenheit als die anderen Arten. Die Sorten von *A. novae-angliae* gehören mit zu den wichtigsten spät blühenden Stauden. Die hohen Astern sollten bei Bedarf gestützt werden. Verträgt Sonne und Halbschatten.

◂ *Aster novae-angliae* 'Purple Dome'

Neuengland-Aster, Raublatt-Aster

Die dunkellilafarbenen Blüten bringen an sonnigen Herbsttagen noch einmal richtig Farbe ins Beet. Bei trübem Wetter hingegen bleiben die Blüten geschlossen.

◀ ***Aster dumosus***
'Professor Anton Kippenberger'
Buschige Aster, Kissen-Aster

Gelehrig blicken die mittelblauen Blütenköpfe von 'Professor Anton Kippenberger' in die Höhe. Die prächtig blühende Kissenaster bevorzugt fruchtbare, feuchte Böden.

Aster Aster

▶ ***Aster pyrenaeus* 'Lutetia'** Pyrenäen-Aster

Die robuste 'Lutetia' ist eine auffallend reich- und großblütige, buschig wachsende, lilarosafarbene Sorte, die romantisches Flair in naturnahe Gärten bringt. Sie mag vollsonnige, gut drainierte Standorte.

▶ ***Aster thomsonii* 'Nanus'**

'Nanus' hat das Zeug zum Favoriten. Mit den hübschen, sternförmigen, besonders großen Blütenköpfen in dezentem Fliederblau bringt der Dauerblüher Farbe in halbschattige Lagen.

Aster tongolensis **'Wartburgstern'**

Szetschuan-Aster

Im Naturgarten ist die niedrig wachsende, mattenbildende, violettblaue Sorte 'Wartburgstern' mit orangegelbem Auge gut besetzt. Bevorzugt gut durchlässige, mäßig fruchtbare Böden.

Bis 40 cm | Spätes Frühjahr bis Frühsommer

Astilbe × _arendsii_ 'Amethyst'
Garten-Astilbe

Im Frühsommer beginnt die Zeit der hochwachsenden Garten-Astilbe 'Amethyst'. Wenn sie gekonnt ihre auffälligen, federartigen Rispen, gespickt mit Hunderten kleiner, helllilafarbener Sternchenblüten entfaltet, sind ihr begeisterte Blicke sicher. Aber auch außerhalb der Blütezeit braucht sie sich nicht an ihrem bevorzugten Schattenplatz zu verstecken, denn sie besitzt ausgesprochen dekoratives, gefingertes, dunkelgrünes Laub. Der Boden sollte gut feucht und nahrhaft sein. Die Blütenrispen passen auch sehr gut in gemischte Sträuße, leider sind sie nur wenig haltbar.

Astilbe chinensis var. _pumila_ Zwerg-Astilbe

Mit ihrer kompakt buschigen Form, dem bodennahen Wuchs und der Vorliebe für Gehölzschatten ist die Zwerg-Astilbe die ideale Wahl für die Gehölzrandpflanzung oder leicht beschattete Beete; Hauptsache, der Boden ist nährstoffreich und feucht. Aber auch Sonne wird von ihr recht gut akzeptiert, vorausgesetzt, der Boden trocknet nicht aus. Im Spätsommer zeigt sie ihre dichten, konischen, rosavioletten Blütenrispen und sorgt damit für kräftige Farbtupfer in dunklen Ecken. Ist die Blüte vorbei, bleibt bis zum Einzug des Laubs ein grüner Teppich aus gefingertem, gezähntem, rotgrünem Laub. Die Zwerg-Astilbe bildet Ausläufer.

Astilbe 'Sprite' Kleine Astilbe

Federleicht wirken die lockeren, zarten Blütenrispen der niedrigen 'Sprite', mit Hunderten kleiner Blüten in dezentem Muschelrosa (Astilbe-Simplicifolia-Hyride). Aber auch das fein gegliederte, glänzende, fast grünschwarze Laub, das beim Austrieb einen schönen bronzefarbenen Ton hat, ist bei 'Sprite' besonders dekorativ geraten. Diese in die Breite wachsende Sorte ist nicht nur eine echte Bereicherung für dunkle Gartenpartien, die horstbildende 'Sprite' ist auch relativ tolerant gegenüber Sonne und trockeneren Standorten. Ideal für kleine Gärten.

Astilboides tabularis Tafelblatt

Ein Hauch von Dschungel im heimischen Schattengarten. Einfach unübersehbar ist die prächtige Blattschmuckstaude *Astilboides tabularis*. Ihr schildförmig gelapptes, langstieliges Blatt erreicht immerhin die beeindruckende Länge von fast 1 m. Als wäre so viel Präsenz nicht ausreichend, erheben sich im Frühsommer dazu noch weiße, fedrige Blütenrispen über das schmucke Laub. Die hinreißende Staude ist allerdings nichts für trockene Standorte. Optimal sind ein Gewässerrand oder Teich in ihrer Nähe, aber auch an windgeschützten Gehölzrändern mit humosem Boden sorgt sie für reichlich Atmosphäre. Weder Staunässe noch Trockenheit werden von ihr akzeptiert. Am schönsten wirkt das Tafelblatt zusammen mit Astilben, Farnen und anderen Halbschattengewächsen.

Astrantia major 'Roma' Große Sterndolde

Filigrane, rosa gefärbte Blütendolden, die von zarten, weißrosafarbenen Hüllblättern umgeben sind. Dazu handförmig geschnittenes, schmuckes Laub. Diese auffallend schöne, üppig blühende Wildstaude ist eine zuverlässige Partnerin zum Auffüllen von Staudenrabatten und Gehölzrändern. Sie schätzt reichlich Feuchtigkeit, toleriert aber auch trockenen Boden. Nach der Blüte zurückschneiden, wenn die reichliche Selbstaussaat unerwünscht ist.

Aubrieta-Hybride Blaukissen

Die leuchtenden, rosafarbenen, roten, blauen oder violetten, langlebigen Polster der *Aubrieta*-Hybriden sind im Frühjahr ein richtiger Blickfang. Die Blüten erscheinen so zahlreich, dass sogar die kleinen, winter- bis immergrünen Blätter beinahe vollständig überdeckt werden. Ihr Platz ist im sonnigen Steingarten, in Mauerfugen oder am Wegesrand. Die Hybriden sind pflegeleicht, sollten aber nach der Blüte stark zurückgeschnitten werden.

Bis 20 cm | Bis 30 cm | Mittleres Frühjahr bis Frühsommer

Aurinia saxatilis Felsen-Steinkresse

Ein außergewöhnlicher, üppiger Frühjahrsblüher mit zahlreichen gelben Blüten und graugrünlichem Blatt ist die kissenbildende Felsen-Steinkresse. Sie entfaltet ihre Blütenpracht am besten in voller Sonne auf magerem, nicht zu feuchtem Standort. Die robuste, niedrige Immergrüne findet vielseitige Verwendung in Steingärten, zur Einfassung von Staudenrabatten, an sonnigen Böschungen oder auch in Mauerspalten. Ein Rückschnitt nach der Blüte fördert den kompakten Wuchs und verhindert unerwünschtes Aussamen.

Baptisia australis Blaue Färberhülse

Mit ihrer schlanken, aufrechten Wuchsform bringt die Blaue Färberhülse mehr Höhe in Wildblumengärten oder Rabatten. Die horstbildende Staude treibt im Frühsommer lange, vielblütige Trauben voller dunkelblauer Blüten, die in ihrer Gesamterscheinung an Lupinen erinnern. Der auffallend schönen Blüte folgen abgeflachte, große, dunkle Samenhülsen, die bis in den Herbst hinein halten. Das gefingerte, tiefgrüne Laub bleibt ebenfalls bis in den Herbst erhalten. *B. australis* bevorzugt voll sonnige Standorte auf durchlässigen Böden. Sie toleriert auch Trockenzeiten.

Bis 1,5 m | Frühsommer

Bis 50 cm | Frühsommer bis Spätsommer

Begonia-Semperflorens-Hybride

Zu den besonders pflegeleichten Begonien zählen die kleinblütigen Begonia-*Semperflorens*-Hybriden, die vor allem für Beet- und Balkonbepflanzungen sehr beliebt sind. Die Immergrünen wachsen buschig kompakt und entwickeln gefüllte oder ungefüllte Blüten in herrlichen, kräftigen Farben von Weiß über Gelb, Orange und Rosa bis zu einem satten Rot. In frostfreien Gebieten können sie als Staude behandelt werden. In frostgefährdeten Gegenden können sie als Topfpflanze überwintern, wenn sie vor dem ersten Frost ausgegraben werden. Sie gedeihen gut im Halbschatten, vertragen aber auch helle Standorte. Fruchtbare, durchlässige, humose Erde.

30– 45 cm | Frühjahr und Spätsommer

ergenia 'Morgenröte' Bergenie

n kühlen Sommern zeigt die im Frühjahr lühende 'Morgenröte' ihre kräftig rosaroen Blüten, die auf rot gefärbten, straffen Blütenstielen stehen, sogar noch ein zweites Mal. Bergenien breiten sich stark aus und verden daher mit ihrem immergrünen, roßen Laub gerne als Bodendecker einesetzt. Sie bevorzugen halbschattige oder chattige Plätze, bei ausreichender Bodeneuchtigkeit auch sonnige Lagen. Da sie mit edem durchlässigen Boden zufrieden sind, nden sie Einsatz im Gehölzgarten, in Beeen oder am Wasserrand.

Bis 45 cm | Bis 65 cm | Mittleres bis spätes Frühjahr

Brunnera macrophylla 'Jack Frost'

Großblättriges Kaukasus-Vergissmeinnicht

Sie hat das Zeug zur Lieblingsstaude. Ihr großes, herzförmiges, frischgrünes Laub erscheint schon zeitig im Frühjahr und bildet dicke Blattkissen. Die zierlichen, hellblauen Blüten wirken, als wären sie irgendwie lose darüber gestreut. Auf nährstoffreichen, feuchten Böden bildet sie üppige Bestände und überzieht den Boden lückenlos.

10– 40 cm | Bis 45 cm | Frühjahr

Caltha palustris Sumpf-Dotterblume

Ihre wachsigen, goldgelben Schalenblüten präsentiert sie an möglichst feuchten Standorten, idealerweise an Bach- oder Teichrändern. Aber nicht nur die auffälligen Blüten, sondern auch ihr schönes, herzförmiges Laub machen sie zu einer beliebten Staude für den Wassergarten. Ist der Boden ausreichend feucht, gedeiht die Sumpf-Dotterblume auch auf Wiesen. Ungestört kann sie sich am besten entwickeln.

Campanula carpatica 'Jewel'

Karpaten-Glockenblume

Im Sommer streckt die niedrige, kompakte 'Jewel' sehr ausdauernd ihre breiten, purpurblauen Blütenglocken in die Höhe. Als robuste Polsterstaude wird sie bevorzugt in Steingärten oder auf erhöhten Beeten gepflanzt. Sie braucht gut durchlässige Erde.

Campanula glomerata 'Superba' Knäuel-Glockenblume

Einfach großartig. Die fast schon mystisch tiefpurpurvioletten, eher etwas röhrenförmige Blüten von 'Superba' stehen zu dichten Büscheln formiert am Ende eines kurzen Stiels. Im romantischen Staudenbeet oder im Naturgarten ist sie auf jeden Fall ein Hingucker, denn ihr überschwänglicher Auftritt ist schon wirklich einzigartig. Sie verträgt sonnige oder halbschattige Lagen mit feuchten, aber durchlässigen, fruchtbaren Böden. Ihre auffallenden Blütenstände sind im Übrigen auch äußerst dekorative Schnittblumen. Ein Rückschnitt nach der Blüte regt die Triebbildung an. Wer sich die Mühe macht, hat den ganzen Sommer über etwas von ihr.

Campanula lactiflora 'Loddon Anna'

Riesen-Dolden-Glockenblume

Sehr zahlreich und dicht gedrängt an einer Rispe stehen die eher sternförmigen Blüten der *C. lactiflora*. Die zarten, fliederfarbenen Blüten von 'Loddon Anna' halten im Halbschatten am besten. Vor Gehölzen, in Staudenbeeten oder zwischen Strauch-Rosen lässt sich die Leitstaude so richtig in Szene setzen. Sie bevorzugt dabei fruchtbare, feuchte und durchlässige Böden. Bei Bedarf kann 'Loddon Anna' eine Stützhilfe vertragen. Ansonsten gilt auch bei ihr: Ein Rückschnitt verlängert die Blütezeit.

Bis 90 cm | Frühsommer bis Hochsommer

Campanula persicifolia

Pfirsichblättrige Glockenblume

Die Pfirsichblättrige Glockenblume hat sehr schmale, helle, immergrüne Grundblätter, die um dünne, meist unverzweigte Stiele stehen, deshalb ist ihr Erscheinungsbild außerhalb der Blütezeit nicht gerade üppig. Der Eindruck ändert sich ein wenig, sobald im Frühsommer die fröhlich nickenden, becherförmigen Blüten in Weiß oder Violett – mit drei bis acht Blüten pro Stiel – erscheinen. Da *C. persicifolia* ein zartes Pflänzchen ist, sollte es besser in der Gruppe gepflanzt werden. Im Gehölzgarten oder in Rabatten findet es einen wirkungsvollen Platz in feuchtem, fruchtbarem Boden. Pflegemaßnahmen sind nicht erforderlich.

Bis 15 cm | Bis 60 cm | Sommer bis Herbst

Campanula poscharskyana 'Stella' Hängepolster-Glockenblume

Niedrige Polster bildet die zierliche 'Stella' mit ihrem hübschen, herzförmigen Laub. Sie hat intensiv violette Blütensternchen mit einem weißen Zentrum. Mag sonnige bis halbschattige Standorte auf durchlässigem Boden und ist perfekt für Steingärten oder als Rabattenpflanze geeignet. Sie kann ziemlich wuchern.

Bis 30 cm | Hochsommer bis Spätsommer

Carlina acaulis subsp. *simplex* 'Bronze'

Tiefe Pfahlwurzeln bildet diese Silberdistel-Art, daher sollte sie besser nicht mehr verpflanzt werden, nachdem sie einmal den geeigenten Standort gefunden hat. Dank ihrer Genügsamkeit sind trockene, karge, auch steinige Standorte gerade richtig. Mit ihren lang haltenden, attraktiven Blütenköpfen gilt sie als begehrte Zierde für den Steingarten. Hübsch wirkt die Wildstaude mit dem bronzefarbenen Laub aber auch im Naturgarten. **Tipp:** Die Blüten ergeben einen lang haltenden Trockenschmuck.

Centaurea montana 'Parham'

Berg-Flockenblume

Die distelähnlichen, großen Blütenköpfe von 'Parham' leuchten den Sommer über wochenlang in tiefem Lavendelblau. Mit ihrer unaufdringlichen Farbe passt die mattenbildende Staude besonders schön in naturnahe Pflanzungen. Sie mag warme, sonnige Stellen, aber toleriert durchaus auch Halbschatten. Einem mäßig trockenen, fruchtbaren, durchlässigen Boden gibt sie ganz klar den Vorzug. Die schöne 'Parham' kann man sich auch in der Vase durchaus dekorativ vorstellen.

Centranthus ruber Rote Spornblume

Auf einer Fülle lockerer Stiele sitzen im Frühsommer zahlreiche kleine, rote, auch weiße, Blütendolden und verströmen einen leichten Duft. Die wunderschöne, vielästige Staude mit den blaugrünen Blättern ist auch bei Schmetterlingen und Bienen sehr begehrt. Stein- und Bauerngärten, Pflaster- und Mauerfugen oder steinige Böschungen sind ihr bevorzugtes Terrain. Dort kann sie auf trockenen, steinigen Böden in voller Sonne so richtig verwildern. Die Rote Spornblume kann auch als Schnittpflanze verwendet werden.

Cerastium tomentosum Filziges Hornkraut

Äußerst expansiv und durchsetzungsfähig gegenüber jeglicher Konkurrenz, die ähnlich klein ist wie es selbst, zeigt sich das eigentlich recht zierlich wirkende, in unschuldigem Weiß blühende Filzige Hornkraut. Damit besitzt es alle Qualitäten eines ausgezeichneten Bodendeckers: Es breitet sich aus, bedeckt große Flächen, wuchert sogar manchmal. Im letzten Fall hilft der gezielte Stich mit einem Spaten, um die Grenzen neu zu stecken. In Ritzen, Steinfugen, auf Trockenmauern oder in ähnlich trockenen Bereichen fühlt es sich so richtig wohl.

Bis 30 cm | Sommer

Chamaemelum nobile Römische Kamille

Fein geteiltes, frischgrünes und dazu noch aromatisch duftendes Laub sowie die gänseblümchenartigen Blütenköpfe machen die Römische Kamille zu einer beliebten Begleitpflanze für das Staudenbeet oder den Kräutergarten. Aber es gibt auch eine nichtblühende Sorte, die wegen ihrer Widerstandskraft gerne zur Anlage duftender Rasenflächen verwendet wird. Die kurzlebige, mattenbildende Staude mag sonnige, feuchte, aber gut durchlässige Standorte. Um den kompakten Wuchs zu erhalten, sollten die Pflanzen im Frühjahr geteilt werden. Verblühtes kann abgeschnitten werden.

40–60 cm | Hochsommer bis Frühherbst

Chelone obliqua Miesmäulchen

Die kurios geformten, rosa- oder purpurfarbenen Blüten dieser ausgesprochen schönen Wildstaude stehen in kurzen Ähren über dem gezähnten, dick geäderten Laub. Der Spätblüher ist recht robust und bevorzugt feuchte, auch schwere Böden. Fühlt sich am Teichrand besonders gut aufgehoben.

Bis 60 cm | Herbst

***Chrysanthemum* 'Herbstbrokat'** Chrysantheme, Winter-Aster

Die typischen Herbstblüher sind mit unzähligen Farbvarianten und verschiedenen interessanten Blütenformen vertreten. Die schöne 'Herbstbrokat' ist braunrot und pomponförmig. Am besten kommen Chrysanthemen zur Geltung, wenn sie in Gruppen gepflanzt sind. Was den Boden anbelangt, benötigen sie ein lockeres, feuchtes, nährstoffreiches und kalkhaltiges Substrat, vorzugsweise an einem geschützten, sonnigen Platz. Wenn die Blühfreudigkeit nach einigen Jahren nachlässt, sollte man die Staude teilen und einen Teil an einen anderen Platz setzen. Leichter Winterschutz erforderlich, vorzugsweise aus den abgeblühten Stängeln.

Cimicifuga racemosa var. *racemosa*

Juli-Silberkerze

Einen Hauch von Schwerelosigkeit scheint die Juli-Silberkerze in dunklere Gartenbereiche zu bringen. Die aufrecht wachsende Staude entwickelt unübersehbare, bis zu 60 cm lange, schlanke, zum Teil leicht gebogene, weiße Blütenkerzen. Die kleinen Blüten verbreiten allerdings einen Geruch, der nicht von jedermann gleichermaßen als angenehm empfunden wird. Sie sollte ein wenig geschützt stehen, da sie nicht immer standfest ist. Im Bedarfsfall benötigt sie eine Stütze. In einem kühlen, feuchten Gartenbereich, am besten unter Bäumen, ist sie gut aufgehoben.

Clematis integrifolia 'Olgae' Ganzblättrige Waldrebe

Die Königin der Kletterpflanzen gibt es tatsächlich auch als nicht-kletternde Version. Die unendlichen Höhen, die ihre Verwandten eifrig erklettern, reizen *C. integrifolia* überhaupt nicht, sie gibt der Nähe zum Boden deutlich den Vorzug. 'Olgae' ist ein besonders gelungenes Exemplar dieser Art, mit zart duftenden, purpurblauen Blütenglocken und schönem, langem Blatt. Ihre weichen Triebe benötigen allerdings eine Stütze. Sie passt ausgezeichnet in Staudenbeete oder zwischen andere Sommerblüher, kommt aber ganz besonders schön zwischen Rosen zur Geltung. In Sonne und nährstoffreichem Boden fühlt sie sich besonders wohl, toleriert aber auch Halbschatten, allerdings zu Lasten der Blüte.

Coreopsis lanceolata 'Sterntaler'

Lanzettblättriges Mädchenauge

Völlig unbeschwert öffnet 'Sterntaler' Massen von goldgelben, beinahe schalenförmigen Blüten, die alle mit einem auffälligen, rötlich braunen Ring in der Mitte verziert sind, und verbreitet mit ihrer Blühfreudigkeit sommerliche Heiterkeit. Eine ungefüllte Blüte je Stängel lautet die Devise der typischen Rabattenstaude, die sich als absolut anspruchslose Zeitgenossin erweist. Jeder durchlässige Gartenboden an einem sonnigen, warmen Platz wird von ihr akzeptiert.

60–
80 cm
Frühsommer bis
Hochsommer

oreopsis verticillata

etzblattstern, Quirlblättriges Mädchenauge

iese Art unterscheidet sich durch ihre nsprechenden, quirlig angeordneten, naelartigen Blätter von andern Arten. Den ommer über blüht sie mit zahlreichen gelen, sternförmigen Blüten, die in lockeren ispen erscheinen.

Bis 30 cm
Mittleres bis
spätes Frühjahr

Corydalis flexuosa 'China Blue'

Von einem wahrhaft elektrisierenden Blau sind die schlanken, röhrenförmigen Blüten von 'China Blue', die im Frühjahr in dichten Trauben über dem farnartig gefiederten, frischen, grünen Laub erscheinen. Als Waldstaude bevorzugt sie halbschattige Plätze mit hoher Luftfeuchte sowie einen mäßig fruchtbaren, humosen, feuchten und drainierten Boden. Sie gedeiht am besten in einer Wildstaudenpflanzung oder am Gehölzrand. Die Pflegeleichte neigt zur Selbstaussaat.

Bis 75 cm
Bis 60 cm
Frühsommer

Crambe maritima Küsten-Meerkohl, Strandkohl

C. maritima liebt die Extreme. Volle Sonne und Trockenheit werden ebenso akzeptiert wie Halbschatten und ein magerer Boden. Als Küstenpflanze übersteht der Küsten-Meerkohl selbst salzhaltige Luft und Wind ohne Probleme. Im Garten ist der beste Platz in Wildstaudenrabatten mit gut drainierten Böden. Dort kann die imposante Erscheinung mit ihren blaugrünen, am Rand gewellten, kohlartigen Blättern und den kräftig verzweigten Blütentrauben fast als Prachtstaude eingesetzt werden. Die Blüten verbreiten übrigens einen leichten honigsüßen Duft.

Cynara-Scolymus-Gruppe Gemüse-Artischocke

Diese Strukturstaude ist eine extrem attraktive Bereicherung für Staudenbeete oder gemischte Rabatten. Die auffallenden, graugrünen Blätter zusammen mit den kräftigen, distelartigen Blütenknospen ergeben schon ein sehr eindrucksvolles, irgendwie archaisches Bild. Die Köpfe sind als Gemüse essbar. Wenn sie sich öffnen, geben sie den Blick frei auf eine nicht zu übersehende, große, lilafarbene Blüte. In kalten Wintern sollte die schöne Staude einen leichten Mulchschutz erhalten. Mag durchlässige, mäßig fruchtbare Böden. Die Blüten können getrocknet werden.

Bis 2 m | Bis 1,2 m | Frühherbst

Darmera peltata Schildblatt

Reichlich Platz beansprucht diese große und imposante Blattstrukturstaude, die mehr als 1 m in die Breite wachsen kann. Allein ihre kräftig geäderten, dunkelgrünen Blätter, die einen Durchmesser von bis zu 60 cm erreichen können, sind schon beeindruckend. Bevor das gigantische, langgestielte Laub jedoch austreibt, schmückt sich *D. peltata* mit weißen oder rosafarbenen Blütendolden, die auf kräftigen Stängeln aus der Erde zu sprießen scheinen. Im Herbst bekommt das Laub eine schöne, rote Färbung. Man kann das Schildblatt in schattige, feuchte Staudenrabatten einbinden, ebenso gut eignet es sich aber auch für eine Solitärpflanzung am Gewässerrand.

Bis 2 m | Spätes Frühjahr

Delphinium 'Ariel' Elatum-Gruppe

Hellblaue, breite Blüten mit einem weißen Auge. Mit seinen immerhin etwa 1,3 m Wuchshöhe gehört 'Ariel' noch zu den Kleinen der Elatum-Gruppe.

Bis 1,3 m | Frühsommer bis Hochsommer | !

Delphinium Rittersporn

Bis 1,5 m | Früh- bis Hochsommer

◀ **_Delphinium_ 'Butterball'** Elatum-Gruppe

Abweichend vom – wenn auch sehr hübschen – blauen Standard zeigt sich die kleine 'Butterball' voller halbgefüllter, cremeweißer Blüten mit gelbem Zentrum.

Bis 2 m | Frühsommer bis Hochsommer

▲ **_Delphinium_ 'Faust'** Elatum-Gruppe

Die langen, halbgefüllten Blütenähren erscheinen in einem magischen dunklen Kornblumenblau und sind leicht purpur überhaucht.

Bis 1,6 m | Früh- bis Hochsommer

◀ **_Delphinium_ 'Finsteraarhorn'** Elatum-Gruppe

Die ungefüllten, enzianblauen Blüten mit dem geheimnisvollen schwarzen Zentrum bezaubern in jeder Weise. Die Blütentriebe sind unempfindlich gegen Windbruch.

Während seiner Blütezeit steht der Rittersporn mit seinen langen, dichten und aparten Blütenkerzen absolut im Mittelpunkt des Geschehens. Der „blaue Klassiker" erblüht in unterschiedlichen Farben von Cremeweiß, Hellgelb über Rosa bis hin zu verschiedenen Blau- und Violetttönen. Neben den Wildformen, die sich für Natur- und Steingärten eignen, werden drei Hybrid-Gruppen unterschieden. Die größte und bedeutendste Gruppe ist die der Elatum-Hybriden, die besonders robuste, langlebige Pflanzen hervorbringt. Belladonna-Hybriden haben eine niedrige Wuchsform, bis etwa 1 m Höhe, und lockere Blütenrispen. Die kurzlebigen Pacific-Hybriden haben eine kurze Blütezeit, aber dafür große, halbgefüllte Blüten.

Rittersporn liebt sonnige, am besten windgeschützte Lagen und einen fruchtbaren, tiefgründigen und durchlässigen Boden. Typischerweise wird er im Hintergrund von Staudenrabatten gepflanzt. Wenn man ihn nach der ersten Blüte zurückschneidet, läuft er im Spätsommer zu seiner zweiten Blüte auf. Hohe Sorten stützen. **Achtung:** Samen und Blätter sind giftig.

Bis 1,5 m | Frühsommer bis Hochsommer

▸ *Delphinium* 'Polarnacht' Elatum-Gruppe

Eine straff aufrecht wachsende, kleine Elatum-Hybride mit violetten Blütenähren und weißer Mitte. Sie hat eine sehr gute Fernwirkung und ist ein herrlicher Vasenschmuck.

◂ *Delphinium* 'Skyline' Elatum-Gruppe

Das große, weiße, leicht blau überhauchte Auge bildet einen schönen Kontrast zu den halbgefüllten, himmelblauen Blüten.

Bis 1,5 m | Früh- bis Hochsommer

▸ *Delphinium grandiflorum* 'Blue Butterfly'

D. grandiflorum ist die Miniaturausgabe des Rittersporns. Die locker verzweigte Staude ist recht kurzlebig, wird daher häufig als ein- oder zweijährige Pflanze behandelt, sät sich aber von selbst aus. Die leuchtenden, blauen Blüten von 'Blue Butterfly' heben sich schön vom fein gelappten, dunkelgrünen Laub ab. Aufgrund ihres niedrigen Wuchses ist diese Staude auch für exponierte Lagen geeignet.

20–50 cm | Frühsommer bis Frühherbst

***Delphinium* 'Astolat'**
Pacific-Gruppe

Die amerikanische Hybride lässt sich durch Aussaat vermehren. Diese Sorte hat sehr großblütige Blütenstände mit dicht gedrängten, halbgefüllten rosa- bis fliederfarbenen Blüten. Hervorragende Schnittblumen.

Bis 1,8 m | Früh- bis Hochsommer

***Dianthus gratianopolitanus* 'Badenia'**
Pfingst-Nelke

Attraktive, kompakte, blaugrüne Blattpolster bildet *D. gratianopolitanus*, der auf trockenen, nährstoffarmen, durchlässigen Böden bei voller Sonne ideale Lebensbedingungen findet. Auf kurzen, starken Stielen erscheinen im Sommer große, tellerförmige, ausdauernde Blüten. Die kräftig scharlachroten Blüten von 'Badenia' sorgen für muntere Farbkleckse in Steingärten oder bilden farbenfrohe Beeteinfassungen. Nach dem Abblühen um ein Drittel zurückschneiden, das fördert den neuen Austrieb.

Dianthus-Plumarius-Hybride Feder-Nelke, Hainburger Nelke

Die D.-Plumarius-Hybriden bilden robuste, lockere, immergrüne Polster mit verzweigten Stängeln, die etwas höher sind und luftiger wirken als die von *D. gratianopolitanus*, aber ansonsten die gleichen Anforderungen stellen und auch ähnlich einsetzbar sind. Im Hochsommer zeigen sich zahlreiche duftende, fedrig geschlitzte, einfache oder gefüllte, rosa, rote, weiße oder lachsfarbene Blüten über dem blaugrünen Laub. Wenn der Blütenreichtum nachlässt, können die Polster geteilt werden.

***Diascia* 'Sidney Olympics'** Doppelhörnchen

Ein Rückschnitt nach der ersten Blüte wirkt auch bei 'Sidney Olympics' Wunder, denn im späten Sommer zeigt sie dann ein zweites Mal ihren lieblichen, apricotfarbenen und sehr dichten Blütenflor. Die Staude eignet sich ausgezeichnet zur Randbepflanzung von Beeten, als Unterpflanzung von Rosen oder im Steingarten. Mag feuchte, aber durchlässige Böden. *Diascia* ist nicht voll frosthart.

40–90 cm | Früh- bis Hochsommer

Bis 70 cm | Spätes Frühjahr bis Frühsommer

Dicentra spectabilis Tränendes Herz

Ein leichter Hauch von Nostalgie und Kitsch umweht die alte Bauerngartenstaude. Wie Perlen hängen die herzförmigen Blüten aufgereiht an den sanft überhängenden Blütentrieben. Das gefingerte, zartgrüne Laub rundet das Bild von Vergänglichkeit, welches das Tränende Herz dem Betrachter suggerieren mag, noch ab. Am richtigen Standort und ungestört wird dieses Pflänzlein viele Jahre alt. Es bevorzugt einen halbschattigen bis absonnigen und kühlen Platz mit nährstoffreichem, frischem, humosem Boden. Die jungen Triebe sind empfindlich gegen Spätfrost, in rauen Lagen schützen. Am schönsten wirkt das Tränende Herz vor einem dunklen Hintergrund. **Achtung:** Bei allem Liebreiz – alle Pflanzenteile sind giftig.

)ictamnus albus* var. *albus
3rennender Busch

)er Brennende Busch produziert – neben ·inreißend schönen, rosafarbenen, sel-en weißen, Blüten, die asymmetrisch an tramm aufrecht stehenden, unverzweigten, angen Blütenstängeln stehen – Unmengen ·n ätherischen Ölen, die den Duft von Zi-ronen haben. Die Tatsache, dass ätherische ·le ausdünsten, trug der alten Bauerngar-enstaude wohl auch ihren deutschen Na-nen ein. Denn es reicht in sommerlicher ·litze ein Funke, um die Pflanze in Brand zu etzen. Im Garten dürfte sie jedoch wohl sel-ener von Feuersbrünsten bedroht sein als in ·reier Natur. Die attraktiven Blütenstände ·er horstbildenden Wildpflanze kommen am chönsten am Gehölzrand, in großen Stein-ärten oder im Staudenbeet zur Geltung. 'oraussetzung ist ein durchlässiger, mäßig ährstoffreicher Boden. Besondere Pflege ;t nicht erforderlich. **Achtung:** Der Kontakt ıit den Blättern kann die Haut lichtemp-ndlich machen.

Bis 40 cm | Mittleres bis spätes Frühjahr

Dodecatheon meadia Meads Götterblume

Die Blüten der Meads Götterblume ähneln sehr denen des Alpenveilchens, allerdings sind die Kronblätter der magentafarbenen Blüten, die in üppigen Dolden an den überhängenden Trieben pendeln, streng nach hinten zurückgeschlagen, ganz so, als würden sie direkt Richtung Boden zeigen wollen. Nach der Blüte im Sommer ziehen die langen, breiten Blätter ein und lassen die Stängel mit den Samenständen bis zum Herbst zurück. Diese Zeit wird zur Selbstaussat genutzt. Der Gehölzrand ist ein idealer Platz.

Doronicum orientale Kaukasus-Gämswurz

Die Kaukasus-Gämswurz reckt schon recht zeitig im Frühjahr seine gelben, gefüllten oder einfachen Blüten, die einzeln auf bis zu 30 cm langen Stielen sitzen, der Frühjahrssonne entgegen. Damit gehört die ausdauernde, anspruchslose Staude zu den ersten blühenden Stauden im Jahr. Die leuchtenden, strahlenförmigen Korbblüten passen besonders gut in Gehölzgärten oder ins Staudenbeet. Dort können sie in feuchter, durchlässiger Erde gut verwildern und recht beachtliche Blütenpolster bilden.

Echinacea purpurea 'Kim's Knee High'

Roter Scheinsonnenhut

Kniehoch. Der Name impliziert bereits, dass es sich bei dieser bildschönen, kräftig pinkfarbenen Sorte um eine eher niedrige Ausführung des Roten Scheinsonnenhutes handelt. Seine Wuchshöhe macht ihn zur idealen Vordergrundbepflanzung für Staudenbeete, wo er mit seinen großen Blütenköpfen im ausgehenden Sommer noch einmal für ein lang anhaltendes, wunderbares Farbenspiel sorgt. Die aufrechte, anspruchslose, aber recht kurzlebige Staude mag einen frischen, nährstoffreichen Bode ansonsten stellt sie keine Ansprüche. *E. purpurea* besitzt eine enorme Anziehungskraf auf Bienen und Schmetterlinge.

Echinacea-Hybride 'Harvest Moon'

Roter Scheinsonnenhut

Die duftenden, großen Blüten von 'Harvest Moon' sitzen auf recht kräftigen Stielen, die sehr gute Schnittblumen abgeben. Der feine Kranz goldgelber Blütenblätter, der um den orangegoldenen, leicht aufgewölbten Kegel sitzt, steht anfangs waagerecht ab, zur Vollblüte neigt er sich nach unten. Diese widerstandsfähige Sorte verträgt im eingewachsenen Zustand auch Trockenheit. Sie blüht nach, wenn Verblühtes entfernt wird.

Bis 80 cm | Hochsommer bis Frühherbst

:chinacea purpurea 'Razzmatazz'

Roter Scheinsonnenhut

ls eine kleine Sensation wird die doppelt gefüllte, reichblühende 'Razzmatazz' von ihrer angemeinde gefeiert. Die wunderschönen, urpurroten Pompon-Blüten sind wirklich in äußerst beeindruckender Blickfang und erbreiten obendrein auch noch einen herrchen Duft. Auch diese Sorte ist sehr wierstandsfähig und trockentolerant, gedeiht ber am besten in Sonne und einem feuchten, urchlässigen, nährstoffreichen Boden.

Bis 60 cm | Hochsommer bis Frühherbst

***Echinacea purpurea* 'White Swan'** Roter Scheinsonnenhut

Last but not least eine weiße Variante der beliebten *E. purpurea*. 'White Swan' trägt strahlend weiße Blütenblätter, die sich ordentlich um ein faszinierend orange-bronzefarbenes Zentrum gruppieren. Eine Bereicherung für jedes sonnige Staudenbeet. Im Winter bilden die Samenstände einen schönen Anblick.

Bis 1,2 m | Hochsommer bis Spätsommer

***Echinops bannaticus* 'Taplow Blue'**

Banater Kugeldistel, Ruthenische Kugeldistel

Ein Traum in Blau. Die äußerst anspruchslose, hochwachsende Sorte 'Taplow Blue' treibt bis in den Spätsommer hinein durchgehend leuchtend blaue, kugelrunde Blütenbälle. Die Blütenstände bleiben sogar bis in den Winter hinein attraktiv. Besonders ansehnlich ist auch das graugrüne, unterseits silbrig behaarte, allerdings stachelige Laub. Die interessante, wilde Erscheinung passt ausgezeichnet in den Wildblumengarten, aber auch im Staudenbeet erzielt sie, in Gruppen gepflanzt, eine geradezu umwerfende Wirkung und akzeptiert dabei jeden durchlässigen Gartenboden. Sie ist sehr standfest und samt sich leicht aus. Beliebt bei Bienen und Schmetterlingen.

Epimedium grandiflorum 'White Queen'

Großblütige Sockenblume

Aus der Gestaltung schattiger Gartenbereiche ist die niedrige *E. grandiflorum* nicht wegzudenken. Die hübsche, laubwerfende Blattschmuckstaude trägt stachelig berandete, hellgrüne, glänzende Blätter, die beim Austrieb bronzefarben getönt sind. 'White Queen' trägt dazu im Frühjahr große, gespornte, reinweiße Blüten. Ein humoser, feuchter Boden in Halbschatten oder Schatten genügt der anspruchslosen Staude.

Epimedium × *versicolor* 'Sulphureum'

Die herzförmigen, geäderten Blätter dieser wertvollen, immergrünen Blattschmuckstaude sind beim Austrieb kupferbraun und später mittelgrün getönt. Die rote Äderung bekommt im Herbst eine ausdrucksvolle, glühend tiefrote Färbung. Das junge Laub erscheint zudem an rot gefärbten Stielen. Im Frühling zeigen sich kleine, schwefelgelbe Blüten. Einmal angewachsen, überzieht 'Sulphureum' den Boden bald mit einen dichten Laubteppich. In Gruppen gepflanzt wirkt der Bodendecker schön zwischen Waldgräsern und Farnen. Abgestorbene Blätter im Frühjahr entfernen.

Erigeron-Hybride 'Quakeress'

Berufkraut, Feinstrahl

Ein kräftiger Rückschnitt nach der Blüte lässt die ungefüllten, rosaweißen Strahlenblüten von 'Quakeress' ein zweites Mal erscheinen. Diese Erigeron-Hybride ist eine besonders dankbare und unempfindliche Schnittstaude, die für jeden durchlässigen Gartenboden geeignet ist. Der reich verzweigte Busch kommt in Gruppen gepflanzt erst so richtig zur Geltung. Die beliebte Begleitstaude verträgt auch salzhaltige Winde und ist damit ein guter Kandidat für Küstengärten.

Erinus alpinus Alpenbalsam

Wichtigste Kennzeichen: anspruchslose Polsterstaude, wintergrün und kurzlebig. Der kleine, büschelige *E. alpinus* verziert Steingärten, Mauerspalten und besiedelt Fugen in Steinplatten. Im Sommer erscheinen dazu weiße, rosa- oder violettfarbene Blüten in Trauben. Der Boden sollte kalkhaltig sein. Im Winter empfiehlt sich ein leichter Schutz.

Eryngium alpinum **'Superbum'** Alpen-Mannstreu

Die bizarre Form der fiedrig geschlitzten Blütenköpfe und die stahlblaue Farbe machen 'Superbum' zu einem sehr auffälligen Gewächs, das in der Staudenrabatte nicht fehlen sollte. Vor allem im Winter ist die skeletthafte Struktur der standfesten Schnittstaude ein echtes Highlight. Liebt tiefgründige, karge Böden.

Eupatorium maculatum **'Atropurpureum'** Gefleckter Wasserdost

Die auffälligen, weinroten Blütenstände des Gefleckten Wasserdost erscheinen an rot gefärbten Stielen. Der Herbstblüher ist nicht nur ein fantastischer Blickfang im Hintergrund einer Staudenrabatte, auch für die Gewässerrandbepflanzung macht er sich gut. Zusammen mit Gräsern kommt die stattliche Staude am Gehölzrand wunderschön zur Wirkung. Fühlt sich in nährstoffreichen, feuchten Böden so richtig wohl.

Euphorbia cyparissias **'Fen's Ruby'**

Zypressen-Wolfsmilch

Die wüchsige, ausladende Staude mit ihrem feinen, fedrigen Laub, das im Frühjahr rot austreibt, und der grüngelben Blüte hat unbedingt einen Platz in der ersten Reihe des Staudenbeets verdient.

Bis 45 cm | Bis 60 cm | Spätes Frühjahr bis Hochsommer

Euphorbia Wolfsmilch

▼ *Euphorbia griffithii* 'Fireglow'

'Fireglow' trägt ihren Namen völlig zu Recht. Das hübsche, dunkelgrüne Laub trägt je Blatt eine auffallende rote Mittelrippe und bekommt im Herbst eine rot-gelbe Färbung. Als wäre das nicht Zierde genug, erscheinen im Sommer ausdauernde, ziegelrote Blüten. Benötigt in den ersten Jahren einen leichten Winterschutz.

Bis 75 cm | Bis 1 m | Frühsommer

Irgendwie wirken sie schon sehr bizarr mit ihrer recht eigenwilligen, skulpturellen Struktur. Allen gemeinsam ist ihre seltsame, winzige, gelbgrüne Blüte, die in lockeren Troddeln an den Stängelenden erscheint. Die Rede ist von den großartigen, illustren Euphorbien.

Ihre Familie ist riesengroß, sodass sich für jeden Geschmack der passende Vertreter finden lässt. Einer schafft sogar jedes Jahr aufs Neue den Weg in unsere Wohnzimmer: der Weihnachtsstern (*Euphorbia pulcherrima*). Euphorbien sind zumeist sehr pflegeleicht. Ohne große Probleme kommen sie auch schon mal mit weniger günstigen Standortbedingungen und vorübergehender Trockenheit zurecht. Die meisten vorgestellten Arten, mit Ausnahme von *E. palustris,* lieben einen trockenen, leichten, durchlässigen Boden. Alle genannten Arten sind voll frosthart.

Achtung: Aus den Stängeln tritt ein Saft, die sogenannte Wolfsmilch, aus. Er ist giftig.

Bis 20 cm | Frühjahr

◂ *Euphorbia myrsinites*

Walzen-Wolfsmilch

Die niederliegende, leicht hängende, immergrüne Walzen-Wolfsmilch wird bis zu 60 cm breit. Mit ihren fleischigen, blaugrünen Blättern ist sie ein bezaubernder Bodenbedecker. Sie trägt grün-gelbe Blüten.

Bis 50 cm | Spätsommer bis Frühherbst

▸ *Euphorbia seguieriana* Steppen-Wolfsmilch

Die halbimmergrüne *E. seguieriana* zeigt sich mit bereiften, bläulich grünen, länglichen Blättern und einer lindgrünen Blüte. Aufgrund ihrer kleinen Erscheinung ist sie eine ideale Begleitpflanze im Staudenbeet.

***Euphorbia palustris* 'Walenburg's Glorie'**

Sumpf-Wolfsmilch

Im Unterschied zu den anderen Wolfsmilch-Arten mag diese einen ständig feuchten Boden. Ihr Laub erhält im Herbst eine kräftige, gelborange Färbung. Die ausdauernden, gelbgrünen Blüten erscheinen im späten Frühjahr.

Bis 1 m | Spätes Frühjahr

Filipendula rubra 'Venusta'

Diese Mädesüßart wächst recht ausladend, beinahe buschig, sie beansprucht daher einen gewissen Raum für sich. Am besten bekommt ihr ein Platz im Halbschatten, etwa vor Gehölzgruppen, in der Nähe von hohen Gräsern oder am Gewässerrand, mit einem vorzugsweise feuchten, durchlässigen Gartenboden. 'Venusta' entfaltet im Sommer flockige, tiefrosafarbene, duftende Blütenripsen über dem hübsch gefiederten Laub, die mit zunehmendem Alter zart verblassen.

Fragaria 'Frel' Erdbeere

In einem kräftigen, geradezu leuchtenden Pink erstrahlen die zierlichen Blüten von 'Frel', die auch unter dem Namen 'Pink Panda' bekannt ist. Der farbenfrohe Blütenschmuck bildet einen schönen Kontrast zu dem dunklen, rötlich-grün gestielten Laub. Der absolute Dauerblüher neigt zu rascher Expansion. Damit ist 'Frel' als Bodendecker prädestiniert, der dazu noch auf äußerst charmante Weise Unkraut unterdrückt und sich an jeden durchlässigen Gartenboden anpasst. Aber auch als Randbepflanzung für Beete oder Rabatten, in Plattenfugen oder Ampeln macht die Ziererdbeere einen guten Job. Schmackhafte Erdbeeren hingegen liefert die halbimmergrüne Staude jedoch nur äußerst selten. Verträgt Sonne oder Halbschatten.

Gaillardia-Hybride Kokardenblume

Mit dem kontrastreichen Farbspiel ihrer margeritenähnlichen Blüten – das auch auf Bienen und Schmetterlinge magnetisch wirkt – setzt die völlig unkomplizierte Kokardenblume fröhliche Akzente in sonnige Beete und gemischte Rabatten. Je nach Sorte gibt es unterschiedliche Kombinationen, meist sind jedoch Gelb, Karminrot, Orange oder kupferbraune Töne im Spiel. Die ausdauernde Blüherin wünscht einen nährstoffreichen, humosen, durchlässigen Boden. Ein kräftiger Rückschnitt im Herbst ist Pflicht, damit die neuen Triebe für die nächste Saison gebildet werden. Die kurzlebige Staude braucht in raueren Lagen einen Winterschutz.

Bis 80 cm | Spätes Frühjahr bis Frühherbst

Gaura lindheimeri 'Siskiyou Pink'

In naturnahen Gartenbereichen kommt der lockere, luftige Wuchs von 'Siskiyou Pink' besonders gut zur Geltung. Die zarten rosa überhauchten Blüten sind zwar kurzlebig, werden dafür aber fortlaufend durch neue ersetzt. Die Prachtkerzenart bevorzugt einen feuchten, sonnigen Platz, toleriert jedoch auch Trockenheit und einen halbschattigen Standort. Sie sollte nach der Blüte kräftig zurückgeschnitten werden. In rauen Lagen empfiehlt sich ein Winterschutz.

Bis 1,5 m | Bis 90 cm | Frühsommer bis Frühherbst

Galega 'Candida'

Prachtvolle Eleganz verbreiten die üppigen, weißen Blütenkerzen von 'Candida', die im Sommer und im Herbst zur Blüte kommen. Der robuste und anspruchslose Dauerblüher begeistert zudem durch seinen schönen, buschigen, kraftvollen Wuchs, der ihn zu einer stattlichen Beetstaude macht, die sich auch gut verwildern lässt. Jeder feuchte, durchlässige Boden in Sonne oder Halbschatten ist willkommen. Wegen ihrer außerordentlichen Höhe sollte 'Candida' gestützt werden.

Bis 10 cm | Bis 30 cm | Spätes Frühjahr bis Frühsommer

Gentiana acaulis

Keulen-Enzian, Kochs Enzian, Stängelloser Silikat-Enzian

Enzianblau. Die Gattung *Gentiana* hat mit ihren tiefblauen Trompetenblüten einen ganzen Farbton geprägt. Die mattenbildende, immergrüne *G. acaulis* ist eines dieser betörend blauen, unverwechselbaren Gewächse, das unmittelbar aus dem Boden zu sprießen scheint. Als alpines Gewächs passt der Keulen-Enzian vorzugsweise in den Steingarten, wo er sich langsam zwischen wüchsigen Polsterstauden einrichten kann. Sonne verträgt er ausschließlich in Gebieten mit kühlen, feuchten Sommern, ansonsten sollte er besser vor Sonne geschützt werden. Ideal ist ein lehmhaltiger, durchgehend feuchter, humoser Boden.

Geranium 'Johnson's Blue'

Storchschnabel

Mit seinem locker buschigen, leicht ausladenden Wuchs kann 'Johnson's Blue' als ungemein attraktiver Bodendecker eingesetzt werden. Die lavendelblauen, bis 5 cm großen Schalenblüten, die mit der Zeit einen feinen Grauton bekommen, in Kombination mit dem elegant geteilten, mittelgrünen Laub sind ein Highlight im Bauerngarten, im Sommerblumenbeet oder als Unterpflanzung von Kletter-Rosen. Nährstoffreicher, frischer, durchlässiger Boden.

Geranium Storchschnabel

Geranium × cantabrigiense 'Biokovo'

Rundliche, glänzend hellgrüne Blätter und rosa überhauchte, weiße Blüten mit leicht zurückgeschlagenen Blütenblättern kennzeichnen 'Biokovo'. Die kompakt wachsende, immergrüne Staude passt besonders gut in den Steingarten mit einem mäßig trockenen, durchlässigen Boden.

Geranium cinereum subsp. *subcaulescens*

Die zwergig wachsende, sehr wüchsige Staude verzaubert mit ihren kräftig magentafarbenen Blüten und dem stechend schwarzen Auge in der Blütenmitte. In milden Wintern ist sie immergrün. Benötigt einen mageren, sehr gut durchlässigen Boden, am besten im Steingarten. Graugrünes Blatt. Geringer Wasserbedarf.

Als äußerst vielfältige und pflegeleichte Gartenstaude präsentiert sich der beliebte Storchschnabel, den es in zahlreichen verschiedenen Farben und Formen gibt. Dabei unterscheiden sich die Arten in der Farbe und Musterung ihrer Blüten, aber auch in ihrem Wuchs und in ihrem oftmals dekorativen Blatt.

Das Farbspektrum reicht von reinem Weiß über die unterschiedlichsten Rosa- und Rottöne bis hin zu intensivem Blau. Ja, sogar purpur-schwarze Blüten sind im Angebot. Es gibt immergrüne Arten, aber auch sommergrüne, die teilweise eine schöne, attraktive Herbstfärbung bekommen. Während die kleinsten Arten nur etwa 20 cm groß werden, erreicht der Armenische Storchschnabel immerhin bis zu 1,2 m. Die Fülle an Verwendungsmöglichkeiten variiert je nach Wuchsform, Wuchskraft und Standortanforderung: Die kleinen Arten eignen sich als dichte Bodendecker, die hohen bringen herrliche Farbe und natürlichen Charme in Staudenrabatten oder Steingärten sowie in dunkleren Gehölzbereiche. Eines gilt für alle Arten gemeinsam: In Gruppen gepflanzt ist der Storchschnabel am wirkungsvollsten.

▲ ***Geranium clarkei*** **'Kashmir Purple'**

Am Gehölzrand fallen die großen, intensiv purpurblauen Blüten von 'Kashmir Purple' garantiert ins Auge. Die Sorte neigt zur raschen Ausbreitung. Dekoratives, mittelgrünes Blatt.

▲ ***Geranium endressii*** **'Wargrave Pink'**

Die kleinen, intensiv lachsrosafarbenen Blüten erscheinen im Sommer regelrecht in Massen. Der anspruchslose Bodendecker ist eine gute Lösung für den Gehölzbereich oder für größere Freiflächen. Mag mäßig trockenen Boden. 'Wargrave Pink' ist sehr wüchsig und erreicht Breiten von bis zu 90 cm. In milden Wintern immergrün.

Geranium himalayense **'Gravetye'**

Himalaya-Storchschnabel

In leuchtendem Blau mit einer purpurfarbenen Zeichnung zur Mitte erstrahlen die bis zu 7 cm großen Blütenköpfe von 'Gravetye'. Das Laub bekommt eine schöne Herbstfärbung. Liebt sonnige bis halbschattige, kühle Plätze. Blüht im Frühherbst ein zweites Mal. Bis 60 cm breit.

20–
30 cm | Frühsommer

◀ ***Geranium macrorrhizum* 'Spessart'**

Felsen-Storchschnabel

Ausgiebig präsentieren sich im Frühsommer die dezenten, weißen bis hellrosafarbenen Blüten von 'Spessart'. Der Felsen-Storchschnabel bildet dichte Teppiche und ist damit ein brillanter Bodendecker, allerdings ist er sehr konkurrenzstark. Er bevorzugt eher einen trockenen, mäßig nährstoffreichen Boden.

Geranium Storchschnabel

▶ ***Geranium × magnificum***

Pracht-Storchschnabel

Der violette Pracht-Storchschnabel neigt zwar zur Wüchsigkeit, lässt sich aber dennoch hervorragend mit anderen Stauden an einem sonnigen Standort kombinieren. Sein mittelgrünes Laub bekommt eine attraktive Herbstfärbung. Ein Rückschnitt fördert die zweite Blüte.

Bis 60 cm | Bis 60 cm | Hochsommer

▶ ***Geranium phaeum***

G. phaeum unterscheidet sich in einigen Faktoren von anderen *Geranium*-Arten. Die für die Gattung seltenen purpur-schwarzen, zurückgeschlagenen Blüten hängen zahlreich an aus dem zartgrünen Laub heraussprießenden Stielen. Das gelappte, großblättrige Laub trägt teilweise purpur-braune Flecken. *G. phaeum* verträgt sogar schattige Standorte.

Bis 80 cm | Bis 45 cm | Spätes Frühjahr bis Frühsommer

◂ *Geranium pratense* 'Plenum Caeruleum'

Wiesen-Storchschnabel

Mit gefüllten, lang anhaltenden Blüten an langen Stielen tritt die schöne, violett-blaue Sorte 'Plenum Caeruleum' an und wirkt dabei überaus reizvoll und wild. Bevorzugt nährstoffreiche Böden. Verträgt Sonne und Halbschatten.

60–90 cm | Frühsommer bis Hochsommer

▸ *Geranium psilostemon* Armenischer Storchschnabel

Der dichte, magentafarbene Blütenflor – mit einem schwarzem Auge je Blüte – des Armenischen Storchschnabel hat eine gute Fernwirkung. Auch aufgrund seiner Größe eine ideale Rabattenstaude. Das mittelgrüne Laub ist im Frühjahr karminrot gefärbt, im Herbst bekommt es eine schöne Rotfärbung. Ein Rückschnitt nach der ersten Blüte lässt ihn erneut austreiben. Leichter Winterschutz in rauen Lagen.

60–120 cm | Frühsommer bis Spätsommer

Geranium sylvaticum 'Mayflower'

Die niedrige Sorte 'Mayflower' fällt durch ihre frühe Blütezeit auf. Im späten Frühjahr bildet sie zahlreiche große, leicht geäderte, violett-blaue Blüten mit weißem Zentrum. Bevorzugt einen feuchten Boden.

Bis 50 cm | Spätes Frühjahr bis Frühsommer

Geum rivale 'Leonhard's Variety'

Bach-Nelkenwurz

Diese wunderschöne Sorte der Bach-Nelkenwurz erfreut im späten Frühjahr mit einer Unmenge altrosafarbener, halbgefüllter Blüten, die an braunen Trieben voller Anmut über dem attraktiven, tiefgrünen Laubteppich nicken. Im Spätsommer kann es zu einer Nachblüte kommen, wenn die verblühten Triebe abgeschnitten werden. 'Leonhard's Variety' liebt fruchtbaren, feuchten Boden in Staudenbeeten, am lichten Gehölzrand oder gerne auch am Wasserrand.

Gillenia trifoliata Nördliche Dreiblattspiere

Luftig leicht und wunderschön zart wirkt die aufrechte, locker verzweigte Nördliche Dreiblattspiere vor allem durch ihr elegantes, ovales, fein gezähntes Laub, das im Herbst eine hübsche rötliche Färbung annimmt. Ab dem späten Frühjahr erscheinen lockere Rispen mit vielen sternförmigen, weißen bis rosafarbenen Blütlein, die so wirken, als wären sie über dem bronze-grünen Laub ausgeschüttet worden. Der Standort von *G. trifoliata* ist der lichte Gehölzrand oder die Staudenrabatte mit einem fruchtbaren, feuchten, leicht sauren Boden. Besondere Zuwendung benötigt die hübsche Staude, die auch hervorragende Schnittblumen abgibt, nicht. Es kann allerdings zwei bis drei Jahre dauern, bis sie sich voll entwickelt hat.

Gunnera manicata Mammutblatt

Auf den ersten Blick wirkt die gigantische *G. manicata* völlig überdimensioniert und zugleich unglaublich spektakulär. Alles an dieser Staude ist einfach XXL: angefangen bei den rhabarberähnlichen, dekorativen Blättern, die bis zu 2 m lang werden können, über die kräftigen Blattstiele, die eine Länge von bis zu 2,5 m erreichen, bis hin zu den immerhin fast 1 m großen Blütenkolben. Das wirklich Verblüffende dabei ist, dass die Blätter nur etwa zwei Monate benötigen, um ihre Größe voll zu entwickeln – und das in jedem Frühjahr aufs Neue. Angesichts dieser Dimensionen wird schnell deutlich, dass die feuchtigkeitsliebende, großblättrige Strukturpflanze eine ihr angemessene Sonderstellung fordert. Sie braucht einen sonnigen bis halbschattigen, tiefgründigen Platz mit viel Feuchte. Ideal sind ein Teich oder Bachlauf, aber auch vor einer Mauer oder in einer Rasenfläche kann sie sich voll entfalten. Im Winter sollte der Wurzelstock unbedingt mit einer Schicht aus Laub und Reisig geschützt werden.

10–15 cm | Bis 50 cm | Spätes Frühjahr bis Hochsommer

Gypsophila repens 'Rosa Schönheit'
Kriechendes Gipskraut, Teppich-Schleierkraut

Der rosafarbene Blütenschleier mit den sternförmigen Blüten ist ein besonders schöner, duftiger Farbträger in Steingärten oder an Trockenmauern. Vor allen Dingen als Schnittblume ist *G. repens* sehr bekannt und beliebt, da ihre romantischen Rispen jeden Blumenstrauß auflockern. Bevorzugt einen leichten, durchlässigen Boden in sonniger Lage.

Bis 1,5 m | Spätsommer bis Frühherbst | !

Helenium 'Chipperfield Orange' Sonnenbraut

Die orange-gelb gemaserte 'Chipperfield Orange' ist eine hochwachsende *Helenium*-Sorte, die auf jeden Fall gestützt werden sollte. Aber die Mühe lohnt sich, denn die Schöne bringt noch einmal späten Glanz ins Staudenbeet.

1,5–1,8 m | Spätsommer bis Frühherbst | !

Helenium 'Die Blonde' Sonnenbraut

Unermüdlich blühen die kleinen, margeritenähnlichen Blüten von 'Die Blonde' in einem herrlich leuchtenden Gelb – wie kann es anders sein. *Helenium*-Kultivare gehören auf jeden Fall zu den beliebtesten Blühern des ausklingenden Sommers. Wenn man die hochwachsenden Sorten kurz nach dem Austrieb noch mal einkürzt, wachsen sie buschiger und bleiben in der Blütezeit standfester, dafür blühen sie allerdings später.

Helenium 'Flammendes Käthchen'

Sonnenbraut

Ein Feuerwerk der Farben entfacht das 'Flammende Käthchen' mit einem Meer an scharlachroten Blüten, die zur Zierde noch einen feinen, gelben Kranz in der Mitte tragen. Besonders schön ist hier der Kontrast der warmen, roten Blüten zum mittelgrünen Laub. Die feurige, aufrechte Schnittstaude bringt kräftige Farbtupfer ins Staudenbeet oder an den Gewässerrand. **Achtung:** Der Kontakt mit den Blättern kann Hautallergien hervorrufen.

Helenium 'Kupferzwerg' Sonnenbraut

Der Name deutet es bereits an: *Helenium* braucht Sonne, dazu viel Nahrung und reichlich Feuchte. Wer so unablässig an neuer Blütenbildung arbeitet, darf eben auch ein paar Standards erwarten. Also lautet der Serviceplan: Bei Trockenheit intensiv wässern, im Frühjahr düngen, regelmäßig teilen, hohe Sorten stützen. Das ist nun wirklich kein Aufwand für diese herrliche Prachtstaude, die gleichzeitig wunderbare Schnittblumen liefert und eine wichtige Nahrungsquelle für Bienen ist. Nun aber ein paar Worte zu 'Kupferzwerg': Auch hier ist der Name schließlich Programm. Die Sorte ist klein, nun ja, verhältnismäßig klein für eine Sonnenbraut und blüht im schönsten Kupferrot.

Helenium 'Rubinkuppel' Sonnenbraut

Einen besonders anziehenden Blütenschmuck trägt 'Rubinkuppel', deren rubinrote Blüten eine leichte gelbe Flammung zeigen. Für die Liebhaber sinnlicher, roter Blüten ein absolutes Muss.

Bis 1,3 m | Spätsommer bis Herbst

Helianthus decapetalus **'Capenoch Star'**

Stauden-Sonnenblume

Die Stauden-Sonnenblume ist die etwas bescheidenere, dafür aber wiederkehrende Verwandte der einjährigen *Helianthus annuus*. Ihre Blüten bleiben etwa handtellergroß, sie sitzen auf kräftigen, verzweigten Stängeln. Die frischen, zitronengelben Blüten von 'Capenoch Star' bekommen im Sonnenlicht regelrecht Leuchtkraft. Als ausdauernde Leitstaude bildet sie somit einen eindrucksvollen Blickfang in Bauerngärten und gemischten Staudenrabatten. Um die Bildung neuer Knospen anzuregen, empfiehlt es sich, Verblühtes regelmäßig abzuschneiden. Bevorzugt einen feuchten, nährstoffreichen, tiefgründigen Boden.

Heliopsis helianthoides **var.** ***scabra*** **'Goldgrünherz'**

Das Sonnenauge mit seinen verzweigten, aufrechten, langen Stielen hat sich wegen seiner sonnigen und überaus üppigen Blütenfülle einen Platz in der Staudenrabatte unbedingt verdient. Denn es ist nicht nur ein Dauerblüher, der lange haltbare Schnittblumen liefert, sondern es stellt zudem auch noch äußerst geringe Ansprüche. Mit einem warmen Platz in der Sonne und einem nährstoffreichen, durchlässigen Boden ist es mehr als zufrieden. 'Goldgrünherz' trägt zitronengelbe, gefüllte Blüten, die bis zur vollständigen Öffnung in der Mitte grün sind.

Bis 90 cm | Hochsommer bis Frühherbst

Helleborus 'Mrs. Betty Ranicar'

Die liebenswerte 'Mrs. Betty Ranicar' besitzt großes, dunkelgrünes Laub. Das Besondere an ihr sind aber die exquisiten weißen Blüten. Die kleinen Wunder sind nämlich gefüllt und deutlich größer als die anderer Hybriden.

Bis 40 cm | Frühes bis mittleres Frühjahr | !

Helleborus Christrose, Nieswurz

Bis 1,2 m | Später Winter bis frühes Frühjahr

◂ *Helleborus argutifolius* Korsische Nieswurz

Mit ihren stacheligen Blättern mutet die frühblühende *H. argutifolius* etwas bizarr an. Er ist robust, hat überwinternde Blätter und trägt schlüsselförmige, hängende, blassgrüne Blüten an aufrechten Blütenständen. Besitzt beinahe die Statur eines Strauches. Blattschmuckstaude. Verträgt Halbschatten.

Bis 80 cm | Mitte Winter bis Mitte Frühjahr

◂ *Helleborus foetidus* Stinkende Nieswurz

Ihren Namen trägt die Stinkende Nieswurz wegen ihrer unangenehm riechenden, ledrigen, dunkelgrünen Blätter. Ansonsten erfreut der immergrüne Dauerblüher mit einer Schar hellgrüner bis grüngelber, hängender, schmaler Glockenblüten. Verträgt Halbschatten.

Bis 30 cm | Früher Winter bis frühes Frühjahr

◂ *Helleborus niger*
Christrose, Schwarze Nieswurz

Die traumhaften, weißen, manchmal rosa überlaufenen Blüten stehen auf purpurfarbenen, kräftigen Sprossen. Den Namen verdankt sie ihren schwarzen Wurzeln. Immergrün. Verträgt Halbschatten.

Für erlesenen Blütenzauber im winterlichen Garten sorgen die zahlreichen *Helleborus*-Arten und -Hybriden. Sie blühen in allen Farbnuancen von Weiß und Gelb über Rosa bis hin zu tiefen Purpurtönen und sogar in dezentem, zartem Grün.

Aber auch die ledrigen, fächerförmig gefingerten, teils immergrünen Blätter machen den Charakter dieser Gattung aus und sind außerhalb der Blütezeit eine hübsche Zierde. In jedem Fall ergibt das dunkelgrüne Laub einen hübschen Kontrast zu den feinen Blüten.

Idealer Standort ist der Halbschatten, manche Arten vertragen aber auch Sonne. Der Boden sollte in jedem Fall kalkhaltig und feucht sein. Im Anschluss an die Blüte sollte das alte Laub entfernt werden, sodass die Pflanze ihre Kraft in die jungen Triebe stecken kann. Es braucht schon ein paar Jahre bis zur ersten Blüte. Dafür kann *Helleborus* 50 Jahre und älter werden. **Achtung:** Alle Pflanzenteile sind stark giftig.

5–30 cm | Mittlerer Winter bis mittleres Frühjahr

Bis 45 cm | Mittlerer Winter bis mittleres Frühjahr

▶ Helleborus-Orientalis-Hybride

Schüchtern nicken die weißen, rosa gefleckten Blüten von ihren Stängeln. In milden Wintern ist das höchst dekorative, glänzend dunkelgrüne, gewaltige Laub immergrün. Verträgt Halbschatten.

◀ *Helleborus purpurascens*

Die Blüte beginnt in Bodennähe noch vor dem Laubaustrieb, erst mit der Zeit wachsen kleine Stängel nach. Trägt zahlreiche purpurgraue Blüten. Verträgt mehr Sonne als die anderen Arten. Verträgt Halbschatten.

50–60 cm | Später Winter bis Mitte Frühjahr

▶ *Helleborus × sternii* 'Boughton Beauty'

'Boughton Beauty' trägt ledriges, geädertes, mittelgrünes Laub, das in milden Wintern immergrün ist. Dazu erscheinen purpurrosa Sprossen, an denen rosafarbene Blüten hängen, die innen einen fahlen, grünen Farbton haben. Die spektakuläre Staude verträgt volle Sonne oder lichten Schatten.

Helleborus viridis

Grüne Nieswurz

Diese niedrigwüchsige, grün blühende Art kommt erst als Gruppenpflanzung so richtig zur Geltung. Die hübschen, hängenden Schalenblüten gehören zu den dunkelsten unter den grün blühenden Arten. Verträgt Halbschatten.

20–40 cm | Später Winter bis frühes Frühjahr

Hemerocallis 'Children's Festival'

Die äußerst attraktive und beliebte kleinblütige Sorte 'Children's Festival Heavily' trägt leicht gekräuselte, pfirsichrosafarbene Blüten mit einem apricotfarbenen Schlund. Wirkt besonders schön in der Gruppe.

Bis 60 cm | Frühsommer bis Hochsommer

Hemerocallis Taglilie

Bis 80 cm | Früh- bis Hochsommer

Bis 50 cm | Hochsommer

◂ *Hemerocallis* 'Ed Murray'

Bis zu 16 Stunden bleiben die magischen, rotschwarzen, gekrausten Blüten von 'Ed Murray' geöffnet. Das ist wahrlich genug Zeit, die schöne, kleinblütige Taglilie mit dem grün-gelben Schlund ausreichend zu würdigen. Wie gemalt.

Bis 1,2 m | Hochsommer bis Spätsommer

▴ *Hemerocallis* 'Frans Hals'

Die leuchtende, rostrot-gelbe Blüte von 'Frans Hals' öffnet sich sternförmig, mit Mittelstreifen. Die großblütige Taglilie bringt warme Farbe ins sonnige Beet.

◂ *Hemerocallis* 'Green Flutter'

Ein kräftiges Kanariengelb sowie eine leicht gekräuselte, sternförmige Blüte mit grün getöntem Schlund kennzeichnen die wenig dezente, aber um so prachtvollere kleinblütige 'Green Flutter'. Nachtblütig.

Den bezaubernden, samtigen Einzelblüten der Taglilie ist leider nur die recht kurze Lebensdauer von einem Tag gewährt. Über Nacht sind die Schönen dann schon verblüht. Dafür öffnen sich am nächsten Morgen bereits neue, nachgetriebene Knospen und beginnen ihren vollkommenen Auftritt. Dieser Kreislauf aus Werden und Vergehen kann viele Wochen dauern, sodass die Kurzlebige eigentlich ein Dauerblüher ist.

Es dürfte kaum eine Gartenstaude geben, die eine größere Farbpalette aufweist als die Taglilie. Lediglich Blau und reines Weiß sind im Spektrum nicht vertreten. Auch gibt es sie in Wuchshöhen zwischen knapp 0,5 und 1,5 m sowie in vielen Blütengrößen: Die miniaturblütigen Sorten haben einen Durchmesser von bis zu 7,5 cm, die kleinblütigen erreichen zwischen 7,5 und 11 cm und die großblütigen sind größer als 11,5 cm. Ihr Blütenschmuck ist glatt gesäumt, gekraust oder gestreift, manche tragen einen leuchtenden Schlund, andere treten dagegen mehrfarbig auf. Der Vielfalt an Formen und Farben scheinen keine Grenzen gesetzt.

Bis 55 cm | Frühsommer bis Hochsommer

Bis 95 cm | Früh- bis Hochsommer

▸ *Hemerocallis* 'Light the Way'

Die schöne Kühle trägt weiße, große Blüten mit einem blassgelben Schlund. Halbimmergrünes Laub.

◂ *Hemerocallis* 'Mauna Lowa'

Die großen, dreieckigen Blüten von 'Mauna Lowa' erstrahlen in einem warmen Bernsteingold mit hellgrünem Schlund. Duftend.

Bis 45 cm | Früh- bis Hochsommer

▸ *Hemerocallis* 'Pardon Me'

Hier gibt es nichts zu entschuldigen. Die miniaturblütige 'Pardon Me' wartet mit runden, roten Blüten auf, die in der Mitte einen grünen Schlund tragen. Die Immergrüne ist remontant, dass bedeutet, sie blüht im Herbst noch einmal.

Hemerocallis 'Pink Damask'

Mit ihren leuchtenden, lachsfarbenen Blüten mit dem feinen, blassen Mittelstreifen bringt die großblütige 'Pink Damask' freche Farbe ins Sommerbeet. Harmoniert besonders gut mit blauen Blüten.

Bis 90 cm | Hoch- bis Spätsommer

▸ ***Hemerocallis***
'Prairie Blue Eyes'

Die halbimmergrüne, großblütige 'Prairie Blue Eyes' trägt majestätische, lavendelblaue Blüten mit einem grünen Schlund und fein gekräuseltem Rand. Reichblütig.

Hemerocallis Taglilie

Taglilien gelten als ausgesprochen unkompliziert. Die Stauden bevorzugen warme, sonnige Beete oder Gewässerränder, kommen aber auch mit halbschattigen Gartenbereichen, etwa am Gehölzrand zurecht. Sie blühen dort allerdings zurückhaltender. Der fruchtbare, feuchte, durchlässige Boden sollte weder nass werden noch schnell austrocknen.

◂ ***Hemerocallis*** **'Stafford'**

Scharlachrote, sternförmige Blüten mit gelben Steifen und gelbem Schlund zeigt die immergrüne, kleinblütige Sorte 'Stafford'.

▾ ***Hemerocallis*** **'Summer Wine'**

Stark gekräuselt sind die pink-magentafarbenen, runden Blüten mit dem gelben Schlund. 'Summer Wine' gehört zu den großblütigen Sorten.

▸ ***Hemerocallis citrina***

Zitronen-Taglilie

Für Nachtschwärmer ideal sind die zitronengelben, duftenden Blüten der *H. citrina*, deren kleine Blüten sich am späten Nachmittag öffnen und die ganze Nacht hindurch blühen.

***Heuchera* 'Crimson Curls'** Purpurglöckchen

Für einen Lückenbüßer auf jeden Fall zu schade, denn 'Crimson Curls' hat es mit ihrer unaufdringlichen Art wirklich verdient, wahrgenommen zu werden. Das Ungewöhnliche an der büscheligen Blattschmuckstaude ist ihr irgendwie zerknittert wirkendes immergrünes Laub: purpurbraun mit stark gekräuselter und geäderter Blattstruktur. Darüber tänzeln im späten Frühjahr zierliche Rispen voller korallenfarbener Blütenglöckchen. Zur ansprechenden Optik bietet sie noch eine ganze Bandbreite an Einsatzmöglichkeiten, von Sonne bis Schatten, alles eine Frage der Bodenfeuchte. Am liebsten hat sie einen fruchtbaren, feuchten, durchlässigen Untergrund. Sie bietet auflockernde Kontraste vor immergrünen Gehölzen, aber auch als Randbepflanzung von Beeten oder am Gewässerrand. Bei Trockenheit ausreichend wässern.

Hieracium aurantiacum Orangerotes Habichtskraut

Das Orangerote Habichtskraut wird wegen seiner intensiven, orangeroten Blütenbüschel und seiner ausgezeichneten bodendeckenden Eigenschaften im Stein- oder Naturgarten verwendet. Es bildet zahlreiche Ausläufer und eignet sich daher gut zum Verwildern. Die Pflanze benötigt viel Sonne, wächst dafür aber selbst an den trockensten und kargsten Stellen, wo sonst kaum eine andere Pflanze gedeihen würde.

Bis 50 cm | Bis 1 m | Frühsommer

◂ ***Hosta* 'Crispula'**

Riesen-Weißrand-Funkie

Die Strahlende. Ihre mattgrünen, herzförmigen Blätter besitzen einen unregelmäßigen, gewellten, weißen Rand. Da 'Crispula' recht lebhaft wirkt, verträgt sie die Begleitung von durchaus ruhigeren Pflanzen. Ihre langen Blütentriebe tragen lavendelweiße, trichterförmige Blüten.

Hosta Funkie

Bis 65 cm | Bis 1 m | Hochsommer

◂ ***Hosta* 'Gold Standard'**

Die Goldene. Eine der beliebtesten gelben *Hosta* ist 'Gold Standard'. Ihre ei- bis herzförmigen Blätter wandeln sich von gelbgrün über gelb bis cremeweiß, verziert mit einem schmalen, grünen Rand. Lavendelblaue Blüte.

35–40 cm | Bis 70 cm | Sommer

◂ ***Hosta* 'Halcyon'**

Die Coole. Ein besonders attraktives, blaublättriges Exemplar ist 'Halcyon'. Die mittelgroßen, bereiften Blätter vermitteln kühle Eleganz, die im Sommer durch lavendelgraue Blütenrispen spielerisch durchbrochen wird. Wirkt an einem Schattenplatz.

Hosta, diese klassischen und beliebten Blattschmuckstauden, sind die Spezialisten für schattige Gartenecken. Im Frühjahr schieben sich jedes Jahr erneut zahlreiche, anfangs unauffällige, aber kräftige Triebe aus dem Boden und entfalten sich zu herzförmigen bis lanzettlichen Blättern. Interessant dabei ist die Variation an Farben, Mustern und Textur: grüne, blaue oder gelbe Blätter, teilweise bereift, mit farbigem Rand oder gefärbter Mitte, gerippt oder gewellt. Die teilweise sehr großen, dichten Blattschirme verdecken gnädig ihr Umfeld, Unkraut inklusive. Die Stauden blühen nur für kurze Zeit im Sommer, dabei wirkt die Blüte wie eine Zugabe zu dem ohnehin schon schmuckvollen Auftritt des attraktiven Laubs. Der lichte Schatten unter Gehölzen oder am Gewässerrand ist für *Hosta* ideal, weil dort die Blattfarbe besser erhalten bleibt. Aber auch in Pflanzgefäßen gedeihen *Hosta* prächtig. Sie sind robust und pflegeleicht und halten sehr lange. Ihr größter Widersacher sind Schnecken. Wo es Probleme damit gibt, empfehlen sich blaue *Hosta*-Sorten, deren Blätter nämlich einen natürlichen Schutz besitzen.

50–70 cm | Hoch-sommer

▶ ***Hosta* 'June'**

Die Schöne. In aufregenden, bereiften Grün- und Blautönen präsentiert sich die schöne 'June'. Ihre Blätter tragen in der Mitte und unregelmäßig auch am Rand eine grün-gelbe Färbung.

35–40 cm | Bis 70 | Som-mer

◀ ***Hosta* fortunei 'Aurea'**

Die Helle. Ihr Austrieb ist strahlend hellgelb, im Laufe der Saison vergrünt sie immer mehr. Bringt Licht in dunkle Gartenbereiche.

Bis 60 cm | Bis 1,5 m | Hochsommer

▶ ***Hosta sieboldiana* 'Elegans'**

Die Große. Das edle, große, graublau bereifte Laub der 'Elegans' ist eine wahre Pracht. Mit ihrem ausladenden Habitus gehört sie zu den Größten ihrer Art. Blassfliederfarbene Blüten.

***Hosta ventricosa* 'Aureomarginata'**

Glocken-Funkie

Die Wandlungsfähige. Die Blätter sind glänzend dunkelgrün und breit geädert mit einem unregelmäßigen, breiten Rand, der anfangs gelb und später cremeweiß gefärbt ist. Im Spätsommer erscheinen purpurfarbene, innen weiß gestreifte Blütenglocken.

Bis 50 cm | Bis 1 m | Spät-sommer

Iberis sempervirens

Immergrüne Schleifenblume

Iberis sempervirens hat kräftig dunkelgrünes Laub, womit sie den Boden blickdicht überdeckt und auch im Winter für frische, grüne Polster sorgt. Im späten Frühjahr erscheinen kleine, weiße Blüten in dichten Blütenständen. Die Immergrüne liebt Wärme; ein sonniger Platz, am besten im Steingarten oder am Beetrand, ist daher die beste Wahl. Dazu ein mäßig trockener, durchlässiger Boden, der im Winter mit etwas Reisig vor dem Austrocknen bewahrt wird. Ein einkürzender Rückschnitt erhält die kompakte Form.

Inula hookeri

Mit seinen feinen, schmalen, freundlich gelben Zungenblüten mit der betont gelben Mitte gewährt diese Alantart dem sommerlichen Garten noch einmal einen kurzen Aufschub, bevor der Herbst sich endgültig breit macht. Die kräftig blühende Staude mit ihren behaarten Sprossen und dem feinen Laub ist am besten in halbschattiger, feuchter, durchlässiger und fruchtbarer Erde aufgehoben. Sie passt sehr gut zusammen mit anderen Sommerstauden in ein farbenfrohes Beet.

is **'Red Revival'** Germanica-Hybride

eicht gekräuselte, bronzefarbene Sorte mit saroten, hängenden Blütenblättern. Die izombildende Bartiris trägt immergrünes, augrünes Laub. Duftet.

Bis 75 cm | Spätes Frühjahr bis Frühsommer

Iris Iris, Schwertlilie

Mit extravaganter Schönheit, nobel und farbenprächtig, übernehmen *Iris* im späten Frühjahr die Herrschaft im Garten. Nicht umsonst werden ihre Blüten auch die Orchideen des Nordens genannt.

Zu den häufig kultivierten gehören die Bartiris, bei denen Dom- und Hängeblätter gut ausgebildet sind und die eine typische Behaarung am Schlund der Hängeblätter tragen, eben einen Bart. Aber auch die Bartlosen geben prachtvolle Blütenstauden ab. Allen gemeinsam ist das lange, schmale Laub.

Hinsichtlich ihrer Standortvorlieben unterscheiden sich die Arten und Sorten deutlich voneinander. Die einen wünschen einen sonnigen, mäßig trockenen, eher sandigen Platz, damit Wasser gut abziehen kann. Hierzu gehören die Bartiris. Die anderen suchen geradezu die Wassernähe, lieben es feucht, nass oder sumpfig und vertragen auch leicht beschattete Standorte, wie *Iris pseudacorus, Iris sibirica* oder *Iris versicolor.*

***Iris* 'Warrior King'** Germanica-Hybride

Die bis zu 15 cm großen, tiefroten Blüten der stattlichen, immergrünen 'Warrior King' haben einen schönen, samtigen Schimmer. Pro Stiel wachsen acht bis neun Blüten. Rhizombildende Bartiris.

Bis 95 cm | Spätes Frühjahr bis Frühsommer

Iris Iris, Schwertlilie

Bis 45 cm | Spätes Frühjahr bis Frühsommer

◀ ***Iris japonica*** Gefranste Schwertlilie

Klein, aber dafür fein gekräuselt sind die blassen, lavendelblauen Blüten, die sich mit purpurner Zeichnung und orangefarbenen Kämmen zieren. Trägt dunkles, immergrünes Laub. Rhizombildende Kammiris.

90–150 cm | Hoch- bis Spätsommer

◀ ***Iris pseudacorus*** Sumpf-Schwertlilie

Stolz präsentiert die Sumpf-Schwertlilie ihre farbenprächtigen, gelben Blüten, die purpurne Zeichnungen tragen. Eignet sich für Teichränder oder nasse Böden. Rhizombildende, bartlose Sumpfiris.

▸ *Iris setosa*

Borstenartige Domblätter und blaue Hängeblätter kennzeichen die meist kleinwüchsige *I. setosa*. Rhizombildende, bartlose Iris.

◂ *Iris sibirica* 'Sparkling Rose'

Sibirische Schwertlilie

Reichblütig und farbenfroh. Geradezu elektrisierend wirken die rosa-malvefarbenen Blüten mit der gelben Basis. Zur üppigen Blüte trägt die bartlose Iris schmale, grasartige Blätter. Verträgt auch Standorte mit weniger Sonne. Mag feuchte, nährstoffreiche Schlammböden. Teichnähe oder feuchtes Staudenbeet.

▸ *Iris* 'Fort Ridge' Spuria-Hybride

Diese robuste, bartlose Iris hat kräftiges, breites Laub. Dazu erscheinen im Frühsommer blauviolette Blüten mit gelber Zeichnung.

◂ *Iris versicolor* 'Kermesina'

Verschiedenfarbige Schwertlilie

In Sumpf- und Flachwasserbereichen fühlt sich diese Sumpfiris-Sorte am wohlsten. Sie hat lange Blätter und wunderschöne, rot-purpurfarbene Blüten mit einer auffälligen weißen Zeichnung. Bartlose Sumpfiris.

Knautia macedonica

Eine kurzlebige, aber bezaubernde, wilde Pflanze für den Wildblumen- oder Bauerngarten. Die prall gefüllten Blüten in kräftigem Kirschrot sind auch wertvolle Schnittblumen. Die dauerhaft blühende Staude möchte einen vollsonnigen Standort mit durchlässigem, mäßig fruchtbarem Boden. Sie sät sich reichlich selbst aus, sodass sie für ihren Fortbestand schon selbst sorgt.

***Kniphofia* 'Goldfinch'** Fackellilie, Tritome

Scheinbar fluoreszierend leuchten die extravaganten, gelben Blütenkolben von 'Goldfinch', die immerhin eine Länge von 15 bis 20 cm erreichen, und sorgen mit ihrer auffallenden Blühweise für reichlich „Special Effects" im Sommergarten. Ein dunkler, ruhiger Hintergrund bietet die geeignete Kulisse für diese prächtige Leitstaude, die gleich mehrere dieser faszinierenden Blütentriebe aus dem wintergrünen Horst entwickelt und im Übrigen auch herrliche Schnittblumen liefert. Außerhalb der Blütezeit kann man sie wegen ihres schilfartigen Laubs beinahe mit einem Gras verwechseln. Warme, geschützte Standorte in Sonne oder Halbschatten und ein fruchtbarer, sandiger Boden helfen ihr, sich zu entfalten. Wichtig ist ein guter Winterschutz, daher wird das Laub zusammengebunden, um die Pflanze zu schützen.

Lamium galeobdolon

Echte Goldnessel, Gewöhnliche Goldnessel

L. galeobdolon erinnert an eine Brennnessel; da sie aber keine Brennhaare besitzt, kann man sie unbesorgt anfassen. Das eigentlich Dekorative an dieser pflegeleichten Staude sind ihre hübschen, eiförmigen, leicht gezähnten Blätter, die vereinzelt silberne Fleckchen tragen. Ergänzt wird das Ganze durch eine quirlige, gelbe Blüte. Der Bodendecker findet unter Sträuchern und Stauden den passenden Einsatz, unterdrückt sogar lästiges Unkraut. Aber er kann auch gegenüber erwünschten Nachbarn lästig werden.

amium maculatum 'Beacon Silver'
efleckte Taubnessel

's ausgezeichneter und attraktiver Boden-
:cker, der mit der Zeit geschlossene Matten
ldet, kommt 'Beacon Silver' zum Einsatz.
ein äußerst ansehnliches, silbriges Blatt,
as nur von einem schmalen, hellgrünen
and eingerahmt ist, bringt hellen Schim-
er in schattige Bereiche. Im Sommer er-
heinen dazu hellrosafarbene Blütenquirle.
as pflegeleichte *L. maculatum* bevorzugt
ihrstoffreiche, leichte, frische bis feuchte
öden.

Leontopodium alpinum Edelweiß

Die Berge lassen grüßen. Seine alpine Herkunft macht das Edelweiß zu einem Favoriten für einen sonnigen Platz im Steingarten, wo es besonders reizvoll in der Nähe von Steinen wirkt. In einem kalkhaltigen, gut durchlässigen und nährstoffarmen Boden kann es wunderbar gedeihen und benötigt keine weitere Pflege mehr, nur gänzlich austrocknen sollte der Boden nicht.

***Leucanthemum × superbum* 'Phyllis Smith'** Garten-Margerite

Altmodisch, etwas strubbelig, aber unverzichtbare Dauerblüher sind die weiß-gelben Blüten von 'Phyllis Smith'. Das Ungewöhnliche an dieser Sorte sind die leicht gedrehten und nach hinten geschlagenen Zungenblüten. Die pittoresken Blütenköpfchen sitzen auf langen, stabilen Stängeln, die keine stützende Hilfe benötigen. Sie gedeiht in fruchtbarer, feuchter, aber gut drainierter Erde, idealerweise in einem weiß gehaltenen Beet oder auch in naturnahen Gartenbereichen.

Bis 30 cm | Bis 25 cm | Spätes Frühjahr bis Frühsommer

Lewisia cotyledon Gewöhnliche Bitterwurz

Der Name lässt nicht unbedingt auf eine entzückende Blüherin schließen. Doch bereits im späten Frühjahr treiben kompakte Rispen mit zahlreichen hübschen, leicht gestreiften Blüten in Rosapurpur, seltener in Weiß, Cremefarben oder Gelb, aus einer immergrünen Rosette aus. Das dunkelgrüne Laub ist schwach bereift. In Steingärten oder Mauerspalten in absonniger Lage wird sich *L. cotyledon* besonders wohl fühlen.

***Liatris spicata* 'Kobold'** Prachtscharte

Wenn man bedenkt, dass *L. spicata* die stattliche Höhe von 1,5 m erreichen kann, dann ist 'Kobold' in der Tat eine kleine, aber feine Auslese dieser Art. Die intensiv dunkelpurpurnen Blütenähren, die auf straffen Blütenstielen stehen, haben eine interessante Besonderheit: Sie blühen von oben nach unten auf. 'Kobold' ist eine niedliche Beetstaude für den vorderen Beetbereich, die man einzeln oder in kleinen Gruppen pflanzen kann. Vorzugsweise in fruchtbare, feuchte, durchlässige Erde in voller Sonne. Die Blütenstände werden gerne von Bienen aufgesucht und sind zudem schöne Schnittblumen.

40–50 cm | Spätsommer bis Frühherbst

Bis 1 m | Hochsommer bis Frühherbst

***Ligularia dentata* 'Desdemona'**
Japanischer Goldkolben

Mit etwa 1 m langen Trieben gehört 'Desdemona' zu den kleinsten dieser Art. Die reichblühende, buschig wachsende Pflanze entwickelt im Hochsommer schirmartige, brillant orangefarbene Blütenstände und trägt dazu sehr dekorative, große, runde Blätter in einem dunklen Rotbraun. *L. dentata* gedeiht auf feuchten bis nassen Böden und eignet sich daher für Gehölz- oder Teichränder sowie andere Feuchtstellen. Auf austrocknenden Böden sollte sie regelmäßig gewässert werden. Vor Schnecken schützen.

Bis 2 m | Bis 1 m | Hochsommer und Spätsommer

igularia przewalskii

Ait den großen, tief eingeschnittenen, fin-erförmigen Blättern und den schmalen, rächtig gelben Blütenständen an ihren urpurn-grünen Stängeln – welch ein Kon-rast – hat *L. przewalskii* ganz sicherlich ne Einzelstellung verdient. Auf jeden Fall vird die imposante Riesenstaude, wo auch nmer ihr Standort ist, eine dominante Po-ition einnehmen, denn schon von Weitem ieht sie die Blicke des Betrachters auf sich. deale Standorte sind Teichufer, Bach- und ehölzränder oder feuchte Rabatten, denn ie mag einen sehr feuchten und fruchtbaren oden. *L. przewalskii*, auch als Kerzen-oldkolben bekannt, ist leicht zu kultivieren nd benötigt am richtigen Standort keinerlei flege. Verträgt Sonne und Halbschatten.

30–90 cm | Spätes Frühjahr bis Herbst

Linaria vulgaris Frauenflachs, Gewöhnliches Leinkraut

An trockenen Standorten im Vordergrund naturnaher Rabatten oder im Steingarten wirkt *L. vulgaris* mit den nadelförmigen Blättern und den dichten Trauben blassgelber Blüten beinahe wie ein kleines Löwenmäulchen. Eine liebliche, lang blühende Begleitstaude.

10–60 cm | Frühsommer bis Hochsommer

Linum perenne Ausdauernder Lein

Als Begleitstaude ziert *L. perenne* eher trockene, naturnahe Freiflächen, Steingärten oder Rabatten. Am meisten Wirkung zeigt der Ausdauernde Lein, wenn man ihn in der Gruppe pflanzt. Dann erscheinen die locker stehenden Triebe mit den hübschen, blauen Schalenblüten mit einem Mal wunderbar kompakt. Die Blüten haben allerdings recht strenge Öffnungszeiten: nur bei Sonne und nur bis zum Mittag. Dennoch lohnt es sich, der kurzlebigen Staude ein Plätzchen im Garten einzuräumen, denn sie blüht wochenlang.

Lobelia cardinalis 'Queen Victoria'
Kardinals-Lobelie

Mit Rot setzt man bekanntlich Akzente. Und tatsächlich, die kräftig scharlachroten Blütenähren der 'Queen Victoria', zusammen mit dem schönen, metallisch bronzefarbenen Laub, sind im Garten einfach unübersehbar. Die Gute bevorzugt relativ feuchte und tiefgründige Böden in geschützter Lage; damit passt sie perfekt in Sumpfgärten oder andere Feuchtbereiche. Sie sollte bei Bedarf gestützt werden und benötigt einen trockenen Wintermulch. **Achtung:** Alle Pflanzenteile sind giftig.

Lupinus 'The Page' Lupine, Wolfsbohne

In vielen farbenprächtigen Varianten erblühen die üppigen, dichten Blütenkerzen der Lupinen, dicht besetzt mit Schmetterlingsblüten. Die besonders farbintensive 'The Page' hat wunderschöne, karminrote Blütentrauben. Lupinen gehören zu den beliebtesten Blütenstauden überhaupt. Typisch für sie ist das gefingerte, unterseits behaarte Laub und die dicht behaarten, bohnenähnlichen Fruchthülsen, die der Blüte folgen. Schneidet man Lupinen regelmäßig, beispielsweise für die Vase, dann blühen sie noch einmal bis in den Herbst hinein. Auf mäßig trockenen und mäßig nährstoffreichen, lockeren Böden fühlt sich die stattlichen Staude am wohlsten.

Lysichiton americanus Gelbe Scheinkalla

Das Gute zuerst: Die Gelbe Scheinkalla ist eine wirklich außergewöhnliche, farbenfrohe Sumpfstaude mit eiförmigen, dunkelgrün glänzenden Blättern, die immerhin bis zu 1,2 m lang werden können. Der attraktive Blütenstand besteht aus einem Blütenkolben, der von einem leuchtend gelben Hochblatt (Spatha) ummantelt ist. Er erscheint im zeitigen Frühjahr noch vor den Blättern. Nach der Blüte bilden sich Beeren am Kolben. Kleiner Nachteil: Die Pflanze verströmt einen unangenehmen Moschusgeruch. **Achtung:** Ist in allen Pflanzenteilen giftig.

Bis 90 cm | Hochsommer bis Spätsommer

ysimachia clethroides
Entenschnabel-Felberich

Kühle Extravaganz haftet den ausgesprochen reizvollen Blütenkerzen des Entenschnabel-Felberich, landläufig auch als Schneefelberich bekannt, an. Die schmal zulaufenden Blütenstände sind anfangs – wie ein Schnabel – elegant herabgebogen und richten sich mit dem Aufblühen der kleinen, weißen Blüten langsam nach oben auf. *L. clethroides* ist eine gute, pflegeleichte Wildstaude für nährstoffreiche, feuchte Standorte, wie sie an Gehölz- oder Gewässerrändern zu finden sind; in der Flächenpflanzung kommt sie besonders schön zur Geltung. Auch feuchte Rabattenbereiche werden von ihr angenommen. Sonnige Lagen stellen bei ausreichender Wasserversorgung kein Problem dar.

Bis 1 m | Hochsommer bis Spätsommer

Lysimachia punctata Punktierter Gilbweiderich

Der Punktierte Gilbweiderich – auch bekannt als Goldfelberich – ist ein bekennender Dauerblüher mit sehr starkem Ausbreitungsdrang. Seine sternförmigen, goldgelben Schalenblüten, die zahlreich in den Blattachseln stehen, wirken am Rand eines Gewässers ebenso gut wie als leuchtende Unterpflanzung großer Gehölze. Die pflegeleichte Staude wächst in hohen, dichten Horsten, vorzugsweise in einem fruchtbaren, feuchten, aber durchlässigen Boden. Ihre Expansion sollte etwas kontrolliert werden.

Bis 1,2 m | Hochsommer bis Frühherbst

Lythrum salicaria Blut-Weiderich

Unverwechselbar leuchten die überaus farbenfrohen, purpurrot gefärbten, schlanken Blütenähren des Blut-Weiderich über dem Laub. Der beste Platz für die feuchtigkeitsliebende Staude ist am Rand des Gartenteichs oder, bei ausreichender Feuchte, auch die naturnahe Staudenrabatte.

Macleaya cordata Weißer Federmohn

Alles andere als unauffällig präsentiert sich der mehr als mannshohe Weiße Federmohn. Er gehört zu den besonders luftigen und aparten Blattschönheiten, die der Garten zu bieten hat. Während die langen, federbuschigen Blütenrispen eher ein wenig unauffällig sind, setzt das große, gelappte, silbrig grüne Laub unentbehrliche Akzente im Hintergrund einer Rabatte, vor Mauern oder Zäunen. Er ist ausgesprochen pflegeleicht und liebt einen nährstoffreichen, mäßig trockenen Boden. Eine Unart kann man ihm allerdings nur schwerlich austreiben: seine Neigung, zu wuchern.

Malva moschata **'Rosea'** Moschus-Malve

Die hibiskusähnlichen, zartrosafarbenen, schalenförmigen Blüten und das schwach nach Moschus duftende Laub machen 'Rosea' zu einem willkommenen Gast in jeder Staudenrabatte. Ihr buschiges Wildstaudenflair passt natürlich auch wunderbar in einen naturnahen Garten. Ein Rückschnitt nach der ersten Blüte ist durchaus förderlich für eine zweite Blüte. Zwar gedeiht die robuste Schönheit bevorzugt auf einem feuchten, durchlässigen Untergrund, zeigt sich jedoch auch ziemlich trockenheitsverträglich. Sie neigt zur Selbstaussaat.

Meconopsis betonicifolia Tibet-Scheinmohn

M. betonicifolia gehört zu den anbetungswürdigen Kleinoden eines erfüllten Gärtnerlebens. Von einzigartiger Wirkung sind die unvergleichlichen saphirblauen, seidig schimmernden Blüten mit den gelben, puderquastenförmigen Staubblättern in der Mitte. Sie erscheinen einzeln oder in Gruppen im Frühsommer an hohen Blütenstängeln, die sich aus einer Rosette erheben. Vor dem grünen Hintergrund eines Gehölzrands, gerne mit Rhododendren im Umfeld, entwickelt die leider nur kurzlebige Leitstaude ihre bezaubernde Wirkung.

Monarda 'Mahogany' Indianernessel

Aufregend bizarr schauen die spinnenartigen, exotisch anmutenden Blütenköpfe von 'Mahogany' aus. Sie machen sich wunderbar als kräftige, weinrote, hohe Farbtupfer im spätsommerlichen Beet. Die reich blühende Indianernessel duftet zudem aromatisch und zieht reichlich Bienen in den Garten. Mag feuchte, durchlässige Böden.

Mimulus luteus Gelbe Gauklerblume

Diese leicht kultivierbare und lang blühende Sommerstaude sorgt für eine farbenfrohe Blütenpracht im Wassergarten. Mit ihren gelben, langen Blüten, die denen des Löwenmäulchens sehr ähnlich sind, bringt die Gelbe Gauklerblume dunklere Gartenbereiche regelrecht zum Leuchten. Ihr ausladender, wüchsiger Habitus wird durch die Kombination mit der formalen Struktur von Ziergräsern besonders schön betont. Verträgt Sonne und Halbschatten.

Nepeta × _faassenii_ 'Walkers Low' Blaue Katzenminze, Blauminze

Niedrig ist nicht ganz zutreffend für diese buschige Staude, denn 'Walkers Low' erreicht immerhin die stattliche Höhe von 70 cm und gehört somit eindeutig zu den höheren Sorten der Blauen Katzenminze. Der unermüdliche Dauerblüher hat mit seinen dunkel-violettblauen Blütenständen eine hervorragende Fernwirkung. Charakteristisch ist auch das schöne, silbrig graugrüne Laub. Diese Sorte soll von Katzen weitestgehend verschont bleiben, dafür ist sie bei Bienen und Hummeln recht beliebt. Ihr favorisierter Platz: lockere, mäßig trockene, durchlässige Böden, nicht allzu nährstoffreich. Eine vielseitige Rabattenstaude.

Omphalodes verna

Frühlings-Nabelnüsschen, Gedenkemein

O. verna ist einer der unverzichtbaren Frühjahrsblüher, denen in jedem Garten ein Plätzchen eingeräumt werden sollte. Die niedlichen, leuchtend himmelblauen, lockeren Blütenstände erinnern an Vergissmeinnicht, blühen aber deutlich früher als dieses. Der dichte, teppichartige Wuchs wird durch die eiförmig zugespitzten, frischgrünen Blätter schön aufgelockert und macht einen guten Bodendecker aus der halbimmergrünen, pflegeleichten Staude. Sie gedeiht vorzugsweise an halbschattigen, feuchten und kalkhaltigen Standorten.

***Ophiopogon planiscapus* 'Niger'** Schwarzer Schlangenbart

Schwarz ist modern. Auch bei Pflanzen. Mit ihrer vom grünen Allerlei abweichenden Blattfarbe ist ihnen große Aufmerksamkeit sicher. Der schwertförmige, tiefschwarz-violette 'Niger' dürfte mit seinen bodendeckenden Qualitäten bei diesem Trend ungeteilt eine Führungsposition einnehmen. Zu seinem dunklen, wächsernen Laub gesellen sich im Frühjahr – wunderbar kontrastreich – blass-purpurweiße, glockenförmige Blütentrauben, aus denen sich schwarze, kugelige Beerenfrüchte entwickeln. Diese bleiben sogar bis zum ersten Nachtfrost an den Stängeln stehen. Sparsam eingesetzt geht die wintergrüne Staude gut zusammen mit grüngelb- oder buntblättrigen Blattschmuckstauden, aber auch mit Gräsern kombiniert wirkt sie sehr edel. Sie mag feuchte, durchlässige Böden.

Pachysandra terminalis Japanischer Ysander

Wer auf der Suche nach einem Schatten liebenden, immergrünen Bodendecker ist, trifft mit dem dankbaren und pflegeleichten *P. terminalis* die richtige Wahl. Die im Volksmund auch liebevoll Dickmännchen genannte Staude breitet sich mit ihrem glänzend dunkelgrünen, grob gesägten Blatt schnell zu einem dichten Teppich aus. Die Blätter sitzen in munteren Quirlen an der Spitze fleischiger Triebe. In einem feuchten Boden und bei hoher Luftfeuchte ist sie besonders wuchsstark.

Bis 90 cm | Spätes Frühjahr bis Frühsommer

Paeonia 'Coral Charm'

Coral Charm' besticht mit unglaublich zau- erhaften Blüten in einem korallen-pfirsich- arbenen Ton, der bei Päonien als äußerst elten gilt. Dass die halbgefüllte, prächtige Coral Charm' zudem auch noch mit einem icken, bauschigen Blütenkopf aufwartet, rfreut das Gärtnerherz um so mehr. Mit ih- er außergewöhnlichen Farbigkeit hat 'Co- al Charm' einen Platz als Solitär verdient. Die wüchsige Hybride bevorzugt einen nähr- toffreichen, feuchten, durchlässigen Boden nd bleibt am liebsten ungestört.

75–80 cm | Frühsommer bis Hochsommer

Paeonia-Lactiflora-Hybride 'Krinkled White'

Als wären sie aus dünnem Seidenpapier zusammengesteckt, so zart wirken die becherförmigen, weißen, schwach gekräuselten Blüten von 'Krinkled White' mit der leuchtenden, goldgelben Mitte. Auch diese langlebige Hybrid-Staude wächst am liebsten ungestört in voller Sonne und auf nährstoffreichem, feuchtem Untergrund. Staunässe sollte unbedingt vermieden werden. Bei Trockenheit wässern, gelegentlich düngen.

65–90 cm | Spätes Frühjahr bis Frühsommer

Paeonia mlokosewitschii Gelbe Kaukasus-Pfingstrose

Eher bescheiden, aber dafür sehr zuverlässig und robust nimmt sich die Gelbe Kaukasus-Pfingstrose aus. Die cremefarbenen bis zitronengelben, ungefüllten Blüten, die sich im späten Frühjahr nur für kurze Zeit vorsichtig öffnen, heben sich schön von dem bläulich grünen, schwach behaarten, geteilten Laub ab, das in der Sonne rot überhaucht ist. Besonders schön sind die reifen, aufgesprungenen Samenkapseln. Verträgt auch absonnige Lagen.

Paeonia officinalis 'Rubra Plena'

Bauernpfingstrose

Die ausdrucksstarken, karminroten, gefüllten Blüten von 'Rubra Plena' mit dem leicht gekräuselten Blütenrand sind eine echte Bereicherung für den frühsommerlichen Garten. Beim Pflanzen sollte für die Blütenschönheit von vornherein ausreichend Platz einkalkuliert werden, denn späteres Verpflanzen bekommt der langsam wachsenden Staude nicht. In einem tiefgründigen, nährstoffreichen, feuchten, aber durchlässigen Boden, vorzugsweise in der Sonne, gedeiht sie von Jahr zu Jahr besser. Schöne Schnittstaude.

Papaver orientale 'Patty's Plum' Türkischer Mohn

Ein echte Alternative zu dem typischen Standard-Rot des Türkischen Mohns sind die hinreißend schönen, pflaumen-purpurfarbenen Blüten von 'Patty's Plum'. Der pergamentartigen, großen Blüte mit dem markanten Kranz aus schwarzen Staubgefäßen in der Mitte steht aufgrund ihres unnachahmlichen Auftritts schon ein auffälliges, sonniges und warmes Fleckchen im Garten zu, Hauptsache, der Boden ist tiefgründig und durchlässig. Die kurzlebigen Blüten werden unaufhörlich durch neue ersetzt, gefolgt von den charakteristischen und zugleich dekorativen Samenkapseln.

Paris quadrifolia Vierblättrige Einbeere

Weniger die unscheinbare Blüte, als vielmehr die daraus reifende kugelige, blauschwarze Beere mit ihrer bizarren Positionierung und die vier üppigen Laubblätter machen *Paris quadrifolia* zu einem attraktiven Hingucker. Doch Vorsicht: Die Beere, die sie einem nett drapiert zu reichen scheint, ist giftig. Soviel zur Dramaturgie. Als Waldpflanze verträgt sie am besten naturnahe Standorte unter Gehölzen, halb- bis vollschattig, und einen feuchten, sauren Boden. Die Pflanze ringt einem einige Jahre Geduld ab, bis sie erscheint. Regelmäßige Feuchtigkeit und Nadelstreu können helfen.

***Pelargonium* 'Ann Hoysted'**

Grandiflorum-Gruppe

Kraftvoll und edel wirken die großen, dunkelkarminroten Blüten von 'Ann Hoysted', die stellenweise fast schwarz gezeichnet sind. Das rundliche, mittelgrüne Blatt ist leicht gelappt und gesägt.

Bis 45 cm | Spätes Frühjahr bis Frühherbst | !

Pelargonium Geranie der Gärtner, Pelargonie

Die Auswahl an Pelargonien-Hybriden ist gewaltig. Dafür ist nicht allein ihre überwältigende Blütenvielfalt verantwortlich, sondern auch ihre Blätter: Sie zeigen sich in Form und Größe sehr vielgestaltig, manche sind mehrfarbig, andere duften intensiv nach Zitrone oder Rose. Manche sind ansehnliche, aufrechte, buschige Stauden, andere wachsen eher hängend. Ihre unterschiedlichen Wuchsformen bestimmen ihren Einsatzort: im Beet, im Kübel oder in der Hängeampel. Allen gemeinsam ist jedoch eins: ihre Frostempfindlichkeit, weshalb sie in frostgefährdeten Gebieten auch überwiegend als Topf-, Balkon- oder Ampelpflanze gehalten wird.

Pelargonien lieben einen nährstoffreichen, durchlässigen Boden. Je nach Sorte bevorzugen sie einen hellen, sonnigen oder halbschattigen Platz. Die ohnehin üppige Blütenpracht kann durch regelmäßiges Düngen und durch regelmäßiges Entfernen von verblühten Pflanzenteilen noch gesteigert werden. **Achtung:** Kontakt mit den Blättern kann zu Hautreizungen führen.

▸ *Pelargonium* 'Arctic Star' Zonale-Gruppe

Wie glitzernde Kristalle sitzen die einfachen, sternförmigen, weißen Blüten in Dolden gehäuft an ihrem Blütenstiel. 'Arctic Star' ist eine aufrechte, buschige, immergrüne Staude mit spitz gelappten Blättern. Für Sommerbeete oder Pflanzgefäße.

25–30 cm | Spätes Frühjahr bis Frühherbst

Pelargonium Geranie der Gärtner, Pelargonie

50–60 cm | Spätes Frühjahr bis Frühherbst

◂ *Pelargonium* 'Barbe Bleu'
Peltatum-Gruppe

Die starkwüchsigen, hängenden Efeupelargonien tragen ihren Namen wegen ihres efeuähnlichen Laubs. Die blütenreiche 'Barbe Bleu' trägt gefüllte, purpurschwarze Blüten, die im Sonnenlicht zu einem leuchtenden Weinrot verblassen. Gut für Ampeln, Kästen oder über Mauerrändern.

Bis 30 cm | Spätes Frühjahr bis Frühherbst

▴ *Pelargonium* 'Catford Belle' Angel-Gruppe

Die zahlreichen lila-rosafarbenen Blüten von 'Catford Belle' sind mit dunkelroten Malen an den oberen Blütenblättern gekennzeichnet. Engelpelargonien entwickeln sehr buschige Formen.

▸ ***Pelargonium* 'Delli'** Grandiflorum-Gruppe

Ein Wunderwerk der Züchtung ist die buschige 'Delli'. Die großen, gerüschten Blüten vereinen einen dezenten Pinkton mit elegantem Weiß.

◂ ***Pelargonium* 'L'Elégante'** Peltatum-Gruppe

Blüte und Blatt sind an dieser wandlungsfähigen, liegenden Efeupelargonie gleichermaßen bezaubernd. Denn die immergrüne 'L'Elégante' trägt graugrüne Blätter, deren cremefarbene Ränder sich bei trockener Haltung rosapink verfärben. Dazu zeigt sie einfache, weiße Blüten mit kleinem, rotem Tattoo.

▸ ***Pelargonium* 'Mrs. G. H. Smith'** Angel-Gruppe

Die kompakte 'Mrs. G. H. Smith' hat zu ihrer Zierde weiße, rosa überhauchte Blüten mit einer karminroten Zeichnung an den oberen Blütenblättern aufgelegt. Diese Engelpelargonie hat leicht zitronig duftende Blätter.

Pelargonium capitatum

Rosenduft-Pelargonie

Die großartige *P. capitatum* zählt zu den am stärksten nach Rosen duftenden Pelargonien. Hübsche, doldig wachsende, rosa Blüten, dazu runde, wenig geteilte, dunkelgrüne Blätter. Die ausladende und wüchsige Staude ist nicht nur ein idealer Bodendecker, sondern durch ihren leicht überhängenden Wuchs auch eine dekorative Ampelpflanze.

Bis 40 cm

Spätes Frühjahr bis Frühherbst

Penstemon 'Alice Hindley' Bartfaden

Bis zum ersten Frost sorgt die großblättrige, buschige 'Alice Hindley' mit ihren zahlreichen aufrechten und hohen Blütenrispen für leuchtenden Blütenzauber im Garten. Dabei spreizt sie die fingerhutähnlichen, fliederfarbenen Glockenblüten mit dem weißen Schlund gekonnt waagerecht ab. Der Bartfaden ist eine äußerst dankbare Beetstaude, die einen nährstoffreichen, sehr gut durchlässigen Boden liebt. Da es dem Bartfaden an ausreichender Frosthärte mangelt, braucht er einen Winterschutz aus Reisig. Bei mangelnder Standfestigkeit mit Hilfe von Stäben stützen.

Penstemon 'Beckford' Bartfaden

Feine, cremefarbene, große Blütenglocken, mit einem zarten Hauch von Rosa zieren 'Beckford'. Die Bartfaden-Hybriden gehören mit zu den schönsten Blütenstauden des ausklingenden Sommers. Um eine möglichst lange Blütezeit zu erlangen, sollten beim Bartfaden nach der Blüte die Blütenstängel komplett abgeschnitten werden. Sie können als Kompost oder Winterschutz eingesetzt werden. Die Lebensdauer der Bartfaden-Hybriden ist generell nur kurz, sie lassen sich über Kopfstecklinge aber ohne Probleme vermehren. Fruchtbare, sehr gut drainierte Erde in Sonne oder Halbschatten.

Penstemon 'Sour Grapes' Bartfaden

Der metallische Glanz und die kräftig purpurfarben angehauchten, blaugrauen, länglichen Glockenblüten machen 'Sour Grapes' zu einem farbintensiven Blickfang im Staudenbeet. Am liebsten blüht 'Sour Grapes' in einem nährstoffreichen, sehr gut drainierten Boden.

Phlomis russeliana

Die auch als Brandkraut bezeichnete hochwachsende, behaarte *P. russeliana* gehört zu den wertvollen Blütenstauden, die das ganze Jahr über ihre dekorativen Qualitäten zeigen. Die pastellgelben, großen Lippenblüten stehen ab dem späten Frühjahr in dichten Quirlen, ordentlich etagenweise um den strammen Trieb angeordnet. Aus ihnen bilden sich bizarre Fruchtstände, die den ganzen Winter über stehen bleiben und mit Raureif überzogen ein besonders schönes Bild abgeben. Das Laub erinnert an Salbei: länglich-ovale, mittelgrüne, leicht gefilzte Blätter. Die robuste, blühfreudige Wildstaude ist zudem noch langlebig und pflegeleicht. Sie verträgt sonnige oder halbschattige Lagen und kommt auch auf trockenen, durchlässigen, fruchtbaren Böden gut zurecht. Das Brandkraut sieht in Gruppen gepflanzt im Staudenbeet oder am Gehölzrand sehr reizvoll aus. Wird gerne von Bienen besucht.

Bis 90 cm | Spätes Frühjahr bis Frühherbst

▸ *Phlox adsurgens* 'Wagon Wheels' Immergrüner Phlox

Die kriechend wachsende, halbimmergrüne Staude trägt ab dem späten Frühjahr eine Vielzahl lachsrosa Blüten mit einer hellen Mitte, die wie Wagenräder tief eingeschnitten sind. Wunderbar in Steingärten oder als Hangbepflanzung. Bevorzugt Halbschatten.

Phlox Flammenblume, Phlox

Vom Frühjahr bis in den Herbst tauchen die verschiedenen Vertreter des *Phlox* mit ihren üppigen und teilweise auch herrlich duftenden Blüten den Garten in ein farbenfrohes Blütenmeer. Die einzelnen flachen Blüten wirken dabei zwar zart, ja geradezu zerbrechlich, doch mit ihrer berauschenden Fülle werden sie schnell zum beeindruckenden Blickfang.

Phlox erreicht je nach Art Höhen von 5 bis 140 cm. Es findet sich daher für jeden Einsatzbereich die passende Pflanze, ganz gleich, ob als ausdrucksvolle Leitstaude oder zierendes „Beiwerk" im Staudenbeet, als Bereicherung für den Steingarten oder als hübscher Bodendecker.

Die genannten *Phlox*-Arten brauchen einen tiefgründigen, feuchten – *P. subulata* einen mäßig trockenen – aber gut durchlässigen Boden mit reichlich Nährstoffen und je nach Art Sonne oder Halbschatten. *Phlox* muss bei Trockenheit ausreichend gewässert werden. Polster nach der Blüte zurückschneiden. Bei hohen Arten abgeblühte Triebe entfernen, um Samenansatz zu verhindern.

◂ *Phlox douglasii* 'Boothman's Variety' Polster-Phlox

Das kleine, dichte Polster besitzt hübsche, nadelartige Blättchen und ist zur Blütezeit von rosavioletten Blüten mit dunklem Zentrum überzogen. Für Steingarten oder Einfassungen. Mag Sonne oder Halbschatten.

◂ *Phlox maculata* 'Natasha' Wiesen-Phlox

Die fröhlichen, zweifarbigen Blüten in Pinkrosa und Weiß verteilen sich an aufrechten, langen, leicht konisch geformten Rispen. Ideal zum Schnitt geeignet. Diese Prachtstaude gehört ins sommerliche Staudenbeet. Verträgt Sonne und Halbschatten.

◂ *Phlox maculata* 'Reine de Jour' Wiesen-Phlox

In Sonne oder Halbschatten fühlt sich 'Reine de Jour' mit ihren cremeweißen Blüten und den lilarosa Augen am wohlsten. Diese Sorte ist ausgesprochen standfest.

▸ *Phlox paniculata* 'Blue Paradise'
Stauden-Phlox

P. paniculata gehört zu den imposantesten Vertretern der Flammenblume. 'Blue Paradise' blüht blau mit dunkler Mitte und zählt zweifelsohne zu den schönsten blauen Sorten. Die tellerförmigen Blüten bilden eine dichte Kuppel.

◂ *Phlox paniculata* 'Utopia' Stauden-Phlox

Wahrlich beeindruckende Höhe erreicht die zartrosafarbene Sorte 'Utopia'. Sie verträgt Sonne und Halbschatten.

▸ *Phlox stolonifera* 'Home Fires' Kriechender Phlox

Mit seinem Ausläufern bildet der Kriechende Phlox schnell einen mattenartigen Wuchs. Er ist ein hinreißender Bodendecker für halbschattige Lagen wie Gehölzränder. Zu den dunkelgrünen, langen, schmalen Blättern entwickelt 'Home Fires' im Frühsommer Massen von dunkelpurpurnen Blüten.

***Phlox subulata* 'Candy Stripes'**

Dieser polsterbildende *Phlox* ist ein Allroundtalent: Er bildet schnell dichte Teppiche, ohne zu wuchern, ist also ein hervorragender Bodendecker. Er ist pflegeleicht und immergrün, verträgt Sonne oder lichten Halbschatten. Mit seiner einmaligen weiß-rosafarbenen Farbkombination wirkt er wie eine köstliche Süßigkeit.

Physalis alkekengi var. *franchetii*

Lampionpflanze, Laternen-Judenkirsche

Wer eine Lampionpflanze im Garten sein eigen nennt, wird von ihr mit schönster Herbstdekoration versorgt. Denn aus den eher unscheinbaren, cremefarbenen Blüten dieser sehr wüchsigen Staude entwickeln sich im Herbst Beeren, die von lebhaft leuchtenden, lampionartigen, roten Kelchen umhüllt sind. Sie neigt auf nährstoffreichen Böden zu schneller Ausbreitung und kann dabei auch schon mal Nachbarpflanzen überwuchern. Daher empfiehlt sich ein regelmäßiges Ausdünnen.

Physostegia virginiana 'Summer Snow' Gelenkblume

Im Hochsommer beginnt die Zeit von 'Summer Snow'. Dann zeigt die fleißige Spätsommerblüherin an den aufrechten, zugespitzten Kerzen dicht an dicht ihre edlen, trichterförmigen, weißen Blüten, die wie an Gelenken aufgehängt in jede Richtung drehbar sind, ohne abzubrechen. Die reichblühende, zarte Pflanze ist nicht nur eine gute Schnittblume, sondern auch eine wertvolle Begleitstaude für Rabatten und Beete. In rauen Lagen sollte sie durch einen leichten Winterschutz aus Reisig bedeckt werden. Mag frische, nährstoff- und humusreiche Böden.

Platycodon grandiflorus

Großblütige Ballonblume

Nicht sehr groß, eher mit zierlicher Statur tritt *P. grandiflorus* auf die Bildfläche. Doch was sie auszeichnet – ihr Name verrät es bereits – sind ihre faszinierenden, weit geöffneten, leuchtend blauen Glockenblüten, aus denen sich auch noch – welch herrlicher Zierrat – ein gut sichtbares Adernetz abhebt. Die großblütige Ballonblume ist ein kleines Juwel, das seinen Platz im Steingarten oder der Rabatte uneingeschränkt verdient hat. Entzückend sind auch die zu kleinen Ballons geformten Blütenknospen dieser gedrungenen Staude. Sie mag einen relativ feuchten, durchlässigen Boden, der nährstoffreich sein sollte.

Bis 90 cm | Frühjahr bis Spätsommer

'olemonium 'Sonia's Bluebell'

Iimmelsleiter, Jakobsleiter, Sperrkraut

Es ist das längliche, gefiederte Laub, das n eine Leiter erinnert und der Gattung 'olemonium den Namen Himmelsleiter erschafft hat. Die hübsche Blütenstaude Sonia's Bluebell' bildet Rosetten, aus deen im Frühjahr aufrechte Triebe mit beherförmigen, duftenden, blauen Blütenispen emporsteigen, die bei Bienen sehr eliebt sind. Die etwas kurzlebige Staude st recht anspruchslos, sie braucht einen urchlässigen, feuchten Boden und sollte ei Trockenheit ausreichend gewässert erden. Eine wunderschöne Pflanze für en Wildblumengarten.

Bis 90 cm | Spätes Frühjahr

Polygonatum multiflorum Vielblütige Weißwurz

Diese anspruchslose und wirkungsvolle Waldstaude ist die ideale Besetzung für den Gehölzgarten. Geschmeidig hängen die gebogenen Triebe der Vielblütigen Weißwurz über. Aus den Achseln der lilienähnlichen Blätter erscheinen im späten Frühjahr drei bis fünf röhrenförmige, weiße Blüten, dezent mit einem kleinen, grünen Mal versehen, gefolgt von kugeligen Beeren. Ein vorzugsweise kalkhaltiger, feuchter, lockerer Boden und etwas Wasser bei Trockenheit, mehr Ansprüche stellt *P. multiflorum* nicht.

45–60 cm | 60–90 cm | Frühsommer bis Frühherbst

Potentilla nepalensis **'Ron McBeath'**

An einem sonnigen Standort – an den Boden werden keine großen Ansprüche gestellt – erscheinen die munteren, kräftig rosafarbenen, unübersehbaren Schalenblüten von 'Ron McBeath' den ganzen Sommer über. An den roten Sprossen der locker wachsenden Staude stehen fünffingrige, mittelgrüne Blätter, die an Erdbeerpflanzen erinnern. Verwandtschaftliche Beziehungen bestehen jedoch keine. Bestens geeignet für Freiflächen, lichte Gehölzränder oder für die Beetbepflanzung.

Bis 60 cm | Sommer

◂ *Primula bulleyana* Bulleys Etagenprimel

Diese ausgesprochen aparte, halbimmergrüne Etagenprimel – mit bis zu sieben Etagen – öffnet ihre quirlig stehenden Blüten von unten nach oben. Die Blüten sind anfangs rot-orange, später verblassen sie zu einem warmen Gelbton. Mag halbschattige, feuchte, leicht saure Böden.

Primula Aurikel, Primel, Schlüsselblume

Bis 45 cm | Mitte Frühjahr bis Sommer

◂ *Primula denticulata* Kugelprimel

Ganz bezaubernd sind die kugeligen, violetten Blütendolden der Kugelprimel, deren Blütenschaft bis zu 30 cm hoch über die Blattrosette hinauswachsen kann. Die Kugelprimeln bevorzugen einen halbschattigen Standort mit humosem, feuchtem Boden.

Bis 30 cm | Frühjahr bis Sommer

▴ *Primula elatior*

Die auch als Hohe Schlüsselblume bekannte *P. elatior* trägt an aufrechten Trieben Dolden von zwei bis zwölf gelben Blüten. Mag feuchten, humusreichen Boden. Halbimmergrün.

Bis 25 cm | Spätes Frühjahr bis Frühsommer

◂ *Primula farinosa* Mehl-Primel

Die fliederfarbenen Blütendolden der *P. farinosa* sind weiß bemehlt und tragen daher ihren Namen. Bevorzugt feuchten, leicht sauren, humosen Boden.

Wer kennt sie nicht, die hübschen, kleinen *Primula*-Hybriden, die mit ihrer lebendigen, knallbunten Blütenpracht schon sehr zeitig das Frühlingserwachen einläuten. Schließlich hat das Wort „Primula" ja auch etwas mit „Erster" zu tun. Neben diesen beliebten, meist Kissen bildenden Klassikern gibt es noch eine Vielzahl weiterer *Primula*-Arten, die in den unterschiedlichsten, geradezu erstaunlichsten Wuchsformen erblühen: in Etagen, Dolden, Kugeln und sogar in länglichen Ähren.

Die meisten Arten lieben halbschattige Plätze, einige tolerieren aber auch Sonne, wenn der Boden ausreichend feucht ist, denn Primeln schätzen einen feucht-kühlen Standort. Aus diesem Grund ist auf eine regelmäßige Bodenfeuchte zu achten, ohne Staunässe zu verursachen. Ein wenig Dünger im Frühjahr fördert die Blühfreudigkeit. In sehr rauen Lagen hilft eine Schutzdecke aus Fichtenzweigen oder eine dickere Laubschicht beim Überwintern. Die Vielfalt lässt unterschiedliche Einsatzmöglichkeiten zu: als Gehölz- oder Gewässerrandbepflanzung, für Beete und Steingärten oder auch als Topfpflanze.

Bis 1,2 m | Somme-

◀ *Primula florindae* Tibet-Primel

Hoch hinaus wollen die duftenden, schwefelgelben Blüten dieser großen Primelart. Feuchter, humoser Boden in Sonne oder Halbschatten.

Bis 45 cm | Spätes Frühjahr bis Frühsommer

▶ *Primula japonica* Japanische Etagenprimel

Aus der blassgrünen Blattrosette steigen auffällig große Blütenstände mit purpurnen bis weißen, flachen Blüten hervor. Die Robuste mag nahrhaften, humosen, feucht bleibenden Boden, sonnig bis halbschattig.

Primula **'Schneekissen'** Juliae-Gruppe

Die immergrüne Sorte 'Schneekissen' wächst bis zu 20 cm in die Breite und kann damit schon fast als Bodendecker eingesetzt werden. Trägt wunderschöne, reinweiße Blüten mit gelbem Auge. Feuchter, humusreicher Boden in Sonne oder Halbschatten.

8–10 cm | Frühjahr

Primula × pubescens Bastard-Aurikel, Garten-Aurikel

Die leicht altmodisch wirkenden, aber ausgesprochen hübsch gezeichneten Blüten der immergrünen Bastard-Aurikel halten lange und bilden einen attraktiven Blickfang im Steingarten. Feuchter, humusreicher Boden in Sonne oder Halbschatten.

Bis 15 cm | Frühjahr

Primula Aurikel, Primel, Schlüsselblume

Bis 1 m | Spätes Frühjahr bis Frühsommer

▸ ***Primula pulverulenta*** Szetschuan-Primel

Die röhrenförmigen, rot-purpurnen Blüten thronen hoch oben auf den weiß bemehlten, kräftigen Blütentrieben und machen sich so für jedermann sichtbar. Sie tragen in der Mitte ein dunkleres Auge. Humusreicher, feuchter, leicht saurer Boden.

Bis 25 cm | Mittleres bis spätes Frühjahr

◂ ***Primula veris***

Sie wird auch als Frühlings-Schlüsselblume bezeichnet. Der Name Schlüsselblume rührt daher, dass ihre Blütendolde einem Schlüsselbund ähnelt. Die ausdauernde Blüherin trägt duftende, dunkelgelbe Blüten. Feuchter, humusreicher Boden, leicht sauer.

Primula vialii Orchideen-Primel

Diese einzigartige Primelart hebt sich deutlich von ihrer Verwandtschaft ab. Die kleinen, roten Blütenknospen stehen an einer spitzen Ähre. Wenn sie sich öffnen, erstrahlen sie purpurviolett. Leider gilt sie als kurzlebig. Halbschatten.

30–60 cm | Sommer

Bis 20 cm | Frühjahr

◂ ***Primula vulgaris*** **'Miss Indigo'**

Die traumhaften, tiefpurpurfarbenen, gefüllten Blüten dieser Kissen-Primel tragen zur Zierde einen dezenten, cremefarbenen Blütenrand. 'Miss Indigo' blüht und blüht und …

Prunella grandiflora 'Carminea' Großblütige Braunelle

Zu ihren bedeutendsten Eigenschaften zählt die herausragende Qualität als absolut verträglicher Bodendecker. Mit ihren unempfindlichen Matten hat sie bald Rabatten, Steingärten oder ganze Freiflächen überdeckt. Im Sommer erscheinen dazu hübsche, purpurrosa Lippenblüten, die in dichten Ähren zusammenstehen. Die Großblütige Braunelle benötigt keinerlei Pflege und ist auch gegen Trockenheit resistent.

Pulmonaria angustifolia Schmalblättriges Lungenkraut

Das Lungenkraut mag es schattig, nährstoffreich und feucht, damit ist es ein richtig guter Kandidat für Gartenbereiche wie Gehölzränder, die von anderen Blütenstauden gemieden werden. *P. angustifolia* ist mit ihrem hübschen, langen, dunkelgrünen Laub ein sehr ansprechender Bodendecker, der sich zudem über seine Rhizome gut ausbreitet. Wirklich entzückend sind die Massen an zierlichen, kräftig blauen Blüten die schon zeitig im Jahr in kleinen Trauben über den Blättern erscheinen. Besondere Pflege ist nicht erforderlich.

Pulmonaria saccharata Großgeflecktes Lungenkraut

Noch früher als bei *P. angustifolia* zeigen sich die trichterförmigen rotvioletten oder weißen Blüten des Großgefleckten Lungenkrauts, das sich durch dekorative, weiße Flecken auf dem mittelgrünen Laub auszeichnet. Es eignet sich bestens für Pflanzungen im lichten Schatten sowie in naturnahen Pflanzungen oder zur Begrünung von Schattenflächen vor Mauern. Es bevorzugt frische bis feuchte Standorte auf durchlässig humosen, nährstoffreichen Böden.

Pulsatilla vulgaris Gewöhnliche Küchenschelle

Eigentlich wirkt die prunkvolle, violette Blüte mit dem leuchtend gelben Staubblättern irgendwie viel zu groß für die kleine, aparte Pflanze. Zusammen mit ihrem fein gefiederten, hellgrünen Laub und dem auffallenden, fedrigen Samenstand zählt *P. vulgaris* unbedingt zu den schönsten Stauden für den Stein- oder Alpingarten. Blätter und Knospen sind zudem silbrig behaart. In ihrer Nachbarschaft sollten keine dominanten Pflanzen stehen, denn Konkurrenzdruck verträgt die Gewöhnliche Küchenschelle nicht. Ansonsten benötigt sie einen sehr gut durchlässigen, sandigen, mageren Boden. **Achtung:** Alle Pflanzenteile sind stark giftig.

Bis 10 cm | Spätes Frühjahr bis Frühherbst

Rhodohypoxis baurii

Die hübsche Kleinstaude aus Südafrika hat schmale, riemenartige, stark behaarte Blätter und präsentiert dazu rötlich-rosafarbene Sternblüten an einzelnen kurzen Stielen. Für Steingärten oder Tröge. Im Winter vor Nässe schützen.

Bis 1,2 m | Bis 75 cm | Hochsommer bis Spätsommer

Rodgersia pinnata 'Superba'

Die stattliche Schaublattart ist mit ihren großen, gefiederten, glänzend grünen und stark geäderten Blättern, die beim Austrieb zunächst purpurfarben sind, eine extrem schöne Blattschmuckstaude für den Gehölzrand. Ab dem Hochsommer tragen die rötlich-grünen Sprossen der 'Superba' immerhin bis zu 70 cm lange Rispen voller sternförmiger, hellrosafarbener Blüten. Ihr Wuchsort sollte tiefgründig, fruchtbar und feucht sein. In Trockenzeiten ausgiebig wässern.

Bis 60 cm | Spätsommer bis Herbst

Rudbeckia fulgida var. *sullivantii* 'Goldsturm'

Wenn der Sommer seinen Zenit überschritten hat, bricht die große Zeit des Sonnenhuts an. Dann zieht die buschig wachsende Sorte 'Goldsturm' mit ihren großen, goldgelben, wunderschönen Blüten und dem gewölbten, schwarzbraunen Auge die letzten Sonnenstrahlen an, Woche für Woche. Die reichblühende Prachtstaude mag einen feuchten, durchlässigen und fruchtbaren Boden. Abgeblühtes entfernen.

Rudbeckia nitida 'Herbstsonne'

Glänzender Sonnenhut

Als sehr windfest gilt diese Sorte, was bei einer Höhe von bis zu 2 m ein nicht ganz unbedeutendes Argument ist. Attraktiv sind neben den zurückgeschlagenen, hellgelben Strahlenblüten auch die Fruchtstände, die mit den hellen, kegelförmigen Knöpfchen auch im Winter – von Raureif überzogen – noch sehr dekorativ sein können. *R. nitida* fühlt sich als Leitstaude in Rabatten besonders wohl. Dazu pflanzt man sie einzeln oder in kleinen Gruppen mit gleichrangigen Stauden wie Herbstastern, Salbei oder Ziergräsern.

Salvia nemorosa 'Blauhügel'

Salbei ist nicht nur ein beliebtes und gutes Heil- und Würzkraut, sondern es gibt in dieser Gattung auch robuste, duftende Zierstauden, die für Sommerblumenbeete oder Bauerngärten geeignet sind. 'Blauhügel' besitzt reinblaue Blütentrauben, die während der Blütezeit reichlich von Bienen besucht werden. Die reich verzweigte, aufrechte Staude besitzt längliche, runzelige, mittelgrüne Blätter. Ein Traum in Kombination mit Türkenmohn, Nachtkerzen, Sonnenhut oder auch Rosen. Braucht fruchtbare, durchlässige, mäßig trockene Böden an einem warmen, sonnigen Platz. Nach der Blüte komplett herunterschneiden, dann blüht er ein zweites Mal.

Sanguisorba obtusa

Regelrecht putzig wirken die flaschenbürstenähnlichen Blütenähren, an denen fedrige, kleine, rosafarbene Blütlein stehen. Getragen von aufrechten, drahtigen Sprossen bilden die ungewöhnlichen Blütenstände ein Highlight in der sommerlichen Rabatte. Dazu trägt die als Wiesenknopf bekannte Staude bis 40 cm lange gefiederte, graugrüne Blätter. Geeignet für sonnige bis halbschattige Plätze. Ideal für feuchte, humose Böden.

Bis 45 cm | Frühsommer bis Frühherbst

ianguisorba officinalis 'Tanna'

ìroßer Wiesenknopf

)ie ovalen, leuchtend braunroten „Zapfen" ıoch oben an den verzweigten Trieben ercheinen den ganzen Sommer über in üpiger Zahl. Mit ihrem erfrischenden Auftritt ringt die robuste 'Tanna' lockere Struktur ı Feuchtwiese und Wildblumengarten. Gut um Verwildern geeignet, auch für die Vase.

Bis 8 cm | Bis 45 cm | Sommer

Saponaria ocymoides Kleines Seifenkraut, Rotes Seifenkraut

Ab dem Sommer kann sich das Kleine Seifenkraut endlich kissenartig im Steingarten oder an Hängen breit machen. Dort bildet es mit den Jahren dauerhafte, flache Teppiche, die zur Blütezeit von einer Wolke niedlicher, rosafarbener Sternchenblüten überzogen sind. Die anspruchslose, schnell wuchernde Polsterstaude gedeiht an trockenen bis frischen, gerne auch kalkreichen, sonnigen Plätzen. Um die kompakte Form zu erhalten, kann das Pflänzlein nach der Blüte zurückgeschnitten werden.

Bis 15 cm | Bis 20 cm | Sommer bis Frühherbst

Saxifraga aizoides Fetthennen-Steinbrech

Seinen immergrünen, fleischigen, glänzend dunkelgrünen Blättern hat der Fetthennen-Steinbrech seinen Namen zu verdanken. Im Sommer gesellen sich orangefarbene, sternförmige Blütlein dazu. Eine Bereicherung für jeden Steingarten. Liebt feuchte, aber drainierte, humusreiche Erde.

Saxifraga × arendsii

Wegesränder, Treppenaufgänge, Steingärten oder leicht beschattete Rabatten sind das bevorzugte Terrain der Moossteinbreche. Dort können sich die immergrünen, flachen Polsterstauden ihre Nischen suchen und gemütlich moosartig ausbreiten. Die Moossteinbreche treten im Frühjahr mit einer Unmenge weißer, rosafarbener, roter oder auch gelber Blüten an und verwandeln ihr Umfeld in einen großen Blütenteppich. *S. × arendsii* mag am liebsten einen halbschattigen Standort mit einem durchlässigen, humosen Boden.

5–20 cm | Mittleres bis spätes Frühjahr

***Scabiosa caucasica* 'Clive Greaves'**

Sonnenanbeter wie die prachtvolle, lavendelblaue 'Clive Greaves' gehören unzweifelhaft in die beste Lage ins Staudenbeet oder in Bauern- und Naturgärten. Die anmutigen, duftenden Blütenköpfchen stehen auf fein behaarten, wenig verzweigten Stängeln. Sie locken Bienen und Schmetterlinge in den Garten und sind herrliche Schnittblumen. Die Prachtstaude mag nährstoffreiche, durchlässige Erde. Schneidet man die abgeblühten Stängel zurück, wird die Blütezeit verlängert.

Bis 60 cm | Hochsommer bis Spätsommer

Sedum 'Herbstfreude'

Telephium-Hybride

Mit glühenden Farben beeindrucken die großen, dunkelroten Blütenstände der aufrechten 'Herbstfreude', die in ein dezentes Kupferrot übergehen. Die hochwachsende Sorte hat fleischige, dunkelgrün gewachste Blättern.

Bis 60 cm | Spätsommer bis Frühherbst

Sedum Fetthenne, Mauerpfeffer

40–70 cm | Spätsommer bis Früh-herbst

Bis 5 cm | Bis 60 cm | Sommer

◀ **_Sedum_ 'Matrona'**

Mit ihren dunklen, graugrünen Blättern, den weinroten Trieben und den zartrosafarbenen Blüten ist 'Matrona' ein spätsommerliches Highlight im Garten. Die auffallenden Fruchtstände sind auch im Winter noch reizvoll.

45–60 cm | Spätsommer bis Frühherbst

▲ **_Sedum_ 'Strawberries and Cream'**

Passend zu ihrem Namen zeigt diese hohe Sorte rote und cremefarbene, kleine Blüten, die in dichten Blütenständen über dem purpur angehauchten Laub stehen.

◀ ***Sedum acre*** Scharfer Mauerpfeffer

Die immergrünen, fleischigen Blätter bilden kleine Matten aus, auf denen sich im Sommer sternförmige, gelbgrüne Blüten tummeln.

Die unzähligen *Sedum*-Arten sorgen mit ihren attraktiven, fleischigen Blättern für sehr unterschiedliche Formen und Strukturen. Mit ihren üppigen Blütenschirmen liefern die höherwachsenden Arten aber auch attraktive Blickfänge im spätsommerlichen Beet, während die niedrigen Arten zu dichten Blütenteppichen heranwachsen.

Die Gattung *Sedum* gehört zu den Dickblattgewächsen. Diese Trockenheit liebenden Pflanzen nutzen ihre verdickten Blätter als Wasserreservoir und sind damit bestens präpariert, an trockenen Standorten zu überleben. Mäßig nährstoffreiche, sandige Böden, bei denen das Wasser schnell abzieht, sind für sie ideal, vorzugsweise in voller Sonne. Auch ansonsten sind die Stauden sehr genügsam und pflegeleicht.

Die niedrigen Arten passen in Steingärten, in Mauerspalten oder Bodenfugen, auch zur Dachbegrünung eignen sie sich. Die hohen *Sedum*-Arten passen in jedes Staudenbeet, an trockene Mauerbereiche oder in den Steingarten.

Bis 10 cm | Sommer

10–25 cm | Hochsommer bis Spätsommer

▶ *Sedum album*

Für die schnelle Begrünung großer Flächen eignet sich das weiß blühende, immergrüne *S. album* – auch als Weiße Fetthenne bekannt – hervorragend. Neigt zum Verwildern.

◀ *Sedum reflexum*

Im Sommer öffnen sich die hängenden Knospen des *S. reflexum* zu aufrechten, gelben Blüten. Es bildet bis zu 60 cm breite, immergrüne Teppiche.

Bis 45 cm | Spätsommer

▶ *Sedum spectabile* Schöne Fetthenne

Die sternförmigen, rosafarbenen Blüten locken verstärkt Bienen an. Die Schöne Fetthenne – auch ihre Verwandten sind herausragend schön – bevorzugt vollsonnige Standorte und einen trockenen Boden. Die aufrechten Triebe tragen fleischiges, graugrünes Laub.

Bis 15 cm | Hochsommer bis Spätsommer

Sedum spurium 'Fuldaglut' Kaukasus-Fetthenne

Der attraktive, immergrüne Bodendecker 'Fuldaglut' gehört zu den rotblättrigen Sorten des *S. spurium*. Im Sommer zeigen sich kräftig karminrote Sternblüten. Verträgt Sonne oder auch Halbschatten. Bevorzugt trockene, nährstoffarme Böden.

45–60 cm | Spätsommer bis Frühherbst

Sedum telephium subsp. *maximum* 'Atropurpureum' Große Fetthenne

Die ausgefallene Sorte 'Atropurpureum' präsentiert sich mit dunkelpurpurfarbenem Laub und treibt im Spätsommer hübsche, rosafarbene Blüten mit einem orangeroten Zentrum. Mag sonnige Lagen.

Sempervivum tectorum

Das urtümliche Dickblattgewächs ziert mit seinen fleischigen, attraktiven Blattrosetten vor allem extreme Standorte wie Steinfugen, Dächer oder Mauerfugen sowie Steingärten und Tröge. Gerne tritt es dabei im Verbund mit *Sedum* auf. Sein immergrüner, spektakulärer Charme wird im Sommer zusätzlich durch hübsche, purpurrote Blüten, die an behaarten Stielen erscheinen, bereichert. Das als Dach-Hauswurz bekannte *S. tectorum* liebt warme, auch heiße, trockene Standorte. Zusätzliche Pflegeaufwändungen sind nicht nötig.

Silene chalcedonica Brennende Liebe

Ein temperamentvolles, hinreißendes Scharlachrot bringt die Brennende Liebe mit ihren sternförmigen Blüten, die sich zu einer flachen Schirmdolde anordnen, in den Garten. Rot steht für glühende Leidenschaft und setzt unübersehbare Akzente. Besonders schön wirkt die kräftige Farbe neben weiß, gelb oder blau blühenden Stauden in der sonnigen Rabatte oder im Bauerngarten mit einem frischen, nährstoffreichen Boden. Die hochwachsende Staude benötigt eine Stütze, damit sie nicht umknickt. Sie zeigt im Herbst eine zweite Blüte, wenn sie kräftig zurückgeschnitten wird.

Sisyrinchium 'Californian Skies'

Grasschwertel

Im Stein- oder Kiesgarten setzt 'Californian Skies' mit seinen zarten, anrührend himmelblauen Blüten und dem lockeren, grasähnlichen Laub frische Kontraste. Der Langzeitblüher bevorzugt einen kargen, aber feuchten Boden in sonniger Lage.

Bis 90 cm | Frühsommer bis Hochsommer

isyrinchium striatum

estreiftes Grasschwertel

ahlreiche Rispen mit Scharen cremeweißer lüten mit feinen, purpurbraunen Streifen d langes, irisähnliches Laub zeichnen das estreifte Grasschwertel aus. Der Dauer- üher liebt einen sonnigen Standort in rchlässigem Boden.

Bis 30 cm | Frühes Frühjahr

Soldanella montana Berg-Troddelblume

Voller Anmut nicken die lavendelblauen Glockenblüten mit den leicht gefransten Rändern von ihren kleinen, stramm aufrecht stehenden Stängeln herunter, sanft umschlossen vom nierenförmigen, immergrünen Laub. Das liebreizende Pflänzchen ist der Shootingstar im Steingarten und gedeiht nur auf einem sehr gut durchlässigen, feuchten, humusreichen Boden in voller Sonne. In warmen Gebieten kann es auch etwas Halbschatten vertragen.

Bis 75 cm | Spätsommer bis Frühherbst

Solidago 'Goldenmosa' Goldrute

Im Spätsommer sorgt 'Goldenmosa' noch einmal für ein goldgelbes Blütenspektakel im Garten. Die gedrungene Wildstaude passt ideal in Wildblumengärten oder in sonnige Rabatten. Auch halbschattige Plätze werden toleriert, hier fällt die Blüte allerdings weniger kraftvoll und üppig aus. Bezüglich des Bodens ist die Goldrute nicht anspruchsvoll: Ein einfacher, durchlässiger Gartenboden erfüllt seinen Zweck. Verblühte Stängel abschneiden.

Stachys byzantina Woll-Ziest

Die von einem feinen, silbergrauen Pelz überzogene, herrlich altmodische Wildstaude bildet überall dort dichte, helle Teppiche, wo kleinere Freiflächen mit durchlässigem, mäßig fruchtbarem Untergrund bedeckt werden sollen. Im Frühsommer schieben sich aus den Blattrosetten behaarte Stängel empor, an denen wollige, rosa-purpurfarbene Blüten erscheinen. Der anspruchslose, attraktive Blattschmuck ist vielseitig einsetzbar: vor Gehölzen, an Böschungen, im Bauerngarten, Staudenbeet und als zuverlässiger Bodendecker, der nicht wuchert.

Strelitzia reginae

Die bizarren, schnabelähnlichen, orangegelb-blauen Blüten erinnern an die Köpfe exotischer Vögel, weshalb *S. reginae* auch den Namen Paradiesvogelblume trägt. Nicht nur die Blüten, auch das blaugraue, langgestielte Blatt, das zur Spitze länglich-oval verläuft, ist sehr dekorativ. Die ausgesprochen attraktive und pflegeleichte Exotin – in kalten Regionen klassischerweise als Kübelpflanze gehalten – kann den Sommer über im Freien verbringen. Da sie jedoch Temperaturen unter 10 °C meidet, eignet sich als Winterquartier ein geschützter, kühler und heller Platz.

Symphytum grandiflorum syn. *S. ibericum* 'Hidcote Blue'

Kleiner Kaukasus-Beinwell

Die ungeheuer wüchsige, etwas derb wirkende Wildstaude *S. grandiflorum* ist ein gut geeigneter Bodendecker für Gartenbereiche, in denen andere Pflanzen sich kaum halten können: humose, nährstoffreiche Schattenrabatten oder unter Bäumen, die nur wenig Licht durchlassen. 'Hidcote Blue' trägt geädertes, attraktives Laub und schöne, röhrenförmige, blassblaue Blüten, die sich im Frühjahr aus roten Knospen öffnen.

Bis 60 cm | Frühsommer

anacetum coccineum syn. ***Chrysanthe-*
ium coccineum 'James Kelway'**
unte Margerite, Bunte Wucherblume

/ie gemalt wirken die scharlachroten Blü-
nköpfe mit dem auffälligen, leuchtend gel-
en Innenleben. Zusammen mit ihrem fein
efiederten Laub ist die immergrüne, auf-
echte Staude eine echte Bereicherung für
de Rabatte und zudem eine wunderbare
chnittblume. Für sie sollte ein sonniger
tandort mit durchlässigem Boden gewählt
erden. **Achtung:** Durch Kontakt können
autreizungen entstehen.

Bis 80 cm | Spätes Frühjahr bis Hochsommer

Tellima grandiflora Falsche Alraunenwurzel

Die zurückhaltende Schönheit dieser Schatten liebenden Staude ist erst auf den zweiten Blick sichtbar. Ab dem späten Frühjahr entwickelt sie lange Triebe, an denen zahlreiche zarte, grünlich-weiße Blütenglöckchen hängen. Das schöne, herzförmige, gebuchtete Laub, an der Unterseite behaart, ist wintergrün. Die Waldpflanze passt gut unter Gehölze oder als Bodendecker in Rabatten. Sie liebt einen feuchten Boden, verträgt aber auch Trockenheit. Neigt zur Selbstaussaat.

30–40 cm | Frühsommer bis Frühherbst

Teucrium hircanicum Kaukasus-Gamander

Der hochwachsende, veronicaähnliche Kaukasus-Gamander entwickelt im Frühsommer große, sehr attraktive rosarote Blütenrispen, die bei Hummeln und Bienen sehr beliebt sind und sich auch gut als Schnittblumen verwenden lassen. Er trägt schönes, fein gesägtes, mittelgrünes Laub. Alles in allem eine sehr aparte Ergänzung für Stein- oder Kräutergärten. Breitet sich über Ausläufer im Garten aus. Mag durchlässige Böden.

Bis 90 cm Frühsommer

Thalictrum aquilegifolium 'Purpureum'

Akeleiblättrige Wiesenraute

Recht grazil ist das Gesamterscheinungsbild der hohen *T. aquilegifolium*: Die grazilen Stängel tragen fein gefiederte, akeleiähnliche Blätter. Die flauschigen, luftigen, fliederfarbenen Blüten scheinen wie Wolken an hohen Trieben über dem blaugrünen Laub zu schweben. Die schöne Akeleiblättrige Wiesenraute liebt feuchte, kühle Sommer. Damit ist sie für feuchte, beschattete und geschützte Plätze in naturnahen Gärten sowie als niedrigere Bepflanzung zwischen Sträuchern und Bäumen wie geschaffen. Am richtigen Standort kann sie sehr alt werden und braucht dafür keine weitere Pflege.

Thalictrum flavum subsp. *glaucum* syn. *T. speciosissimum*

Die weichen, cremegelben Blütenbälle bilden einen sehr aparten Kontrast zu dem blaugrünen, bereiften Laub. Die fröhlichen Blütenpuschel der aufrechten Staude bringen Helligkeit in dunkle Gartenbereiche. Eine absolut zuverlässige und robuste Art für die Hintergrundbepflanzung in beschatteten Rabatten, Wildgärten und Gehölzbereichen. Mag feuchte, durchlässige Erde.

Bis 1 m Sommer

10–30 cm Bis 30 cm Mittleres bis spätes Frühjahr

Tiarella cordifolia Herzblättrige Schaumblüte

Im Frühjahr überziehen cremeweiße Blütentrauben das herzförmige Blattwerk. *T. cordifolia* vereint einige angenehme und praktische Attribute auf sich, die sie zu einer geschätzten Gartenstaude machen. Denn die Schattenstaude ist nicht nur reichblühend und anspruchslos, sie entpuppt sich auch als echte Frühblüherin. Ihr kriechender Wuchs macht sie zu einem wertvollen Bodendecker, dessen Laub sich im Herbst zu einem sehr dekorativen Bronzerot verfärbt. Wohl fühlt sie sich im lockeren, feuchten Humusboden.

40–60 cm | 45–60 cm | Frühsommer bis Frühherbst

radescantia-Andersoniana-Gruppe
Purple Dome' Garten-Dreimasterblume

/lit ihren schmalen, langen Blättern, die on reich verzweigten Stängeln seitlich berhängen, erinnert 'Purple Dome' ein we- ig an Schilf. Im Frühsommer erscheinen in en Blattachseln flache Blüten in einem un- laublich elektrisierenden Purpur. Die Hüb- chen haben nur eine kurze Lebensdauer, verden dafür aber ständig neu gebildet. In emischten Rabatten, etwa zusammen mit iräsern, oder am Gewässerrand ist diese orte ein wunderschöner Blickfang. Liebt euchte, nährstoffreiche Böden.

Bis 70 cm | Spätes Frühjahr

Trollius asiaticus

An einem leicht beschatteten Plätzchen auf Feuchtwiesen, an Gehölz- oder Teichrändern sowie in Sumpfgärten fühlt sich der hochwachsende *T. asiaticus* so richtig wohl. Aus den ausgebreiteten, orangegelben Blütenblättern schauen mittig fädig geteilte Blättchen wie kleine Bürsten hervor. Das handförmig geteilte, dunkelgrüne Laub zieht kurz nach der Blüte ein. Die Feuchtigkeit liebende Staude ist recht anspruchslos. Nach der Blüte sollten die Triebe zurückgeschnitten werden, dann blüht sie ein zweites Mal.

Bis 75 cm | Frühes bis mittleres Frühjahr

Uvularia grandiflora Hänge-Goldglocke

Wo immer ein schattiges Plätzchen mit einem gelben Farbtupfer aufgefrischt werden soll, bietet sich die grazile Waldpflanze *U. grandiflora* als dankbarer Frühjahrs-Dauerblüher an. Reichlich humos, fruchtbar und feucht sollte der Boden sein. Sonst stellt sie wenig Ansprüche und breitet sich rasch aus, wenn ihr der Standort gefällt. Unter Bäumen oder Rhododendren – zusammen mit *Viola, Anemonen*, kleinen Farnen oder *Trillium* – kann sie ihre lebhaft leuchtenden Blütenglocken so richtig in Szene setzen. Gepflanzt wird sie im Herbst. Vermehren lässt sie sich durch Teilung der Rhizome nach der Blüte.

Bis 2 m | Hochsommer bis Frühherbst

Verbena bonariensis syn. *V. patagonica*

Die Südamerikanerin hat wirklich ganz besondere Reize: Ihre rosalavendelfarbenen Blütenstände auf den langen, antennenartig verzweigten, rauen Sprossen blühen den ganzen Sommer über und sorgen für eine aufgelockerte Atmosphäre in der Staudenrabatte. Verbenen bevorzugen einen humosen, durchlässigen Boden in voller Sonne. In frostgefährdeten Gebieten sollte sie im Winter mit einer Mulchschicht geschützt werden.

Veronica teucrium 'Shirley Blue'

Großer Ehrenpreis

Weithin sichtbar leuchtet die niedrige 'Shirley Blue' mit ihren zahlreichen, atemberaubenden, blauen Blütenkerzen und wird damit zu einem wunderschönen Blickfang im Garten. Der Große Ehrenpreis ist mit seinen bis zu 25 cm hohen, kräftigen Blütenstängeln und dem formschönen, tief gesägten, graugrünen Laub hervorragend für den Rand sonniger Staudenrabatten oder Steingärten geeignet. Besonders brillant wirkt das strahlende Blau, wenn gelbe Blüher wie Nachtkerzen oder Mädchenauge die direkten Nachbarn sind. Bevorzugt einen durchlässigen, kargen Boden.

Bis 25 cm | Spätes Frühjahr bis Frühsommer

Bis 1,5 m | Hochsommer bis Frühherbst

Veronicastrum virginicum syn. *Veronica virginica* Arzneiehrenpreis

In elegantem Weiß, zartem Rosa oder magischem Blau treiben ab dem Hochsommer die streng aufrecht stehenden, schlanken Blütenähren des Arzneiehrenpreises zahlreich aus den Blattachseln hervor. Er gehört zu den höchsten der veronicaähnlichen Ehrenpreise und hinterlässt im Staudenbeet mit seiner Größe schon einen recht stattlichen Eindruck. *V. virginicum* mag einen humusreichen, feuchten, aber wasserdurchlässigen Boden in voller Sonne oder Halbschatten.

***Viola* 'Etain'**

Die edlen, hübsch geformten Blüten von 'Etain' sind cremegelb mit einer purpurblauen Bordüre und gelbem Auge. Die Sorte wächst kompakt und blüht ausdauernd.

Bis 20 cm | Frühjahr bis Herbst

Viola Stiefmütterchen, Veilchen

Verführerische Veilchenblau-Töne von ganz hell bis tief dunkel. Dazu gesellen sich Violett, leuchtendes Gelb, elegantes Creme, reines Weiß, auch Orange. Zweifarbige, sogar dreifarbige Blütenköpfe. Ausdrucksvolle Gesichter oder ganz simpel Ton in Ton. Streifen, Sprenkel und Bordüren. Jede Kombination scheint denkbar.

Die meisten vertragen leicht absonnige bis halbschattige Lagen, wo sie häufig erst ihre volle Pracht entwickeln, sowie einen fruchtbaren, leicht humosen und feucht bleibenden, durchlässigen Boden. Die Hauptblütezeit ist in der Regel im Frühjahr und im Herbst. Ganz unorthodox lassen sie sich nicht davon abbringen, bei Bedarf auch außerhalb dieser Regelzeiten zu blühen. Fleißige Dauerblüher eben.

Vielfältig wie ihr Äußeres sind auch ihre Einsatzmöglichkeiten. Ganz gleich, ob draußen im Steingarten oder im geschützten Balkonkasten, vor dunklen Gehölzen oder aber als fleißiger Flächendecker, *Viola* erfüllt ihren Zweck stets zur vollsten Zufriedenheit. Oftmals immergrün und duftend.

***Viola* 'Jackanapes'**

Die schöne, aber kurzlebige 'Jackanapes' gehört zu den Klassikern. Die kleinen Blüten sind oben herum purpurviolett, die unteren drei Blütenblätter erstrahlen in Goldgelb. Immergrün.

Bis 20 cm | Frühjahr bis Sommer

Viola Stiefmütterchen, Veilchen

Bis 20 cm | Frühjahr bis Herbst

▸ Viola-Cornuta-Hybride

Mit ihrem zauberhaften Wildpflanzencharme und den zahlreichen Farben und Kombinationen wecken die Hybriden der niedlichen Hornveilchen lang erwartete Frühlingsgefühle. Diese kleinblütigen Vertreter der Gattung *Viola* sind sehr robuste, ausdauernde Blüher und schätzen kühle, helle Standorte. Viele Formen duften intensiv. Immergrün.

◂ *Viola* 'Rebecca' Violetta-Hybride

Eine ausgesprochene Schönheit ist 'Rebecca'. Die duftenden, cremefarbenen Blüten haben eine zartviolette Zeichnung am leicht gewellten Rand. Lange Blütezeit. Kriechende Staude.

Bis 15 cm | Frühjahr bis Herbst

▴ *Viola* 'Roscastle Black'

Die samtigen, purpurschwarzen Blütenköpfe scheinen einen mit ihrem hellen, weißgelben Auge förmlich zu durchdringen.

15–25 cm | Frühjahr bis Herbst

Bis 20 cm | Später Winter bis frühes Frühjahr

◀ *Viola odorata*

März-Veilchen, Wohlriechendes Veilchen

Mit kleinen, blauen oder auch weißen Blüten und einem verführerisch süßen Duft läutet die immergrüne *V. odorata* das Frühjahr ein. Bildet einen herrlichen, duftenden Teppich. Immergrün.

10–20 cm | 20–40 cm | Spätes Frühjahr bis Frühsommer

▶ *Viola riviniana* Hain-Veilchen

Das halbimmergrüne, büschelige Hain-Veilchen ist die ideale Art für schattigere Bereiche im Wildblumengarten. Es trägt sehr natürlich wirkende, blassblauviolette Blüten.

Viola tricolor

Wildes Stiefmütterchen

Die extrem hübschen Blütenköpfe von *V. tricolor* zeigen einen frischen Farbenmix aus Purpur, Lavendelblau, Weiß oder Gelb. Die unteren Blütenblätter tragen meist dunkle Streifen. Immergrüne, kurzlebige Staude. Samt sich aus.

8–12 cm | Frühjahr bis Herbst

Waldsteinia geoides

Diese wertvolle Wildstaude ist ein robuster, immergrüner Flächendecker, der Horste bildet und daher nicht wuchert. Als Schattenliebhaber ist *W. geoides* die ideale Unterpflanzung für Stauden, Sträucher oder Bäume. Ihre erdbeerähnlichen, wintergrünen Blätter lassen, wenn sie erst einmal dicht zugewachsen sind, kein Unkraut mehr nach oben durch. Im späten Frühjahr erfreut sie mit einer Vielzahl kleiner, gelber Blüten, denen leuchtend rote Beerenfrüchte folgen. Als Waldpflanze benötigt sie einen lockeren, humosen, mäßig nährstoffreichen Boden. Verträgt auch trockene Substrate.

Bis 20 cm | Spätes Frühjahr

Gräser, Farne, Seggen und Bambusse

Souveräne Prachtstücke und kleine Kostbarkeiten

Die Gestaltung mit Gräsern, Farnen, Seggen und Bambus erlebt seit einigen Jahren einen wahrhaften Boom. Die Frage muss erlaubt sein – wie ist man jemals ohne sie ausgekommen?

Gräser gehören zu den stillen Schönheiten. Mit klaren, aber auch ungewohnten Formen bezaubern sie durch Leichtigkeit und Transparenz. Dabei sind sie so robust und pflegeleicht. Ihr reizvolles Flair überdauert sogar den Winter, wenn sie den Garten mit ihren interessanten Fruchtständen schmücken.

Farne sind die Idealbesetzung für den Schattengarten und die archaischsten aller Pflanzen überhaupt, handelt es sich doch eigentlich um lebende Fossilien. Die Prachtstücke zieren durch Form und Farbe ihrer Blattwedel und sind dort einfach unverzichtbar, wo andere sich nicht halten können.

Seggen geben Struktur und ausdauerndes Grün. Schlichtheit und Zurückhaltung wirken auch hier überzeugend.

Bambus erfreut durch immergrüne Eleganz und sein geheimnisvolles Rascheln und Tänzeln, schon wenn der kleinste Windhauch ihn durchstreift. Trotz seiner Agilität ist er der ruhende Pol im Garten und zudem ein wunderbarer Sichtschutz.

0– 0 cm

Adiantum pedatum

Pfauenradfarn, Frauenhaarfarn

Seinen anmutigen, filigranen Charme erhält *A. pedatum* durch das grazile, fein gefiederte Laub. Die zarten, hellgrünen Wedel bekommen im Herbst eine aparte goldgelbe Färbung. Altes, braunes Laub sollte erst im zeitigen Frühjahr zurückgeschnitten werden, sodass es den Winter über die Pflanze schützen kann. Als Standort bevorzugt der Pfauenradfarn einen kühlen, schattigen Platz mit hoher Luftfeuchte und einen mäßig nährstoffreichen, feuchten, aber durchlässigen Boden. Er lässt sich gut als Unterpflanzung von Bäumen oder Ziersträuchern verwenden, wirkt aber auch sehr hübsch in Ergänzung zu höherwüchsigen Farnen, Gräsern oder Stauden. Vermehren lässt er sich durch Teilung im Frühjahr oder durch Sporen. **Tipp:** Auch zur bodendeckenden Bepflanzung geeignet – etwa sechs bis acht Pflanzen auf 1 m² setzen.

***Arundo donax* 'Versicolor'** Pfahlrohr

Das imposante, weiß gestreifte Pfahlrohr bringt einen Hauch von tropischem Flair in den Garten. Als Solitär oder in einer kleinen Gruppe bereichert es größere Staudenrabatten oder Teichränder. Wichtig sind ein sonniger, warmer und windgeschützter Standort. An den Boden stellt es wenig Ansprüche, die Erde sollte jedoch feucht sein. Ausreichend wässern und im Frühjahr handbreit zurückschneiden. Wegen seiner Frostempfindlichkeit in kalten Klimaten besser als Kübelpflanze halten und frostfrei überwintern. Blüht nur in warmem Klima.

Asplenium scolopendrium Hirschzungenfarn

Er gehört sicherlich zu den schönsten Farnen für den Garten. Diese niedrigwachsende Art fällt durch ihre leuchtend grünen, ungeteilten, immergrünen Wedel auf, die bis zu 40 cm lang werden können und an eine Zunge erinnern. Für eine Waldpflanze typisch, bevorzugt er halbschattige Lagen. Der Boden sollte humos, feucht, aber wasserdurchlässig und alkalisch sein. Wirkt an Gehölzrändern oder einfach zwischen Sträuchern am schönsten. In nassen Wintern besteht eine Anfälligkeit für Rost. Einfach die Wedel mit braunen Stellen entfernen. Ansonsten ist er recht pflegeleicht und lässt sich durch Teilung oder durch Sporen vermehren.

Asplenium trichomanes
Silikatliebender Brauner Streifenfarn

Klein, aber fein. Ein echter Mauerfarn, der jedes Gartens würdig ist. Seine immergrünen oder halbimmergrünen Wedel sind einfach gefiedert und erreichen eine Länge von 10 bis 20 cm. Die niedrige Art eignet sich für Mauerspalten, für Steingärten oder auch für Töpfe. In kleinen, lockeren Gruppen gepflanzt wirkt er etwas üppiger. Ein feuchter, humoser, alkalischer Boden in halbschattiger Lage lässt ihn gut gedeihen. Einmal angewachsen, ist er äußerst anspruchslos und dauerhaft. Dies gilt im Übrigen für alle Farne.

20–
120 cm

Athyrium filix-femina Wald-Frauenfarn

Laubwerfender Farn mit 2- bis 3-fach gefiederten Wedeln. Windgeschützte Lagen im schattigen Bereich. Feuchte, fruchtbare Erde, neutral bis sauer, mit Gartenkompost anreichern. Passende Begleiter sind: *Helleborus, Carex, Rhododendron.*

20–
50 cm

Blechnum spicant Gewöhnlicher Rippenfarn

Ein äußerst zuverlässiger und vielseitiger Farn, der schmale, dunkelgrüne Wedel ausbildet. Sowohl Waldstauden, Heidearten, horstige Gräser als auch Zwiebelpflanzen wie *Leucojum vernum* und *Erythronium* harmonieren wunderbar mit seinen immergrünen Wedeln. In saurer, feuchter und humoser Erde an einem eher schattigen Plätzchen befindet er sich so richtig in seinem Element. Als Pflege sollte man ihm einen Schutz vor austrocknenden Winden und Wintersonne zukommen lassen. Daher empfiehlt es sich ab dem Spätherbst, die Pflanze mit einer Schicht aus Laub und Reisig zu schützen. Vermehren lässt sich *B. spicant* durch Teilung, Abtrennung von Rhizom-Ausläufern im Frühjahr oder durch Sporen.

50–
60 cm

Hochsommer bis
Frühherbst

Bouteloua gracilis Haarschotengras

Die munter abstehenden Ähren auf den grazilen Stielen wirken geradezu wie kleine Flugobjekte. Dieses ungewöhnliche Gewächs passt hervorragend in den Steingarten oder in den Vordergrund einer Rabatte. Das horstbildende, ausdauernde Gras liebt volle Sonne und einen frischen bis trockenen, nährstoffreichen, sehr gut drainierten Boden. In rauen Lagen ist ein Winterschutz erforderlich. Vor dem Neuaustrieb im frühen Frühjahr zurückschneiden. Zur Vermehrung im Frühjahr teilen.

Briza maxima Größtes Zittergras

Die überhängenden, goldgelben Blütenähren an den dünnen, unverzweigten Stielen bringen leichte Bewegung in den Garten, sobald der leiseste Windhauch dieses Ziergras durchstreift. Die büschelige Einjährige mag am liebsten volle Sonne in wasserdurchlässigen Böden. Die Pflege ist sehr wenig aufwändig, sogar zeitweilige Trockenheit wird gut ertragen. In Steingärten oder Staudenrabatten passt es ebenso wie auf Freiflächen in Naturgärten. **Tipp:** Die großen, eiförmigen Ähren machen sich gut in Trockengestecken. Aber auch die frischen Triebe sind ein aparter Blumenschmuck.

45–60 cm | Spätes Frühjahr bis Spätsommer

120–180 cm | Frühjahr bis Sommer

***Calamagrostis* × *acutiflora* 'Karl Förster'**
Moor-Reitgras

Dieses Meisterstück mit reichblütiger, fedriger Blütenrispe bietet einen herrlichen Blickfang zwischen niedrigen Sträuchern und Stauden. Auch zur Bepflanzung von Freiflächen im Naturgarten ist er die ideale Wahl. Ausgesprochen schön ist 'Karl Förster', wenn im Herbst die Blütenstände und Halme eine warme, rötliche bis gelblich braune Färbung annehmen. Bis lange in den Winter hinein bleibt dieses auffällige Gras ein attraktiver Gast im Garten. Die Blütentriebe erst im Frühjahr zurückschneiden, da sie auch im Winter äußerst dekorativ sind. Mehr Pflegeaufwand ist nicht nötig. Das üppige Gras bevorzugt sonnige bis leicht schattige Plätze mit feuchter, humoser Erde. Wer mehr von diesem Allrounder haben möchte, kann die Pflanze im Frühjahr teilen. Wächst in kompakten Horsten. Kein Wucherer. **Tipp:** Die Blütenstände ergeben einen haltbaren Trockenschmuck.

▸ ***Carex comans* 'Bronze'** Segge

Die immergrüne Staude präsentiert sich mit einem wuscheligen Schopf aus haarartigen, bronzebraunen Blättern. Mag feuchte Böden in Sonne oder Halbschatten.

Carex Segge

◂ ***Carex dipsacea*** Segge

Ideal für den Gewässerrand im Garten. Überhängendes, bronzegrünes Laub. Kann in Sonne oder Halbschatten stehen.

▴ ***Carex elata* 'Aurea'** Steif-Segge

Das goldgelbe Laub mit dem schmalen, grünen Rand ist gut geeignet, dunklere Ecken aufzuhellen. Fruchtbare, nasse Erde. Laubwerfende Staude.

◂ ***Carex flagellifera***

Ähnelt *C. comans*, ist aber deutlich größer und hat breitere Blätter. Verträgt Sonne oder Halbschatten und feuchte Böden, aber keine Trockenheit. Immergrüne Staude.

In feuchten und dunkleren Gartenbereichen, dort, wo andere Gräser sich nur ungern niederlassen, haben Seggen ihren großen Einsatz. Denn viele Vertreter der artenreichen Gattung bevorzugen wenig besonnte Lagen und feuchte oder sogar nasse Böden, die je nach Art mehr oder weniger fruchtbar sein müssen.

Der Charme dieser grasartigen Stauden liegt in ihrer Wuchsform, den langen, schmalen, sanft überhängenden Blättern sowie den Farben und Mustern. Einige bringen auch äußerst dekorative Blütenstände hervor wie *C. grayi* oder *C. pendula*. Die verschiedenen Arten eignen sich für fast jede Gartennutzung, sei es einzeln oder in Gruppen, vor Gehölzen, am Gewässerrand oder im Staudenbeet.

Wenn sie ihren Standort einmal akzeptiert haben, benötigen die hier beschriebenen *C.*-Arten keine spezielle Pflege. Die sommergrünen Arten sollten im Frühjahr zurückgeschnitten werden, den immergrünen Arten wird das alte Laub im Sommer entfernt. Durch Teilung im Frühjahr lassen sich die Seggen vermehren.

50–75 cm | Sommer

▸ ***Carex grayi*** Morgenstern-Segge

Das Interessante an dieser laubwerfenden Staude sind die sternförmigen, stacheligen Samenstände, die nach der Blüte erscheinen. Sonne bis Halbschatten. Feuchter bis nasser Standort.

50–75 cm | Früh- bis Spätsommer

▴ ***Carex muskingumensis* 'Oehme'**

Grünes Laub mit gelben Randstreifen. Robuste und einfach zu kultivierende, laubwerfende Staude. Fruchtbare, feuchte bis nasse Erde in Sonne oder Halbschatten.

Carex pendula

Hänge-Segge, Riesen-Segge

Die immergrüne *C. pendula* kann als dekoratives Gestaltungselement eingesetzt werden. Sie fasziniert mit ihren zahlreichen dekorativ überhängenden Blütenähren. Ideal für den Gartenteich. Fruchtbare, feuchte bis nasse Erde in Sonne oder Halbschatten.

100–140 cm | Spätes Frühjahr bis Frühsommer

Chasmantium latifolium Plattährengras

Dieses büschelige, grasgrüne, breitblättrige Ziergras ist wegen seiner attraktiven Blütenstände äußerst wirkungsvoll. Die niedlichen, flachen, nickenden Ähren an den langen Rispen sind zunächst grün und werden später braun. Das ausdauernde, dichte Horste bildende *C. latifolium* verträgt sonnige bis relativ schattige Standorte, was ihm einen ziemlich breiten Verwendungsbereich vom Staudenbeet über den Steingarten bis hin zur flächigen Pflanzung verschafft. Der Boden sollte feucht, durchlässig und fruchtbar sein. Im späten Winter zurückschneiden. Vermehrung durch Teilung oder Selbstaussaat.

Cortaderia selloana Pampasgras

C. selloana gehört zu den stattlichen, imposanten Pflanzengestalten, die mit ihrem Auftritt andere Akteure schnell in den Schatten stellen. Aus diesem Grund wird diesem Riesen häufig die Rolle des Solitärs übertragen; er ziert Rasenflächen, Teiche oder Sitzplätze mit seinen langen, buschigen Wedeln. In voller Sonne bringt er die silbrig weißen bis zartrosafarbenen Blütenschöpfe richtig zum Leuchten. Den Boden, tiefgründig und nährstoffreich sollte er sein, mag er im Sommer feucht, im Winter eher trocken. Außer Bewunderung benötigt er auch ein wenig Aufmerksamkeit: Spät im Jahr lässt sich das üppige Laub zu einem Schopf zusammenbinden und mit einem entsprechenden Winterschutz aus Reisig oder einer festeren Folienabdeckung versorgen. In rauen Klimaten ist eine Kübelhaltung ratsam. Im Frühjahr die Horste teilen und direkt in Garten oder Kübel pflanzen. Die braunen Triebe im Spätwinter oder Frühjahr zurückschneiden. **Achtung:** Auf scharfe Blattkanten achten.

Cyperus eragrostis Frischgrünes Zypergras

Das raurandige Frischgrüne Zypergras wächst in lockeren, dichten Büscheln. Es ist besonders apart wegen seiner hübschen, gelbgrünen Ähren, die ab Hochsommer in fein abgespreizten Dolden erscheinen. *C. eragrostis* verträgt die meisten Böden, liebt es aber feucht. Die Pflanze ist äußerst frostempfindlich und wird nur in frostfreien Regionen als mehrjährige Staude draußen zu halten sein. Als Alternative kommen Wintergarten oder Gewächshaus infrage.

1–2 m | Hochsommer bis Frühherbst

Cyperus papyrus Papyrus

Wie quirlige Pinselchen sitzen die feinen Blattschöpfe auf den langen, wiegenden Halmen des *C. papyrus*. Als klassische Sumpfpflanze mag sie es gerne feucht und liebt die Nähe zu Wasser. Wie *C. eragrostis* frostempfindlich. Sie diente im alten Ägypten dazu, eine Art Papier herzustellen.

120–150 cm | Frühsommer bis Spätsommer

Deschampsia cespitosa Rasen-Schmiele

Zart, aber alles andere als unauffällig gibt sich *D. cespitosa*. Aus dem dichten, immergrünen Ziergras mit seinen steifen, mittelgrünen Blättern schießen im Sommer luftige Rispen aus silbrig getönten Ähren in die Höhe und verleihen dem Graspolster dadurch eine beachtliche Größe. Die größte Wirkung entfaltet *D. cespitosa* vor einem dunklen Hintergrund, sodass sich die Blütenstände hell abheben. Aber auch Sumpfzonen und Staudenrabatten werden durch sie eindeutig bereichert. Als Untergrund schätzt sie tiefgründige, humose und nährstoffreiche, feuchte, besser noch nasse Böden. Im Frühjahr die Horste etwas zurückschneiden oder auslichten, um Platz für den Blattaustrieb zu schaffen. Lässt sich im Frühjahr gut teilen. **Tipp:** Auch im Winter ist dieses Gras ein echter Hingucker, wenn die Blätter mit Raureif überzogen sind. Blütenstände über Winter stehen lassen, sehen auch braun noch gut aus.

Dicksonia antarctica

Australischer Taschenfarn

2–4 m

Der faszinierende Exot besticht durch die baumähnliche Form und das eindrucksvolle Laub. Aus seinem Scheinstamm, der bis zu 60 cm breit werden kann, treiben unter günstigen Bedingungen bis zu 3 m lange, blassgrüne Wedel. Er braucht humose, saure Erde in Halbschatten oder Schatten. Bei heißem und trockenem Wetter muss der Stamm täglich gewässert werden. Stamm und Wedel im Winter sehr gut abdecken. Braune Wedel im Frühjahr entfernen. *D. antarctica* wächst sehr langsam. Solitärpflanze.

Dryopteris erythrosora
Rotschleier-Wurmfarn

Er zählt unter den Wurmfarnarten sicherlich zu den schönsten. Die flach ausgebreiteten Wedel sind nach dem Austrieb erst malerisch kupferrot und färben sich später glänzend dunkelgrün. In nicht allzu rauen Regionen behält diese Art ihre grünen Wedel sogar über den Winter. Der als Rabattenfarn oder Solitär geeignete *D. erythrosora* mag feuchte, lockere und nährstoffreiche Böden in nicht allzu tiefem, aber windgeschütztem Schatten. Im Herbst oder Frühjahr ausgewachsene Pflanzen teilen. **Tipp:** Im Winter durch Laubaufschüttung im Fußbereich vor direkter Wintersonne und kalten, trockenen Winden schützen, damit er nicht austrocknet. Beliebtes Schnittgrün.

Dryopteris filix-mas Gewöhnlicher Wurmfarn

Wie ein Relikt aus einem anderen Erdzeitalter, fremd und faszinierend zugleich, wirkt *D. filix-mas*. Der laubwerfende, willig wachsende Farn bildet kräftige Rhizome und ist daher ideal zum Verwildern geeignet. An feuchten, schattigen Rabatten, unter Gehölzen oder am Gewässerrand wächst er über Jahrzehnte unermüdlich vor sich hin und fordert dafür noch nicht einmal nennenswerte Zuwendung. Ein paar Ausputzarbeiten im Frühjahr oder gelegentliche Wassergaben in Trockenperioden stellen ihn schon völlig zufrieden. Er vermehrt sich eigentlich von allein, eine gezielte Vermehrung erfolgt durch Teilung im Frühjahr oder Frühherbst. Auch durch Sporen möglich. *D. filix-mas* wurde übrigens volksmedizinisch als Mittel gegen Würmer verwendet. Da es häufig zu Vergiftungen kam, wurde seiner medizinischen Laufbahn jedoch ein Ende gesetzt.

Fargesia murieliae* syn. *Sinarundinaria murieliae, Thamnocalamus spathaceus
Schirmbambus

Drei Eigenschaften machen *F. murieliae* zum idealen Gartenbambus: die ganzjährige, helle, immergrüne Belaubung, eine gute Frosthärte und der horstartige Wuchs. Er besitzt eine ausgeprägte, schirmförmige Krone. Die Halme färben sich von blassgrün, weiß bemehlt im Austrieb bis gelb im Alter. Bevorzugte Standorte sind sonnige oder halbschattige Plätze in fruchtbarer, Feuchtigkeit speichernder Erde. Ideal als Sicht- oder Windschutz.

20–
30 cm | Frühsommer bis
Hochsommer

80–
100 cm | Frühsommer bis
Hochsommer

Festuca mairei Atlas-Schwingel

Der immergrüne Atlas-Schwingel mit dem schmalen, graugrünen, überhängenden Gras treibt im Sommer locker verzweigte Ährenrispen. Er ist anspruchslos und kommt mit einem normalen Gartenboden gut aus. Ein leichter Winterschutz empfiehlt sich.

estuca glauca Blau-Schwingel

Mit dem auffallenden Stahlblau des chmalblättrigen Blau-Schwingels kann aum eine andere Grasart konkurrieren. Die leinen, blauen Büschel sind ideal, um interessante Farbkontraste zu erzielen. Auch n Anspruchslosigkeit ist er wohl nicht zu berbieten: Überaus widerstandsfähig gegen Trockenheit, wächst er auf kargen Böden rasch zu einem dauerhaften Teppich zusammen. Gerne leistet er aber auch Heide- der Steingartenpflanzungen Gesellschaft, er stellt er eine geeignete Randpflanzung dar. Voraussetzung ist allerdings ein ollsonniger Platz. Im Sommer erscheinen ispen mit violettgetönten, blaugrünen Ähren. Um Farbe und Wuchskraft zu erhalten, ollte die Pflanze alle zwei bis drei Jahre im rühjahr geteilt werden.

5–
15 cm | Frühsommer bis
Hochsommer

Festuca scoparia 'Pic Carlit' Bärenfell-Schwingel

Einen geradezu moosartigen, grasgrünen Teppich bildet die Miniaturausgabe des Bärenfell-Schwingels. Die ideale Besetzung für den Steingarten.

Glyceria maxima 'Variegata'

Großer Schwaden, Wasser-Schwaden

Auf problematischen, feuchten Böden oder aber bei der Gestaltung von Teichrändern kommt *G. maxima* zum Einsatz. 'Variegata' fällt vor allem durch das attraktiv gefärbte Laub auf. Die schmalen Blätter sind im Frühjahr leicht rosa übertönt, später werden sie grün-weiß gestreift. Im Sommer erscheinen an schilfähnlichen Halmen grüne Blütenrispen. Da er stark wuchert, empfiehlt es sich, ihn in einem Pflanzkorb in die Erde zu setzen. In Trockenperioden häufig und ausgiebig gießen. Kann im Frühjahr geteilt werden.

Hakonechloa macra Japangras

Irgendwie einladend. An gemütliche, breite Sitzkissen erinnern die halbkugeligen Büschel des Japangrases. Es gilt als eines der schönsten Gräser für den Halbschatten und hellt mit seinen hellgrünen, weich überhängenden Blättern jede dunkle Gartenecke auf. Bei guter Wässerung sind auch sonnige Lagen möglich. Die Blüte ist nicht sonderlich auffällig, dafür bekommen die sommergrünen Blätter im Herbst eine hübsche orange- bis rostfarbene Tönung. Bis in den Winter hinein bleiben die Blätter stehen und behalten dabei oft ihre Färbung. Gewünscht wird ein nährstoffreicher Boden, der mit organischem Material angereichert sein kann. Altes Laub im Herbst oder Winter wegschneiden. Teilung im Frühjahr. *H. macra* ist auch ein attraktives Ziergras für den Kübel.

Helictotrichon sempervirens

Blaustrahl-Wiesenhafer

Die eingerollten, graublauen Halme scheint *H. sempervirens* strahlenförmig nach allen Seiten auszusenden. Im Frühsommer erscheinen purpurn überhauchte Ährchen in Rispen, die sich grazil nickend hoch über seine dichten Horste erheben. Er ist als Solitär oder in Begleitung von silberblättrigen Pflanzen ein echter Klassiker für Steingärten oder Terrassen. Mag durchlässigen, kalkhaltigen Humusboden und sonnige Standorte. Altes Laub und Verblühtes im Frühjahr zurückschneiden.

Hordeum jubatum Mähnen-Gerste

Die hübsche Verwandte der Getreidegerste setzt mit ihren seidig-flauschigen Ähren zunächst frische, grüne Akzente in sommerlichen Garten. Im Herbst, wenn sich die nickenden Rispen in ein rötlich überhauchtes Strohgelb hüllen, erinnern sie tatsächlich ein wenig an fein schimmerndes Haar. *H. jubatum* wird im Garten meist einjährig gezogen, in warmen Regionen wächst sie jedoch auch mehrjährig. An den Boden stellt sie wenig Ansprüche, ihr Platz sollte jedoch in voller Sonne liegen. In längeren Trockenperioden sollte man sie regelmäßig wässern. Ansonsten zeichnet sie sich durch einen hohen Überlebensdrang aus und vermehrt sich gerne etwas unkontrolliert durch Selbstaussaat. Kontrollierte Aussaat im Frühjahr oder Herbst an den gewünschten Standort. Für Trockensträuße die Blütenstände abschneiden, bevor sie ausgereift sind.

Indocalamus tessellatus Großblättriger Schatten-Bambus

Ein immergrüner, niedriger, großblättriger Bambus. Für stärker beschattete Gartenbereiche, Terrassen oder Innenhöfe geeignet. Frischer, fruchtbarer Boden. Eine Rhizomsperre empfiehlt sich. In rauen Lagen eine dicke Laubschicht als Winterschutz auftragen.

Koeleria glauca Blaugrünes Schillergras

Auf lockeren, mäßig nährstoffreichen Böden in Stein- oder Heidegärten fügt sich das dichtschopfige, kompakte *K. glauca* als blaugrüne Halbkugel effektvoll ein. Über dem niedrigen Laub erheben sich im Sommer zahlreiche, eng gedrängte Blütenrispen, die nach dem Verblühen hellbeige leuchten. Die Blütenstände im Herbst entfernen, mehr Pflegeaufwand ist nicht erforderlich. Kann vom Frühling bis Frühsommer geteilt werden.

Lagurus ovatus Hasenschwanzgras

Das Bezaubernde an *L. ovatus* sind die kugeligen, flauschig-weichen, cremeweißen Blütenbüschel, die sich auf drahtigen Stielen zart aus dem grünen Laub hervorschieben. Die filigrane, aufrechte Gestalt wirkt solo oder in Gruppen besonders nett in Sommerbeeten oder Steingärten. Die Einjährige benötigt keine Pflege außer manchmal etwas Wasser. Aussaat im Frühjahr direkt ins Freiland oder im Herbst in Töpfen vorziehen. Ein warmer, sonniger Platz mit leichtem, sandigem Boden ist der ideale Standort.

Matteuccia struthiopteris Europäischer Straußenfarn

Geradezu archaisch wirken die markanten Wedel des *M. struthiopteris*. Besonders bizarr ist der Frühjahrs-Austrieb, wenn die Wedel straff aufrecht mit eingerollter Spitze zahlreich aus dem Boden sprießen. Im Laufe des Sommers schieben sich dann aus der Mitte die kleineren, fruchtbaren Wedel hervor. Er ist ausgesprochen expansionswütig und bildet mit seinem kriechenden Rhizom ganze Kolonien. Daher – und natürlich wegen seines stattlichen Formats – sollte man ihm ausreichend Freiraum gewähren und seiner Entwicklung gegebenenfalls Einhalt gebieten. Idealerweise passt er zu Gehölzen, an Gewässerränder oder als belebender Kontrast zu Blütenpflanzen. Längere Trockenperioden kann er nicht vertragen. Kräftiges Gießen ist unerlässlich, um ihn vor dem Welken zu bewahren. Ansonsten sind jährliche Kompostgaben im Frühjahr empfehlenswert. Im Frühjahr teilen oder durch Sporen vermehren.

***Miscanthus sinensis* 'Kleine Fontäne'**
Chinaschilf

Das Auffallende an dieser frühblühenden Sorte sind die feinen Blütenrispen, die zunächst rötlich und später silberweiß gefärbt sind. Sie fallen oberhalb der Pflanze weich in alle Richtungen auseinander und bilden auf diese Weise eine Fontäne. Das schmale, leicht überhängende, blaugrüne Laub bekommt im Herbst eine gelb-braune Färbung. In rauen Lagen ist ein Winterschutz aus Laub erforderlich. Laub vor dem Austrieb zurückschneiden. In Trockenperioden wässern. Nährstoffreiche, feuchte, aber durchlässige Böden.

***Miscanthus sinensis* 'Roter Pfeil'**

Chinaschilf

Wie Pfeilspitzen ragen die Blüten aufrecht in den Himmel. Das Laub verfärbt sich im Herbst rötlich. *Miscanthus* ist sehr attraktiv als Einzelpflanze auf Freiflächen und in der Nähe von Wegen oder Sitzplätzen. Bodendecker im Umfeld bilden einen schönen Kontrast zu dem hochwüchsigen Gras.

***Molinia caerulea* subsp. *arundinacea* 'Karl Förster'**

Rohr-Pfeifengras

Das hohe Ziergras fällt im Hochsommer durch seine filigranen Rispen über elegant geneigten Halmen auf. Im Herbst hüllt es sich in warmes Ockergelb und übertrifft damit sogar noch den eigenen sommerlichen Auftritt. 'Karl Förster' lockert mit seiner auffälligen Struktur und Färbung nicht nur jeden naturnahen Garten oder Teichrand auf, auch in Staudenbeeten behauptet es seine dominante Stellung. Da die Herbstfärbung wirklich spektakulär ist, sollte der Pflanzplatz so gewählt werden, dass man es gut sichtbar genießen kann. Ansonsten ist die Pflanze sehr pflegeleicht. Da sie tiefgründige, humose, feuchte Böden braucht, die nicht schnell austrocknen, sollte bei anhaltender Trockenheit reichlich gewässert werden.

Onoclea sensibilis Perlfarn

Dieser laubwerfende Farn mit seinen ungewöhnlichen, tief eingeschnittenen, beinahe dreieckigen Wedeln ist ein hübscher Blickfang, der allerdings an günstigen Standorten zum Wuchern neigt. In feuchtem, humosem, nährstoffreichem, gerne saurem Boden, etwa unter Rhododendren, bietet er in kleinen Gruppen eine perfekte Unterpflanzung. In rauen Lagen empfiehlt sich im Frühjahr ein Schutz der frisch ausgetriebenen Wedel vor Spätfrösten.

Osmunda regalis

Gewöhnlicher Rispenfarn, Königsfarn

O. regalis ist sicherlich einer der schönsten Gartenfarne überhaupt. Das Besondere an ihm sind die bei der Sporenreife gebräunten, fruchtbaren Wedel, die wie Zepter aus dem grünen Farnmantel steil hervorragen. Im Herbst nehmen die grünen Wedel ein leuchtendes Goldgelb an. Da der Königsfarn im Alter reichlich Platz benötigt – er kann bis zu 4 m breit werden – sollte er am besten als Struktur gebende Pflanze eingesetzt werden, beispielsweise am Gewässer- oder Gehölzrand. Er mag einen schwach sauren, feuchten, humusreichen Boden. Bei Trockenheit reichlich wässern. Eine Vermehrung durch Sporen ist langwierig, eine Teilung empfiehlt sich nicht.

***Panicum virgatum* 'Rehbraun'** Ruten-Hirse

Ein Klassiker unter den Ziergräsern. Die langen, flachen, blaugrünen Blätter sind streng nach oben gerichtet und setzen mit ihrer auffälligen, braunroten Herbstfärbung dieses schöne Ziergras so richtig in Szene. Im Hochsommer erscheinen zudem bis zu 50 cm lange Blütenrispen, die sich wie ein zarter Schleier über das Laub legen und auch einen schönen Vasenschmuck darstellen. Die Rutenhirse liebt warme Lagen sowie frische, durchlässige, mäßig fruchtbare Böden. Ob in Heidegärten, Staudenrabatten oder am Gehölzrand, die aparte Rutenhirse ist vielseitig – vorzugsweise in Gruppen – zu verwenden. Da die Triebe und Blütenrispen auch im Winter sehr dekorativ sind, empfiehlt sich ein Rückschnitt im Frühjahr. Vermehrung durch Aussaat oder Teilung.

***Pennisetum alopecuroides* 'Weserbergland'**

Japanisches Federborstengras

Die flauschigen, schlanken Blütenstände sind eine wahre Augenweide im spätsommerlichen Garten. Der goldgelbe, dekorative Flor sitzt an langen Stielen, die sich sanft über das zurückhaltende, spitze, dunkelgrüne Laub neigen. Ein passender Begleiter für spätblühende, vollsonnige Staudenbeete mit frischen, durchlässigen, leichten Böden. Abgestorbene Pflanzenteile bis zum Frühjahr abschneiden. In Gebieten mit Frostgefahr ist eine trockene, dichte Winterschutzdecke aus Laub und Reisig erforderlich.

Phalaris arundinacea* var. *picta Rohr-Glanzgras

Alles andere als Zurückhaltung demonstriert das Rohr-Glanzgras mit seinen schilfartigen, sehr zierenden, grün-weiß gestreiften Blättern. Damit die hübsche Blattfärbung dauerhaft zur Geltung kommt, empfiehlt sich ein sonniger Platz, denn in dunkleren Lagen ist die weiße Zeichnung des Laubs blasser ausgeprägt. Das buntlaubige Gras kann als Solitär oder in Gruppen am Gewässer- oder Gehölzrand oder in naturnahen Staudenrabatten gepflanzt werden, wo es einen abwechslungsreichen Blickfang bietet. Die Robuste ist auch für extreme Beanspruchung wie Hangbefestigung geeignet. Doch aufgepasst, ihr Drang, sich durch Ausläufer auszubreiten, ist enorm, daher am besten bei der Pflanzung mit einer Rhizomsperre versehen. Sollte die Laubfärbung nachlassen, kann man die Triebe auf 20 cm zurückschneiden, sie treiben dann frisch durch. Teilung im Frühjahr. Das Blatt findet auch als Blattschmuck in Blumensträußen Verwendung.

80–100 cm | Frühsommer bis Hochsommer

3–5 m

◀ ***Phyllostachys aurea* 'Albovariegata'**

Goldrohrbambus

Die bunte Ausführung von 'Aurea' mit grün-weißen Blättern und grün-gelben Halmen. Verträgt Trockenheit, ist aber nicht an allen Standorten ausreichend winterhart. Er sollte daher vorzugsweise in milden Klimaten zum Einsatz kommen.

Phyllostachys Unrund

Es ist nicht allein die grazile Form mit den gefurchten, feinen und attraktiv gefärbten Halmen und den geschmeidigen Blättern, die diese mittelhohen bis hohen Bambusarten so außerordentlich beliebt machen. Auch die vielfältigen Einsatzmöglichkeiten dieser ausdauernden, immergrünen Bambusse haben sie zu einer bedeutenden Pflanze in der Gartengestaltung werden lassen: Als solitärer Blickfang oder als Heckenpflanzung zum Schutz vor Wind und Blicken, im Kübel oder in Strauchrabatten sind sie immer die richtige Wahl. *Phyllostachys* gehören zu der Gruppe der Ausläufer bildenden Bambusse. Um einem ungehinderten Ausdehnen vorzubeugen, ist der Einbau einer Rhizomsperre angebracht. Dies gilt insbesondere für Heckenpflanzungen und kleinere Gärten. Übrigens wächst ein Bambushalm innerhalb von zwei Monaten auf seine vollständige Länge. Beim Austrieb kommt er schon in seiner endgültigen Dicke. Es gibt kein nachträgliches Dickenwachstum. Bevorzugt werden sonnige oder halbschattige Lagen mit einem fruchtbaren, humusreichen, feuchten, aber durchlässigen Boden. Staunässe wird nicht akzeptiert. Eine Vermehrung erfolgt durch Teilung im Frühjahr.

▼ ***Phyllostachys bambusoides* 'Castillonis'**

Besonders dekorativ ist 'Castillonis' durch die bis zu 4 cm kräftigen, leuchtend gelben, leicht orangen Halme, auf denen sich im Alter grüne Streifen zeigen. Die Blätter sind glänzend grün, teilweise mit feinen, weißen Streifen. Bevorzugt warme, milde Gegenden. Gut eingewachsene Pflanzen sind auch winterhart. Solitär. Als Kübelpflanze weniger geeignet.

3–6 m

▸ *Phyllostachys bissetii*

Ein echter Tausendsassa ist *P. bissetii*, denn er ist mit Abstand der winterhärteste und widerstandsfähigste seiner Gattung, der auch für raues Klima geeignet ist. Die dunkelgrünen Blätter bilden ein dichtes und geschmeidiges Blattwerk. Der Halm ist anfangs grün, mit dem Alter wird er leicht gelblich. *P. bissetii* ist nicht nur als Solitär, sondern auch als Wind- oder Sichtschutz einsetzbar. Hainbildend.

▴ *Phyllostachys nigra* Schwarzrohrbambus

Die Halme von *P. nigra* fallen durch ihre dunkle, beinahe schwarze Farbe auf. Die frischgrüne, dichte, feine Belaubung behält im Winter ihre Farbe. Er ist ein schöner Solitär, aber auch in Hainen gut zu halten. In warmen Regionen ist er starkwüchsig.

Phyllostachys vivax 'Aureocaulis'

Leuchtend gelber Halm mit unregelmäßiger grüner Streifung. 'Aureocaulis' ist sehr wuchsstark und erreicht Höhen von bis zu 8 m. Die Halme werden je nach Standort zwischen 5 und 9 cm dick. Verwendungszweck als großer Solitär oder in Gruppenstellung, für Sichtschutz weniger geeignet.

Pleioblastus auricomus syn. *Arundinaria auricoma, P. viridistriatus*

Gelbbunter Buschbambus

Er gilt als gut winterhart, aber nur mäßig wintergrün. Dafür ist *P. auricomus* mit den schwefelgelb-grün gestreiften Blättern schon ein echtes Highlight unter den Buschbambussen und gut geeignet, schattige Gartenbereiche optisch aufzuhellen. Insbesondere vor immergrünen Gehölzen hebt er sich prächtig ab. Die Blattfärbung kommt allerdings in der Sonne besser zur Geltung. Ein weiterer Vorteil, den er zu bieten hat: Er wuchert weniger stark als seine Artgenossen. Mit einem frischen Frühjahrsschnitt kann man ihn auf der gewünschten Höhe halten.

Pleioblastus humilis var. *pumilus* Mattenbuschbambus

Seine schmalen Halme tragen frischgrüne, lange, mittelbreite Blätter, die am Blattansatz leicht rötlich sind. Er ist die Idealbesetzung für dunklere Gartenpartien und eignet sich hervorragend als Bodendecker oder zur Unterpflanzung von Gehölzen. Kann aber auch mit starkwüchsigen Stauden kombiniert werden. Da er reichlich Ausläufer bildet, ist er oftmals expansiver als erwünscht. Bei der Pflanzung sollte eine Rhizomsperre angelegt werden. Buschbambusse bevorzugen einen Standort in humusreichem, fruchtbarem, feuchtem, aber durchlässigem Boden, der einigermaßen windgeschützt liegen sollte, um Austrocknung zu vermeiden. Auch Staunässe wird nicht akzeptiert. Rück- und formschnittverträglich. Vermehrung durch Teilung im Frühjahr.

Polypodium vulgare Engelsüß,

Gewöhnlicher Tüpfelfarn

Die apart strukturierten, immergrünen Wedel des *P. vulgare* erfüllen gleich zwei Ansprüche auf einmal: Sie bieten auch im Winter noch einen hübschen Anblick und unterdrücken mit ihrer kriechenden Wuchsform als Bodendecker das Unkraut. Selbst in Mauerfugen kann dieser Farn wunderbar gedeihen. Übrigens gehören die *P.*-Arten zu den wenigen Farnen, die Sonne und ein gewisses Maß an Trockenheit vertragen können. Benötigt mäßig fruchtbare, humusreiche Böden, die auch steinig sein dürfen. Teilung im Spätsommer.

100–
120 cm

Polystichum setiferum Borstiger Schildfarn, Weiche Schildfarn

Eine wahrhaft elegante Erscheinung. Die doppelt-gefiederten, filigranen Wedel des *P. setiferum* machen ihn zu einem echten Gartenjuwel. Er gilt als der Feinste überhaupt und eignet sich daher als prachtvolle Solitärpflanze. Ob im Steingarten, vor Gehölzen oder sogar im Staudenbeet, er zeigt sich überall von seiner besten Seite. In nicht allzu rauen Lagen bleiben die hübschen Wedel auch über den Winter grün. Einen auffälligen Kontrast zum matten Grün bilden die rot- bis hellbraunen Streuschuppen auf den Mittelrippen der Wedel. Bei gleichmäßiger Bodenbefeuchtung verträgt *P. setiferum* sogar einen sonnigen Standort. Dort die Pflanze im Winter mit Reisig abdecken, um die Blätter vor dem Austrocknen zu schützen. Liebt einen schwach sauren, humusreichen, frischen Boden. Die abgestorbenen Wedel sollten vor dem Neuaustrieb entfernt werden.

40–
60 cm

Polystichum aculeatum Dorniger Schildfarn

Eigentlich sieht er *P. setiferum* recht ähnlich, ist aber von kleinerem Wuchs. Wirkt schön vor *Rhododendron* und immergrünen Gräsern. Zuverlässig immergrün. Mag steinig-humose, gleichmäßig feuchte Böden.

30–
60 cm

Polystichum tripteron Kreuzfarn

Dem mittelhohen Farn mit den hellgrünen Wedeln sieht man seine Zugehörigkeit zu den Schildfarnen nicht unbedingt an. Die Art ist als eine der wenigen unter den *Polystichum*-Arten nicht wintergrün. Mag leicht schattige Lagen in humoser, feuchter Erde. Er ist sonnen- und trockenheitsempfindlich. Leichter Windschutz erforderlich.

Pseudosasa japonica syn.
Arundinaria japonica Maketebambus

Der Maketebambus hat sehr dünne, aufrecht stehende, olivfarbene Halme, die in Büscheln wachsen. Im Verhältnis zu den Halmen sind die Blätter recht groß und zeichnen sich durch eine satte, leicht glänzende, dunkelgrüne Färbung aus. Prächtig als Solitär oder in der Gruppe. Mag geschützte Lagen auf feuchtem, humosem Grund. Als Winterschutz wird eine dicke Mulchschicht empfohlen. Dickichtbildend. **Tipp:** Blühende Pflanzen bodentief zurückschneiden, kräftig mulchen und düngen.

Sasa tsuboiana Breitblatt-Bambus

Der regelmäßige, fast kugelförmige Wuchs und die außerordentlich großen, tiefgrünen Blätter machen *Sasa tsuboiana* zu einem gern gesehenen Gast im Garten. Darüber hinaus ist diese Zwergbambusart auch noch sehr robust. Verträgt sonnige oder schattige Lagen, wo es ihm gelingt, mit seinen festen, in verschiedene Richtungen gestreckten Blättern genügend Licht einzufangen. Zudem verträgt er die meisten Bodenarten, in voller Sonne sollte der Boden allerdings nicht zu trocken sein. Empfindlichkeiten gibt es nur gegenüber austrocknenden Winden. In geschützen Lagen ist *S. tsuboiana* wintergrün. Die niedrige Art eignet sich für Gewässerufer, Böschungen oder auch kleine Hecken. Falls er sich nicht ausbreiten soll, empfiehlt es sich, ihn in Töpfen einzugraben. Vermehrung durch Teilung im Frühjahr.

Spartina pectinata 'Aureomarginata'
Kamm-Schlickgras

Eine regelrecht elegante Silhouette bilden die locker überhängenden, glänzend grünen Blätter mit dem goldgelben Rand. Gekrönt wird das ganze Ensemble durch schlanke Ähren, die zur Blütezeit an langen Trauben stehen. Aber auch die Herbstfärbung in leuchtendem Orangebraun verspricht dekorative Akzente im Garten. Bevorzugt staunasse, nährstoffreiche Böden an sonnigen oder leicht beschatteten Plätzen. Aufgrund seiner Ansprüche ist es natürlich die Idealbesetzung für Teiche oder naturnahe Gärten. Rückschnitt im Frühjahr bis knapp über den Boden.

50–130 cm | Hochsommer bis Frühherbst

tipa brachytricha Diamantgras

s in den Winter hinein bleiben die ver-
veigten, rot-violett schimmernden Blüten-
spen auf den aufrecht stehenden Halmen
korativ. Das frischgrüne Laub erhält im
rbst einen feinen Bronzeton. In rauen
agen wird ein Winterschutz empfohlen.

80–100 cm | Sommer

Stipa calamagrostis Alpen-Raugras, Silber-Ährengras

Seine wahren Qualitäten als gestalterisches Element zeigt das blaugrüne *S. calamagrostis* im Sommer, wenn die fedrigen Rispen mit zahlreichen, goldbeige schimmernden Ähren erscheinen. Mit den munter nickenden Blütenständen lassen sich sanfte Bewegungen in Steingärten oder Staudenbeete bringen und harte Übergänge weich kaschieren. Im Herbst begeistert es durch eine goldgelbe Färbung. Das sommergrüne, büschelige Ziergras wächst – recht langsam – an sonnigen Standorten in mäßig nährstoffreichen, gut durchlässigen Böden. Zur vollen Entfaltung benötigt *S. calamagrostis* ein wenig Freiraum, Nachbarpflanzen sollten also nicht zu eng heranwachsen. Ansonsten ist es sehr pflegeleicht. Verträgt auch schon mal andauernde Trockenheit. Rückschnitt im frühen Frühjahr, bevor der Neuaustrieb beginnt. Teilung im Frühjahr.

40–60 cm | Frühsommer bis Hochsommer

Stipa tenuifolia Haargras

Dieses laubwerfende, haarförmige, blassgrüne Ziergras entwickelt sich im Sommer zu einem richtigen Blondschopf, der sich in der kleinsten Brise sanft hin und her bewegt. Gut geeignet für sonnige Steingärten, zur Randbepflanzung von Staudenbeeten oder als Kübelpflanze. *S. tenuifolia* kann auch zur extensiven Dachbegrünung verwendet werden. Verträgt trockene, gut durchlässige Böden.

Bäume und Sträucher

Alles andere als hölzern

Bäume und Sträucher sind das Gerüst des Gartens. Sie schaffen Struktur, grenzen Räume voneinander ab, sind herausragende Solitäre oder einfach grüne Kulisse für andere Hauptdarsteller. Sommergrüne Laubgehölze begeistern durch ihr abwechslungsreiches Repertoire: vom frischem Blattaustrieb über eine üppige Blüte mit zierenden Früchten bis hin zu einer leuchtenden Herbstfärbung. So geben sie dem Garten in jeder Jahreszeit ein neues Aussehen. Selbst das kahle Geäst des Winters kann ausgesprochen zierend wirken und lässt wieder Licht herein. Nadel- und immergrüne Gehölze sorgen das ganze Jahr hindurch für frisches Grün und verdecken zuverlässig alles, was nicht sehenswert ist. Zudem ersparen sie dem Gärtner lästige Laubkehrarbeiten. Wuchsform und Wuchsfreudigkeit der Gehölze müssen bei der Gartenplanung berücksichtigt werden. Pflanzzeit sollte generell die Phase der Vegetationsruhe sein, also Herbst bis mittleres Frühjahr. Wann der geeignete Zeitpunkt ist, richtet sich nach der Witterung. Bei gefrorenem oder sehr nassem Boden sollte der Pflanztermin besser verschoben werden. Die Vermehrung von Gehölzen wird durch vegetative Vermehrung – Absenker und Stecklinge – oder aber durch Anzucht aus Samen vorgenommen.

50–100 cm | Spätes Frühjahr bis Frühsommer

Abies concolor 'Archer's Dwarf'

Colorado-Tanne

Abies concolor ist nicht nur eine äußerst stattliche, sondern auch eine sehr elegante Tanne, die mit ihren 20 bis 25 m allerdings für die meisten Gärten deutlich zu groß sein dürfte. Kaum vorstellbar eigentlich, dass es gelingen kann, aus einem haushohen Baum einen so hübschen Zwerg im praktischen Handtaschenformat zu kultivieren, der mühelos in jeden Steingarten passt. 'Archer's Dwarf' ist eine rundlich bis konisch wachsende Sorte mit dicht stehenden, kurzen, leicht sichelförmigen Nadeln in einem pudrigen, blaugrünen Farbton. Sie wächst nur sehr langsam. Bevorzugt sonnige (kann auch im Halbschatten stehen), aber nicht heiße Standorte und nährstoffreiche, feuchte, durchlässige und leicht saure Böden. Die Kleinwüchsige wirkt am schönsten in Stein- oder Heidegärten, ist aber auch in Trögen gut aufgehoben.

Acer campestre Feld-Ahorn

Im Spätsommer bilden sich aus den grünen Blüten des Feld-Ahorns hübsche, rötlich überlaufene Flügelfrüchte, die lange an den Zweigen haften bleiben. Der mittelgroße Baum mit der eiförmigen Krone ist aufgrund seiner Schnittverträglichkeit ein ausgezeichnetes Gehölz für mittelhohe Hecken und Windschutzpflanzungen und ein wertvoller Vogelnistplatz. *A. campestre* ist anspruchslos, auch an den Boden. Als Formhecke 2- bis 3-mal jährlich schneiden.

Acer negundo 'Kellys Gold' Kalifornischer Eschen-Ahorn

Ein geradezu leuchtendes Juwel ist dieser kleine Ahorn mit seinen attraktiven, goldgelben Frühjahrsblättern, die sich im Sommer gelbgrün verfärben und im Herbst, kurz bevor sie abfallen, noch einmal ein zartes Gelb annehmen. Die Blätter sind so dünn, dass sie im Winter leicht zu Kompost zerfallen. Die gelbgrünen Blüten erscheinen in hängenden Trauben, ab Frühherbst trägt er hellgelbe Flügelfrüchte. 'Kellys Gold' mausert sich innerhalb kurzer Zeit zu einem hübschen Schattenbaum. Kommt auf allen nährstoffreichen, feuchtigkeitsspeichernden, aber durchlässigen Böden klar. In den ersten Jahren im Sommer gut wässern, später kann er auch schon mal etwas Trockenheit vertragen.

Acer palmatum Fächer-Ahorn

Das ganze Spektrum der wundervollen Herbstfarben von Hellgelb bis Karminrot bieten die zahlreichen Sorten von *A. palmatum*. Dabei gilt: Je sonniger der Standort, umso brillanter die Laubfärbung. Beliebt ist er auch wegen seiner feinen, gelappten Blätter. Die grazile Schönheit braucht einen lehmig-sandigen, tiefgründigen, feuchten, leicht sauren Boden, am besten in windgeschützter Lage. In kalten Klimaten empfiehlt sich ein Winterschutz aus Mulch, der Wurzeln und Pflanzstelle bedeckt. Da der Fächer-Ahorn sehr langsam wächst, kann er die ersten Jahre gut im Kübel gehalten werden.

Bis 2 m | Spätes Frühjahr | Spätsommer

Acer palmatum* var. *dissectum
Fächer-Ahorn

Der Minibaum hat wahrhaft einen besonders exponierten Platz als Solitär verdient. Die Blätter dieser Varietät sind besonders tief eingeschnitten und wirken dadurch noch wesentlich feiner.

2–4 m | Bis 2 m | Spätes Frühjahr bis Frühsommer

Aloe arborescens Tintenfisch-Aloe

In seiner südafrikanischen Heimat wird *A. arborescens* unter anderem als lebendiger Zaun genutzt. Mit ihrem verzweigten, baumartigen Wuchs und den langen und gebogenen, fleischigen, graugrünen Blättern, die an den Rändern mit spitzen Zähnen ausgestattet sind, wird diese immergrüne Sukkulente tatsächlich zu einer undurchdringlichen Wand. Die auffälligen, roten Blüten zeigen sich an bis 1 m langen Stielen. *A. arborescens* hat eine gesundheitsfördernde Wirkung, der geleeartige Saft der Blätter hilft bei der Heilung kleiner Hautwunden wie Abschürfungen oder Schnitten. Die heilsame Schöne ist sehr genügsam, sie bevorzugt fruchtbare, durchlässige Erde und verträgt ohne weiteres Trockenzeiten. Die akzeptierte Mindesttemperatur liegt allerdings bei 10 °C, was in frostgefährdeten Gebieten eine Kübelhaltung erforderlich macht.

Bis 10 m | Bis 12 m | Mittleres Frühjahr | Spätsommer

Amelanchier lamarckii Kupfer-Felsenbirne

Man sagt, die Kupfer-Felsenbirne hält für jede Jahreszeit ein besonderes Highlight bereit. Erst treiben im Frühjahr die Blätter bronzefarben aus. Sobald sie anfangen, mit dem üblichen Grün zu drohen, erscheinen zahlreiche weiße, prächtige Blütentrauben und bewahren *A. lamarckii* vor der Unauffälligkeit. Die blauschwarzen Früchte des Spätsommers sind nicht nur dekorativ, sondern auch essbar und gut geeignet zur Herstellung von Marmeladen und Säften. Als krönender Höhepunkt begeistert das Allroundtalent schließlich mit einer prächtigen, leuchtend gelbroten Herbstfärbung. Ja, und im Winter rührt es den Betrachter mit seinen zierlichen, dünnen Trieben. *A. lamarckii* ist zudem eine gute Bienenweide. Die Früchte sind als Vogelnahrung sehr gefragt.

Aralia elata 'Variegata'

Japanischer Angelikabaum

Die leicht exotisch wirkende, ausladende *A. elata* ist doch eher ein Fall für größere Gärten, denn sie wird annähernd so breit wie hoch. Die weniger wüchsige 'Variegata' zeichnet sich durch den hübschen, unregelmäßigen, cremeweißen Rand ihrer Blätter aus, die sich im Herbst orange-purpur verfärben. Die kleinen, weißen Blüten hängen ab Spätsommer in langen Dolden, anschließend reifen sie zu runden, schwarzen Früchten heran. Braucht nährstoffreiche, durchlässige Standorte in windgeschützten Lagen. Triebe mit einfarbigem Laub herausschneiden.

Berberis julianae Julianes Berberitze

Durch zwei große Auftritte im Jahr zeichnet sich die buschige *B. julianae* aus. Ab Spätfrühling trägt sie büschelweise weiche, gelbe Blüten, die im Herbst durch hübsche, blauschwarz bereifte Beeren ersetzt werden. Ihr großblättriges, glänzend dunkelgrünes, beinahe lederartiges Laub ist immergrün, bis auf einige wenige gelb-rote Einzelfärbungen im Herbst. So anziehend ihr Anblick auch wirken mag, sie besitzt eindeutige Abwehrmechanismen. Mit bis zu 4 cm langen Dornen bewaffnet wird sie zur undurchdringlichen Barriere, weshalb Berberitzen – im Allgemeinen – als Heckenpflanze besonders beliebt und geeignet sind. Was den einen abhält, dient dem anderen als Schutz. So sind Berberitzen klassische Vogelschutzgehölze. Die Blüten liefern Pollen und Nektar für Bienen und andere Insekten. Ihrerseits ist *B. julianae* recht genügsam: Ein halbschattiger, windgeschützter Platz, an dem sie wenig Frost bekommt, und ein einfacher, durchlässiger Boden reichen ihr völlig. Falls sie nicht freiwachsen soll, hat sie auch gegen einen radikalen Verjüngungsschnitt keine Einwände. **Achtung:** Kontakt mit den Dornen kann zu Hautreizungen führen. Pflanzenteile der Zierarten nicht verzehren. Berberitzenmarmelade wird nur aus den Beeren der *B. vulgaris* zubereitet.

Berberis × *stenophylla* 'Crawley Gem'

Schmalblättrige Berberitze

Aus den büscheligen, tiefgelben Blütentrauben der immergrünen 'Crawley Gem' entwickelt sich im Herbst ein ganzes Meer aus runden, blau bereiften Früchten. Auch sie ist eine gute und zuverlässige Heckenpflanze, aber ebenso eine prächtige Bereicherung für die Strauchrabatte. Ansprüche wie *B. julianae*.

Bis 1,5 m | Mittleres Frühjahr | Herbst

Berberis thunbergii 'Rose Glow'

Thunbergs Berberitze

Die laubwerfende 'Rose Glow' begeistert durch ihr karminrotes Laub, das zierende, weiße Flecken aufweist. Trägt im Frühjahr gelbe Blüten und rote Beeren im Herbst. Als Heckenpflanze gut geeignet, anspruchslos. Verträgt Sonne und Halbschatten.

Brugmansia suaveolens Duftende Engelstrompete

Um absolut sicherzustellen, dass alle Blicke ihr gehören, neigt die Duftende Engelstrompete schon einmal etwas zur Übertreibung. Zum stattlichen Wuchs, ihren großen Blättern und den riesigen, weißen, manchmal gelben oder rosafarbenen Trompetenblüten mit adrett zurückgeschlagenen Zipfeln gesellt sich noch ein intensiver, abendlicher Duft. So viel tropische Eleganz braucht auf jeden Fall einen würdigen Platz, um vollendet wirken zu können, sowie einen geschützten, kühlen und hellen Fleck, um kalte Winter zu überstehen. Sie liebt Sonne und einen fruchtbaren, feuchten Boden. **Achtung:** Die betörende Schönheit ist in allen Pflanzenteilen hochgiftig.

Bis 5 m | 2,5–3 m | Frühsommer bis Herbst

Buddleja alternifolia

Schmalblättriger Sommerflieder

Dieser hübsche, laubwerfende Strauch oder – je nach Wuchs – auch kleine Baum lässt im Frühsommer an seinen Vorjahresästen kaskadenweise fliederfarbene, duftende Blütenbüschel herunterhängen. Er sollte nur leicht ausgelichtet werden, um die Form zu bewahren, bei grobem Rückschnitt blüht er erst wieder im zweiten Jahr. Als Baum ein idealer Solitär. Standortansprüche wie B.-Davidii-Hybriden.

Buddleja davidii 'Fascinating'

Gewöhnlicher Sommerflieder, Schmetterlingsstrauch

Ihrer magnetischen Anziehungskraft auf Schmetterlinge hat diese Pflanze ihren Namen zu verdanken. Und tatsächlich ziehen die breiten, duftenden, purpurfarbenen Blütenrispen die Falter reihenweise an. Die Rispen von 'Fascinating' bekommen immerhin eine stattliche Länge von 30 bis 60 cm. Schmetterlingssträucher sind immer Hingucker, ganz gleich, ob sie einzeln oder in Gruppen stehen. Als Schmetterlingsmagnet macht er sich natürlich besonders schön in der Nähe von Terrassen oder Sitzplätzen. Der laubwerfende, ausladend wachsende Strauch entwickelt seine Pracht vorzugsweise in sonnigen, warmen und geschützten Lagen. Dafür begnügt er sich aber mit durchlässigen, normalen Gartenböden, die auch trocken und karg sein dürfen. Die Triebe frieren im Winter leicht zurück, daher im frühen Frühjahr stark bis auf ein Drittel oder Viertel zurückschneiden. Der Rückschnitt fördert zudem das Blütenwachstum, da *B. davidii* am einjährigen Holz blüht.

Buddleja davidii 'White Ball'

Gewöhnlicher Sommerflieder, Schmetterlingsstrauch

Die breit gedrungene, weitverzweigte, aber niedrigwüchsige Statur mit den silbrig haarigen Blättern ist das Besondere an 'White Ball', der ab Hochsommer mit überschwänglich blühenden, weißen Rispen aufwartet. Diese schöne Zwergform ist insbesondere auch für Topfkulturen auf Balkon oder Dachgarten geeignet.

Bis 5 m | Bis 5 m | Mittleres bis spätes Frühjahr | !

Buxus sempervirens Europäischer Buchsbaum, Gewöhnlicher Buchsbaum

Er lässt sich reichlich Zeit, der *Buxus sempervirens*, und es braucht schon viele Jahre, bis er sich zu einem stattlichen Strauch entwickelt hat. Doch Geduld lohnt sich, denn der immergrüne Europäische Buchsbaum gehört zu den vielseitigsten und beliebtesten Gartenpflanzen überhaupt. Geschätzt wird er vor allem wegen seiner eiförmigen, ledrigen, kleinen Blätter und seiner Wandlungsfähigkeit, denn er lässt sich problemlos in jede kunstvolle Form oder gewünschte Größe schneiden. Seine gelblichen, manchmal grünlichen, duftenden, kleinen Blütenbüschel sind zwar wenig auffällig, ziehen dafür aber reichlich Insekten an. Aufgrund seiner Gestaltungsfähigkeit ist er sowohl in formalen als auch in natürlichen Pflanzungen vielseitig verwendbar: als Hecke oder Beeteinfassung, als immergrüne Hintergrundbepflanzung für Rosen und Stauden oder als figürliches Kunstgebilde in wirkungsvoller Einzelstellung. Nennenswert ist auch seine enorme Anpassungsfähigkeit an unterschiedliche Standorte, solange der Boden humos und durchlässig ist. **Achtung:** Alle Pflanzenteile, vor allem Rinde und Blätter, sind stark giftig.

Callistemon citrinus Karminroter Zylinderputzer

Die zahlreichen spektakulären, leuchtend karminroten Blütenbüschel haben diesem Strauch seinen Namen gegeben. Neben der Blüte – die zweite Blüte im Spätsommer fällt nicht mehr ganz so üppig aus – machen ihn seine immergrünen, hartlaubigen Blätter attraktiv. Mag volle Sonne und feuchte, durchlässige, mäßig fruchtbare Erde. Er ist nur in frostfreien Regionen für den Garten geeignet, in gemäßigten Breiten als Kübelpflanze kultivierbar.

1,5–8 m | 1,5–8 m | Spätfrühling und Spätsommer

***Calluna vulgaris* 'Peter Sparkes'**

Besenheide, Heidekraut

Hoch aufrecht stehend mit langen Trauben aus gefüllten rosa Blüten ist 'Peter Sparkes' eine Bereicherung für jedes Heidebeet. Dort wird er vorzugsweise mit C.-Vulgaris-Sorten in verschiedenen Blütenfarben wie Weiß, Lila oder Rot kombiniert. Die immergrüne, niedrige Strauchart liebt sonnige bis halbschattige Standorte mit durchlässigen, sauren, frischen bis trockenen Böden. 'Peter Sparkes' ist hervorragend als Schnittblume geeignet. Blütenrispen aus dem Vorjahr entfernen, zu lange Triebe zurückschneiden.

***Camellia* 'Barbara Clark'** Kamelie, Teestrauch

Kamelien – zauberhafte Exoten. Geradezu anbetungswürdig erscheinen einem diese immergrünen, ostasiatischen Sträucher mit ihren einzigartigen, wunderschönen Blüten. Doch hinter all der Schönheit verbirgt sich ein etwas empfindliches Seelchen, denn in den Genuss ihrer prächtigen Blüten zu kommen, erfordert schon einige Raffinesse. Sicher ist: Standort und Temperaturen müssen stimmen. Halbschatten ist ideal. Ausreichend feucht sollte er sein, möglichst frei von kalten Winden und brennender Morgensonne, insbesondere nach einer frostigen Nacht. Denn beides schädigt die Knospen. Optimal sind warme, helle Sommer im Wechsel mit kühlen, aber frostfreien Wintern. Fehlt es an diesen Grundbedürfnissen, gibt es auch gleich weniger oder gar keine Blüten. Den Boden mag sie humusreich, leicht sauer und gut drainiert. Eine dieser bezaubernden Pflanzen-Diven ist 'Barbara Clark', eine halbgefüllte Kamelie, die in herrlichem Hellrosa erblüht und eine breite Pyramidenform ausbildet.

***Camellia japonica* 'Mark Alan'**

Japanische Kamelie

Die weinrote, halbgefüllte bis anemonenförmige Sorte mit aufrechtem Wuchs treibt große Blüten mit schmalen Blütenblättern. Ein ausdauernder Blüher. Bei Frost den Wurzelbereich mit einer dicken Schicht Laub abdecken und möglichst ein Zelt aus Nadelzweigen um die Pflanze bauen. Zum Auspflanzen in den Garten eignen sich nur Pflanzen, die mindestens vier Jahre alt sind. Der beste Pflanzzeitpunkt ist das Frühjahr. Nicht zu tief pflanzen, der Wurzelballen sollte nur leicht mit Erde bedeckt sein.

Camellia × williamsii 'Joan Trehane'

Fast wie eine Rose wirkt die rosafarbene und rosenförmige, traumschöne Blüte von 'Joan Trehane'. Der kräftigwüchsige, aufrechte Kamelien-Strauch stellt die typischen Ansprüche seiner Art. Nach der Blüte im Frühsommer leicht zurückschneiden, ausputzen und mit Volldünger versorgen.

Carpinus betulus Gewöhnliche Hainbuche, Weißbuche

C. betulus wird oft als klassische Heckenpflanze verwendet, die im Frühjahr und Sommer mit einem frischen, grünen, ab Herbst mit leuchtendem, goldgelbem Laub einen dichten Sichtschutz bietet. Ein Teil der Blätter trocknet ein und bleibt den Winter über an den Zweigen haften, bis im Frühjahr der Neuaustrieb beginnt. Somit zeigt sie im Laufe des Jahres ein sich ständig wandelndes Gesicht. Die grünlich gelben Blütenkätzchen sind eher unscheinbar, auffälliger sind die gelbbraunen, nüsschenartigen Fruchtstände. Hecken aus *C. betulus* sind bei Vögeln eine äußerst beliebte Brutstätte. Sie verträgt einen – wenn es sein muss – kräftigen Rückschnitt im Hoch- bis Spätsommer. Anspruchslos und robust, wie sie ist, nimmt sie mit fast allen Böden vorlieb, optimal sind tiefgründige und humose Standorte.

Camellia japonica 'Takanini'
Japanische Kamelie

Traumhafter Dauerblüher. Eine weitere weinrote, anemonenförmige Sorte, deren Blüte mit der Zeit ins Bläuliche übergeht. Ideal für Hecken oder Grenzbepflanzungen.

Caryopteris × clandonensis 'Heavenly Blue' Clandon-Bartblume

Für die kleinen, flauschigen, blauen Blüten, die im Spätsommer massenhaft erscheinen, muss man diesen zierlichen, sommergrünen Strauch einfach mögen. In kühlem Kontrast dazu stehen die graugrünen, silbrig behaarten Blätter. 'Heavenly Blue' bevorzugt mäßig nährstoffreiche, leichte, durchlässige, gerne auch kalkreiche Böden in voller Sonne. In kalten Regionen mit kühlen Sommern am besten ein Plätzchen an einer geschützten Mauer wählen. Ansonsten fügt sich das elegante, aufrecht wachsende Sträuchlein auch hervorragend in Staudenrabatten ein. Im zeitigen Frühjahr die Blütentriebe des Vorjahres zurückschneiden, das fördert den Blütenansatz.

Catalpa bignonioides

Gewöhnlicher Trompetenbaum

Alles andere als gewöhnlich ist der exotisch anmutende, ausladende Trompetenbaum, der erst spät im Frühjahr breite, herzförmige Blätter austreibt. Geradezu verschwenderisch wirkt der Anblick seiner bis zu 20 cm langen Rispen, die voller glockiger, weißer Blüten hängen. Kaum ist die Blütezeit beendet, folgt das nächste Highlight auf dem Fuß: die auffallend langen, bohnenähnlichen Kapselfrüchte. Ein Baum, der so viele interessante Anblicke bietet, hat sich wirklich eine Stellung als Solitär verdient. Am geeignetsten ist ein sonniger, windgeschützter Platz mit fruchtbarer, feuchter, durchlässiger Erde. Die Baumscheibe der Jungpflanze sollte mit einer dicken Mulchschicht vor harten Frösten geschützt werden.

Ceanothus 'Pin Cushion' Säckelblume

Wer eine Vorliebe für Blaublütiges hat, wird an 'Pin Cushion' nicht vorbeikommen. Der rundliche, immergrüne Strauch mit dunkelgrünen, länglichen Blättern versinkt im späten Frühjahr in einem Meer mittel- bis hellblauer, weicher Blütenrispen. Vorausgesetzt, er hat einen vollsonnigen Standort in der Staudenrabatte oder an einer windgeschützten Mauer, kombiniert mit einem nährstoffreichen, durchlässigen Boden. Ein leichtes Stutzen im Frühjahr hält ihn gut in Form. Mit einer extra dicken, trockenen Laubschicht vor Frösten schützen.

Bis 1,5 m | Hochsommer bis Herbst

Ceanothus × _pallidus_ 'Marie Simon'
Hybrid-Säckelblume

Die sommergrüne, buschige 'Marie Simon' mit ovalen, gezähnten Blättern trägt blassrosa Blütenrispen. Im Frühjahr bis zu den Hauptästen zurückschneiden. Im ersten Jahr leichter Winterschutz.

Bis 1,5 m | Bis 1,5 m

Cedrus deodara 'Golden Horizon' Himalaya-Zeder

Normalerweise wächst *C. deodara* zu einem stattlichen, eindrucksvollen Baum von bis zu 40 m Höhe heran, der aber nur für wirklich große Gärten geeignet ist. Gut, dass es da die kompakten, langsam wachsenden Zwergformen gibt, die für kleine Gärten, Steingärten oder Pflanztröge in Frage kommen. 'Golden Horizon' ist einer dieser attraktiven Kleinen, der auf der Sonnenseite gelbe oder gelbgrüne Nadeln trägt, sich im Schatten aber eher blaugrün zeigt. Sein Wuchs ist breit ausladend und erreicht in Höhe und Breite etwa 1,5 m. Er mag sandig-humose, durchlässige Böden in sonniger Lage, sollte aber vor Wintersonne geschützt werden, da an extrem sonnigen Plätzen Verbrennungen auftreten können. Auch vor windexponierten, rauen Standorten sollte man ihn schützen.

Bis 10 m | Bis 10 m | Mittleres bis spätes Frühjahr

Cercis siliquastrum Gewöhnlicher Judasbaum

Das Schönste am ausladenden *C. siliquastrum* sind seine lebhaften, purpur-rosafarbenen Blütenbüschel, die im Frühjahr direkt dem Stamm und den älteren Zweigen entspringen. Kurz nach oder während der Blüte treiben die schmucken, herzförmigen, gelbgrünen Blätter aus, die sich im Herbst goldgelb verfärben. In sonniger, geschützter Lage auf einem durchlässigen, kalkhaltigen Boden gedeiht *C. siliquastrum* am besten. Er entwickelt sich am prachtvollsten, wenn er ungeschnitten bleibt. Die Jungpflanze ist frostempfindlich, daher an geschützten Stellen pflanzen.

Chaenomeles japonica 'Cido'

Japanische Scheinquitte

Als nordische Zitrone wird 'Cido' auch bezeichnet, was nicht allein auf Farbe und Form der Früchte zurückgeht, sondern vor allem auf ihren ausgesprochen hohen Gehalt an Vitamin C und den kulinarischen Nutzwert. Denn die Früchte können zu Marmelade und Saft verarbeitet werden, roh sind sie jedoch nicht genießbar. Das Besondere an der laubwerfenden 'Cido' ist, dass es sich um eine dornenlose Züchtung handelt. Im Frühsommer erscheinen ungefüllte, orange Blüten – eine wahre Bienenweide – im Herbst die apfelgroßen, gelben Früchte. Die Pflanze ist zudem sehr robust. Benötigt nährstoffreiche, kalkarme Böden in Sonne oder Halbschatten.

Chaenomeles × superba 'Pink Lady' Zierquitte

Dieser aufrecht wachsende, bedornte, sommergrüne Strauch zeigt bereits früh im Jahr seine schönen, dunkelrosa Blüten, gefolgt von großen, gelben Früchten, die später im Herbst erscheinen. Die beliebte Vorgartenpflanze hat mehr verdient, sie passt auch gut in Strauchrabatten oder vor eine Trockenmauer. Dank ihrer Dornen kann sie auch als natürliche Hecke eingesetzt werden. In der Pflege ist sie selten anspruchslos, benötigt lediglich bei Bedarf hin und wieder nach der Blüte einen Auslichtungsschnitt. Bei einem Winter ohne größere Frosteinbrüche ist 'Pink Lady' ausreichend frosthart.

Chamaecyparis lawsoniana 'Lutea' Lawsons Scheinzypresse

Aufgrund ihrer gewaltigen Höhe ist 'Lutea' sicherlich am besten in großen, parkähnlichen Gärten untergebracht. Die schlarke, kegelförmige Säule mit den büscheligen, goldgelb angehauchten Blättern erhebt dabei durchaus Anspruch auf eine Einzelstellung, passt sich dann aber den Gegebenheiten an. Sonne und ein einfacher Gartenboden, der nicht zu trocken ist, aber auch keine Staunässe hält, reichen ihr völlig. 'Lutea' kann schon mal etwas gereizt auf starken Wind reagieren. Die Zapfen erscheinen zweimal im Jahr: die männlichen im Frühjahr, die weiblichen im Sommer. Der Kontakt mit den Blättern kann Hautreizungen hervorrufen.

Cistus × purpureus 'Alan Fradd'
Purpur-Zistrose

Wie von Künstlerhand geschaffen. Sie vermittelt den Eindruck, als bestünde sie aus feinstem, weißem Seidenpapier, auf das anschließend zur Vollendung mit wenigen Pinselstrichen ein paar lose Farbtupfer aufgetragen worden sind. Die zarte, weiße Blüte erscheint im Sommer an einem rundlichen, immergrünen Strauch, der bevorzugt an einem geschützten Ort in der vollen Sonne steht und mäßig fruchtbare, gut drainierte Böden mag. Um einen buschigen Wuchs zu fördern, sollten die Triebspitzen der jungen Pflanzen herausgekniffen werden. Ein leichter Rückschnitt nach der Blüte erhält die Form. In kalten Regionen ist ein Winterschutz erforderlich.

Citrus aurantium Bitterorange, Pomeranze

Die Temperaturtoleranz von *C. aurantium* liegt bei 3 bis 5 °C, damit kommt die schöne Bitterorange in feuchter, durchlässiger Erde und voller Sonne durch den Winter. Bei geringeren Temperaturen empfiehlt sich eine Kultivierung als Kübelpflanze. Aus den Früchten lassen sich Marmelade und Saft herstellen. Duftende Blüten.

***Cordyline australis* 'Atropurpurea'** Keulenlilie, Kolbenbaum

Einen Hauch von Exotik bringt die palmenähnliche Keulenlilie in den Garten. In frostfreien Gärten ist sie eine schöne Strukturpflanze, die mit der Zeit eine baumartige Form entwickelt. Sie mag einen regengeschützten Standort und nährstoffreichen Boden in Sonne oder Halbschatten. Die schöne, rotblättrige Varietät 'Atropurpurea' eignet sich aber auch hervorragend als Kübelpflanze, insbesondere deshalb, weil sie recht moderat wächst und bei Bedarf beliebig gestutzt werden kann.

Cornus alba 'Elegantissima'

Tatarischer Hartriegel

Das Charakteristische an 'Elegantissima' ist die schöne Belaubung. Die graugrünen Blätter mit der unregelmäßigen, cremeweißen Färbung am Rand sind schon sehr wirkungsvoll. Von der weißen Blüte und den blau überhauchten Früchten einmal abgesehen, hält der dekorative Strauch für den Winter aber noch einen Extrabonus bereit, wenn nämlich das abgefallene Laub den ungestörten Blick auf die wunderschön rot gefärbte Rinde freigibt. Um die Bildung junger, farbenfroher Triebe anzuregen, am besten jährlich im Frühjahr kräftig zurückschneiden.

Cornus controversa 'Variegata' Riesen-Hartriegel

Wie eine grazile Etagere wirkt die rundliche, laubwerfende *C. controversa* 'Variegata', die es tatsächlich schaffen kann, gleiches Ausmaß in Höhe und auch Breite zu erreichen. Damit diese Wirkung nicht verloren geht, sollte diesem Baum auf jeden Fall ein freistehender Standort sicher sein. Die dunkelgrünen Blätter zeichnen sich durch einen dicken, cremeweißen Rand aus und nehmen zudem auch noch eine fabelhafte, kräftige purpur-rote Herbstfärbung an. Weiße Blüten und rundliche, blauschwarze Früchte runden den äußerst positiven Gesamteindruck gekonnt ab. Als ob das noch nicht genügen würde, ist 'Variegata' auch noch anspruchslos und robust. Ein einfacher, durchlässiger, frischer Gartenboden, der auch kalkhaltig sein darf, reicht völlig.

Cornus florida f. *rubra*

Roter Blumen-Hartriegel

Eine Spitzfindigkeit vorweg: Was hier wie eine rosafarbene Blüte wirkt, sind eigentlich auffallend gefärbte Hochblätter, die eine unscheinbare, kleine Blüte umgeben. Nichtsdestoweniger bleibt der Anblick bezaubernd und etwas so Schönes darf auch Ansprüche stellen: Der laubwerfende Blumen-Hartriegel liebt Sonne, über die Mittagszeit zieht er allerdings eine leichte Beschattung vor. Ein nährstoffreicher, sehr durchlässiger, neutraler bis saurer Boden, unbedingt kalkfrei, tut das Übrige. Ein Schnitt ist nicht notwendig. Wächst in der Jugendzeit nur sehr zögerlich zu Sträuchern oder Bäumen.

Bis 7 m | Früh-sommer | Herbst

Cornus kousa

Japanischer Blumen-Hartriegel

Wie dicke, reife Erdbeeren hängen die Früchte von *C. kousa* am Baum. Sie sind ein weiterer Höhepunkt im Leben des sensationellen Blumen-Hartriegels und füllen mit ihrem Erscheinen die Zeit zwischen Blüte und Herbstfärbung.

Bis 4 m | Bis 4 m | Mittleres Frühjahr

Corylopsis sinensis Chinesische Scheinhasel

Bevor sich auch nur ein einziges grünes Blättchen an den schlanken Ästen von *C. sinensis* zeigen kann, hängt er über und über voll mit kleinen, zitronengelben, glockigen Blütentrauben. Der Blattaustrieb erfolgt im Anschluss an die überwältigende Blüte. Die Blätter haben eine oval-breite Form und sind dunkelgrün. In jedem normalen Gartenboden und an einem Platz im Halbschatten fühlt sich der grazile, ausladende Strauch am wohlsten. Alte Zweige oder störende Triebe lassen sich direkt nach der Blüte herausschneiden. Am schönsten wirkt er zusammen mit anderen frühblühenden Gehölzen wie *Magnolia, Salix* oder *Corylus*.

2–4 m | Frühes Frühjahr

***Corylus avellana* 'Contorta'** Gewöhnliche Hasel, Korkenzieher-Hasel

Die auffallend gedrehten Äste der Korkenzieher-Hasel entfalten ihre Wirkung am besten im zeitigen Frühjahr, wenn die zahlreichen gelben Blütenkätzchen in dem baumartigen Strauch hängen. Die robuste Pflanze gedeiht auf jedem humosen Gartenboden, der weder zu feucht noch zu trocken ist. Kann bei Bedarf im Winter oder Frühjahr ausgelichtet werden. **Tipp:** Die schönen Zweige lassen sich für Blumenarrangements verwenden.

Cotinus coggygria 'Royal Purple'

Europäischer Perückenstrauch

'Royal Purple' hat in jeder Saison etwas zu bieten. Das vom Austrieb an tiefdunkelrote, fast schwärzliche Laub bekommt im Herbst eine scharlachrote Färbung. Besonders bizarr sind die kleinen Früchte, an deren Stielen fedrige, rötlich angehauchte Haarnetze sitzen, denen der Strauch seinen Namen verdankt. An einem sonnigen Platz in jedem normalen Gartenboden kann 'Royal Purple' seine Vielfalt unter Beweis stellen. Ein Schnitt ist nicht nötig, da er nur die natürliche Wuchsform beeinträchtigen würde. Im Herbst pflanzen.

Cotoneaster atropurpureus 'Variegatus' Spitzblättrige Zwergmispel

An Genügsamkeit und Anspruchslosigkeit ist die unverwüstliche Zwergmispel von anderen Gehölzen wohl kaum zu überbieten. Die Frage nach dem geeigneten Standort stellt sich bei ihr kaum, jeder Gartenboden, ganz gleich, ob in Sonne oder Halbschatten gelegen, wird anstandslos angenommen. Selbst ein starker Rückschnitt (bei Bedarf) schadet ihr nicht. Da auch ein Stadtklima für diese Pflanze völlig im Bereich des Akzeptablen liegt, findet *Cotoneaster* auch in der Stadtbegrünung Einsatz. In Gärten wird die sommergrüne Sorte 'Variegatus' wegen ihrer weiß umrandeten, zierlichen, dichten Blätter und der hübschen, orangeroten Herbstfrüchte gepflanzt. Sie ist ideal für die flächige Begrünung schwieriger Standorte, zur Bepflanzung von Hängen oder niedrigen Abstützmauern. Auch in Steingärten als niedriger Strauch verwendbar.

Crataegus laevigata 'Rubra Plena'

Zweigriffliger Weißdorn

Wegen ihrer Robustheit kann die hübsche, dunkelrosa blühende 'Rubra Plena' hervorragend in exponierten, ungeschützten Lagen gepflanzt werden, denn weder Wind noch Wetter können ihr wirklich etwas anhaben. Daher ist sie auch für Küstenbedingungen gut geeignet. Auch beim Boden ist dieser laubwerfende, rundlich wachsende, dornige Baum nicht wählerisch, lediglich Staunässe wird nicht toleriert. Sonne oder Halbschatten sind gleichermaßen willkommen. Die roten, rundlichen Herbstfrüchte erfreuen sich vor allem bei Vögeln großer Beliebtheit. Lediglich störende Äste im Winter oder Frühjahr entfernen.

1–
1,5 m | Spätes Frühjahr bis Frühsommer | !

Cytisus-Scoparius-Hybriden 'Luna'

Edelginster, Schmuckginster

Mit ihrer überschäumenden Fülle an üppigen, hell- und dunkelgelben Schmetterlingsblüten bereichert die locker aufrechtwachsende, sommergrüne 'Luna' kleinere Gehölzgruppen, Stein- oder Heidegärten. Da sie ihren außerordentlichen Blütenreiz nach der Blüte gegen eher spärlich belaubte, dünne Ruten tauscht, empfiehlt sich keine Einzelstellung. Bezüglich der Lichtverhältnisse sollte ein Standort gewählt werden, der sonnig bis absonnig ist. Ein leichter, durchlässiger, gerne sandiger Boden ist ideal. Um einen kräftigen Neuaustrieb anzuregen, nach der Blüte einen Teil der Ruten zurückschneiden. Im Winter mit einem lockeren Schutz aus Reisig abdecken. **Achtung:** Alle Pflanzenteile sind bei Verzehr leicht giftig.

1–
1,5 m | Spätes Frühjahr bis Frühsommer | !

Cytisus-Scoparius-Hybriden 'Palette' Edelginster, Schmuckginster

Außen rot und innen gelb-weiß – so präsentiert die sehr farbenprächtige, mehrfarbige 'Palette' ihre zahlreichen Blüten. Sie benötigt für einen guten Wuchs die gleichen Bedingungen wie 'Luna'.

Deutzia × elegantissima 'Rosalind' Deutzie

Die elegante 'Rosalind' fällt durch ihre verschwenderischen Büschel sternförmiger, rosa überhauchter, weißer Blüten auf, die sich hell von den eiförmigen, dunkelgrünen Blättern abheben. Der sommergrüne, kompakte Strauch ist äußerst anspruchslos. Mag sonnige bis leicht absonnige Lagen und humose, frische Böden. In Trockenperioden wässern. Jedes Jahr nach der Blüte einige alte Äste herausnehmen, das fördert den Neuaustrieb und Blütenansatz.

Bis 1,2 m | Bis 1,5 m | Spätes Frühjahr bis Frühsommer

***Erica carnea* syn. *E. herbacea* 'March Seedling'** Schnee-Heide

Die robuste Schnee-Heide blüht je nach Sorte vom frühen Winter bis in den Spätfrühling hinein. Die kräftige, breitwachsende, mittelgrüne 'March Seedling' ist eine von den Spätblühern. Mit ihren massigen Trauben von glockenförmigen, purpur-rosafarbenen Blüten ist der immergrüne Strauch die ideale Ergänzung für den Heidegarten. Er verträgt neben Sonne auch offene, halbschattige Standorte mit durchlässigem, saurem Boden. Die Blütentriebe nach der Blüte wenige Zentimeter ins alte Holz zurückschneiden. Verträgt Sonne und Halbschatten.

Euonymus planipes Flachstieliger Spindelstrauch

Wenn man *E. planipes* im Sommer begegnet, kann es passieren, dass man ihn schlichtweg als grüne Kulisse übersieht. So gänzlich unscheinbar wirkt der aufrechte Laubabwerfer mit seinen mattgrünen Blättern und den unauffälligen, gelbgrünen Blüten zu dieser Jahreszeit. Sein wahres Potenzial zeigt sich erst im Spätsommer: Wenn seine verspielten, karminroten Fruchtkapseln mit den orangen Samen auf der Bildfläche erscheinen und sich der ganze Strauch in ein leuchtendes, orange-rotes Herbstgewand hüllt, verschwindet seine Ausdruckslosigkeit plötzlich. Für dieses Kunststück hat er wahrlich einen Einzelplatz an der Sonne verdient, wo sich Herbstlaubung und Früchte optimal präsentieren können. Hinsichtlich des Bodens ist er nicht anspruchsvoll, jeder einfache Gartenboden und eine gelegentliche Kompostgabe stellt ihn zufrieden.

Bis 1,2 m | Bis 1,3 m | Frühes Frühjahr bis Frühsommer

Euphorbia characias* subsp. *wulfenii Wolfsmilch

Alles andere als unscheinbar ist dieses lebende Gesamtkunstwerk, mit dem sich unübersehbare grüne Akzente im Garten setzen lassen. Die unglaublich bizarren, großen Köpfe voller gelbgrüner Blüten stehen oben auf senkrechten, purpurfarbenen Sprossen, die rundum von attraktiven, länglich schmalen, grüngrauen Blättern bewachsen sind. Einfach großartig. Der immergrüne Strauch passt am besten als gestaltendes Element in Misch- oder Strauchrabatten, wo er vor allem im Frühjahr und Winter zum Blickfang wird. Geht gut zusammen mit grünen Blatt- und Strukturpflanzen. Mag leichte, gut drainierte Gartenböden. Im Winter empfiehlt sich ein Reisigschutz.

Bis 1 m | Bis 1 m | Mittleres Frühjahr bis Hochsommer

Euphorbia* × *martinii

Im Frühling fällt *E.* × *martinii* durch die hellgrünen Blütenstände auf, aus denen heraus je Blüte ein dunkelrotes 'Auge' blinzelt. Der immergrüne Halbstrauch besticht allerdings ebenso durch seine rötlichen Triebe und das hübsche, anfangs purpurn getönte, später mittelgrüne, schmale Laub. Der kompakte Vertreter wächst an sonnigen Plätzen in gut durchlässigem Boden und passt perfekt in kleine, sonnige Beete. Eignet sich auch gut für Küstengärten. Achtung: Wolfsmilchgewächse sondern einen Milchsaft ab, der zu Hautreizungen führen kann. Es empfiehlt sich, die Pflanzen mit Handschuhen anzufassen.

Exochorda racemosa Chinesische Radspiere

Im späten Frühjahr präsentiert sich die Chinesische Radspiere mit einer eindrucksvollen Fülle an feinen, reinweißen Blüten, die vor dem länglich eiförmigen, hellgrünen Laub besonders schön zur Geltung kommen. Der sommergrüne Blütenstrauch hat eine aparte, leicht überhängende Form und lässt sich als eindrucksvolles Solitär- oder Gruppengehölz einsetzen. *E. racemosa* wächst in Sonne oder Halbschatten in reichlich humosen, feuchten, durchlässigen Böden. In der Jugend können lange, rutenartige Triebe gestutzt werden, damit sich der Strauch verzweigt. Weitere Schnittmaßnahmen sind aber nicht erforderlich.

Fagus sylvatica 'Atropunicea' Rot-Buche

Angesichts des Ausmaßes, das 'Atropunicea' erreichen kann, erübrigt sich beinahe die Frage nach der Verwendbarkeit. Aber auch der, der nicht auf einen Park oder einen weitläufigen Garten zurückgreifen kann, findet in der Rot-Buche eine elegante Heckenpflanze, die sich ausgezeichnet als Sicht- und Windschutz eignet. Sie ist schnellwüchsig und hat den enormen Vorteil, dass sie ihr trockenes Herbstlaub den Winter über behält und damit auch ihre sichtschützende Funktion. Durchlässiger, nährstoffreicher Boden, der Feuchtigkeit hält.

Fatsia japonica Zimmeraralie

Mit ihren auffallend handgroßen, glänzenden, gelappten Blättern – sie erreichen immerhin einen Durchmesser von 15 bis 40 cm – ist *F. japonica* eine ideale Strukturpflanze für die leicht schattigen Bereiche eines exotisch angehauchten Gartens. Im Herbst erscheinen an verzweigten Dolden rundliche, cremeweiße Blüten, gefolgt von kleinen, kugeligen, schwarzen Früchten. Der immergrüne, ausladende Strauch bietet einen schönen Kontrast zu Pflanzen mit fedrigem Laub, wie Farnen. Eine hausnahe Pflanzung schützt *F. japonica* vor kalten Winden und Dauerfrösten. In kalten Regionen wird sie auch als Kübelpflanze gehalten. Die panaschierten Sorten dieser Art sind nicht sehr frosthart.

Bis 3 m | Bis 3 m | Frühes bis mittleres Frühjahr

Forsythia × intermedia Garten-Forsythie

Die leuchtend goldgelben, dicht gedrängten Blüten gehören zu den schönsten Frühlingsboten. Sie entwickeln sich zuverlässig entlang der Triebe am alten Holz noch vor dem Blattaustrieb. Der laubwerfende, buschige Strauch setzt hübsche Akzente in Gehölzgruppen, vor Mauern oder Zäunen und eignet sich auch als freiwachsende Hecke. Forsythien sollten regelmäßig nach der Blüte einen Verjüngungsschnitt erhalten, sodass noch genügend Triebe am Strauch bleiben. Niemals radikal zurückschneiden, sonst blüht sie im nächsten Jahr nur spärlich – wenn überhaupt. Bezüglich des Standortes zeigt sie Toleranz: Sie mag Sonne oder Halbschatten und gedeiht auf jedem Gartenboden, der fruchtbar und durchlässig ist. Die blühenden Zweige sehen auch in der Vase schön aus.

Bis 3 m | Bis 4 m | Spätherbst

Ficus carica Echte Feige

Abgesehen von den köstlichen Feigen, die diese Art trägt, sind sicherlich die dekorativen, leicht ledrigen, sommergrünen Feigenblätter die Hauptattraktion von *F. carica*. Diese Art ist im Gegensatz zu anderen Ficus-Arten voll frosthart. In Gebieten mit milden Wintern kann sie an einem Einzelstandort stehen, in kühleren Klimaten lässt sie sich gut vor einer Mauer ziehen, da sie dort vor kalten Winden geschützt ist. Die jungen Triebe sollten dabei aufgebunden werden. Störende Triebe können im Spätwinter oder Frühling herausgeschnitten werden. Mag feuchte, durchlässige Böden.

Bis 2,5 m | Bis 2 m | Spätes Frühjahr bis Frühsommer

Fothergilla major Großer Federbuschstrauch

Der sommergrüne, aufrechte Strauch ist vor allem wegen seiner bizarren, duftenden, weißen, rosa überhauchten Blütenstände beliebt, die wie Flaschenbürsten an den Zweigen sitzen und noch vor dem Laubaustrieb erscheinen. Die attraktiven, gezähnten, dunkelgrünen Blätter verfärben sich im Herbst in prachtvollem Rot, Orange und Goldgelb. Mag durchlässige, feuchte, saure Böden. Sowohl Blüte als auch Herbstfärbung sind in der Sonne am schönsten.

▸ ***Fuchsia* 'Lady in Grey'** Fuchsie

Wahrhaft vorzeigbar sind die doppelt gefüllten Blüten der 'Lady in Grey'. Sie haben ein grau-blaues, ins Pink gehendes Kronblatt und ein grünlich weißes Kelchblatt. Große Sorte.

75–120 cm | Frühsommer bis Spätsommer

Fuchsia Fuchsie

Ihre Blüten gleichen lustigen, hängenden Glöckchen und sind einfach unschlagbare Blickfänge. Mit einer riesigen Formenvielfalt begeistert die Fuchsie durch Blütenform und Farbvariation. Es gibt gefüllte, halbgefüllte, ungefüllte und langröhrige Blüten in Weiß, Rosa, Rot, Violett, Orange oder eben zweifarbige Blüten. Fuchsien bevorzugen einen eher halbschattigen Platz, der auch windgeschützt ist, und entpuppen sich als wahre Dauerblüher. Eins ist aber sicher: Fuchsien mögen keinen Frost. Dank einiger frostharter Formen können sie in milderen Regionen – mit entsprechendem Winterschutz – im Freiland überwintern. Hierfür einen nährstoffreichen, feuchten, aber durchlässigen Boden wählen, Pflanzen tief genug einsetzen. Zwischen Pflanzenbasis und Erdoberfläche sollten mindestens 5 cm liegen. Frostempfindliche Formen im Herbst aus dem Boden nehmen und bei 5 bis 10 °C überwintern oder aber direkt im Kübel kultivieren. Regelmäßiges Entfernen verwelkter Blüten fördert die Blüte. Fuchsien blühen am jungen Holz, ein Rückschnitt im Frühjahr regt daher neue Blütentriebe an.

80–100 cm | Früh- bis Spätsommer

◂ ***Fuchsia* 'Margaret Roe'**

'Margaret Roe' ist ein buschig wachsender Strauch. Die ungefüllten Blüten stehen nach außen gerichtet. Rosarotes Kelchblatt mit hellpurpur-violettem Kronblatt.

Sommer

30–40 cm | Frühsommer bis Frühherbst

▴ ***Fuchsia* 'Riekskens Boland'**

Eher zurückhaltend, in helleren und dunkleren Aubergine-Tönen zeigt sich die halbhängend wachsende, gefüllt blühende 'Riekskens Boland'.

◂ ***Fuchsia* 'Saturnus'**

Der kleine, auffällige 'Saturnus' hat rote Kelchblätter, die wie Flügel über dem ungefüllten, purpurroten Kronblatt stehen.

1–2 m | Hochsommer bis Frühherbst

▶ ***Fuchsia*** **'Taudens Heil'**

Das Kennzeichen der Triphylla-Hybriden ist die langröhrige, ungefüllte Blüte. Die strauchförmige, mittelgroße 'Taudens Heil' besitzt einen lachsrosa Kelch und eine orangerote Krone.

Früh- bis Spätsommer

▲ ***Fuchsia magellanica*** **'Georg'**

Die beeindruckende Heckenfuchsie ist ein aufrechter Strauch, der eine Höhe von 1 bis 2 m erreicht, ideal für frostfreie Regionen. An einem halbschattigen Standort mit einer schützenden Laubdecke entwickelt er sich zum unermüdlichen Blüher. Einfachblühend, tiefrotes Kelchblatt, purpurrotes Kronblatt. *F. magellanica* ist eine robuste, chilenische Wildart.

Fuchsia **'Waveney Sunrise'**

Das nach oben gebogene, zartrosafarbene Kelchblatt gibt den Blick auf das strahlend rote Kronblatt frei. Ungefüllte Blüte, mittelgroße Sorte.

40–60 cm

***Ginkgo biloba* 'Horizontalis'**

Ginkgo, Mädchenhaarbaum

Bekannt ist der *G. biloba* durch seine typischen, fächerförmigen, manchmal tief eingeschnittenen, gelb- bis mittelgrünen Blätter, die äußerst dekorativ sind. Der Sommergrüne, im Grunde ein lebendes Fossil, ist weder Laub- noch Nadelbaum, sondern gehört zur Familie der *Ginkgoaceae*. Er kann bis zu 30 m hoch werden. 'Horizontalis' ist eine kleinwachsende Form, die mit ihrer – der Name verrät es bereits – horizontal wachsenden Krone einen breiten, Schatten spendenden Schirm bildet. Die Borke fällt durch tiefe Längsrisse auf. Bekommt im Herbst eine hübsche, gelbe Laubfärbung. Ideal für kleinere Gärten. Die weiblichen Blüten bilden Früchte, die sehr unangenehm riechen können. Ist sehr anspruchslos, bevorzugt aber einen durchlässigen Boden.

Gleditsia triacanthos Amerikanische Gleditschie, Falscher Christusdorn

An diesem ausladenden Baum klettert so schnell keiner hoch, denn *G. triacanthos* weiß sich mit ihrem kräftig bestachelten Stamm und den ebenfalls mit Stacheln ausgerüsteten Trieben zur Wehr zu setzen. Geschätzt wird *G. triacanthos* wegen der gefiederten Blätter, die sich im Herbst gelb verfärben, und den außergewöhnlichen, sichelförmigen, langen Samenhülsen. Die Anspruchslose mag gut drainierte, nährstoffreiche Böden in voller Sonne. Aufgrund ihres Zierwertes hat sie einen Einzelplatz verdient. Ist ein beliebter Vogelnistplatz.

***Hamamelis × intermedia* 'Jelena'** Hybrid-Zaubernuss

Der unwiderstehliche Charme der Zaubernuss besteht darin, dass sie zu einer Zeit blüht, wo sich Blüten üblicherweise bereits verabschiedet haben. Mitten im Winter wartet sie mit den strahlendsten Sommerfarben auf. 'Jelena' zeigt ihre kupfer- bis orangefarbenen, spinnenartigen Blüten an den kahlen Trieben dieses vasenförmigen Strauches. Dem spektakulären Schauspiel vorangegangen ist die herrliche, orangerote Herbstfärbung des Laubs. Ein sonniger bis halbschattiger, nährstoffreicher, feuchter, leicht saurer Boden sollte es für sie sein. Geschnitten werden sollte sie nicht, lediglich Wildtriebe können entfernt werden. Bevorzugt Einzelstellung.

Bis 1 m | Bis 1,5 m | Früh- bis Hochsommer

ebe odora syn. *H. anomala, H. buxifolia*
trauchehrenpreis, Strauchveronika

iel Struktur bringt dieser ausladende, im-
ergrüne Strauch mit seinen aufrecht in den
immel zeigenden Trieben in Stein- und Hei-
egarten oder ins Staudenbeet. Die glänzend
rünen Blättchen haben zarte, gelbe Ränder.
n Frühsommer zeigen sich weiße Blüten.

Bis 2 m | Bis 1,5 m | Hochsommer bis Herbst

***Hebe* 'Midsummer Beauty'** Strauchehrenpreis, Strauchveronika

Mit ihren leuchtend grünen, bis zu 10 cm langen, schmalen Blättern, die im jugendlichen Zustand leicht purpurn überhaucht sind, sorgt 'Midsummer Beauty' für ein frisches, lebendiges Flair. Da diese aufrecht wachsende, immergrüne, rundliche Hebe – im Gegensatz zu anderen Vertretern ihrer Art – immerhin eine Höhe von bis zu 2 m erlangen kann, gestattet sie sich durchaus ein Mitspracherecht bei der Gestaltung des Gartens. Von Hochsommer bis Herbst erscheinen Trauben voller lavendelfarbener Blüten, die zu Weiß verblassen und reichlich Nektar für Bienen und Hummeln bereitstellen. *Hebe* toleriert die meisten Böden, auch kalkreiche, und bevorzugt einen geschützten, sonnigen Platz. Nach der Blüte lässt sie sich anstandslos zurückschneiden. Freiwachsend kann sie ihren besonderen Reiz jedoch am besten entfalten. In kalten Regionen frostfrei überwintern.

Bis 1 m | Bis 1,2 m | Frühsommer bis Hochsommer

Hebe rakaiensis Strauchehrenpreis, Strauchveronika

Trauben voller großer, weißer Blüten ragen ab Frühsommer über den glänzenden, frischen, grünen Blättern hervor, die in ihrer Form ein wenig an *Buxus* erinnern. Der dichte, immergrüne Strauch mit seiner etwas hügelig anmutenden Wuchsform eignet sich exzellent als Strukturpflanze für sonnige Lagen. Wie alle Heben ist auch diese Art in einem gewissen Maß tolerant gegenüber Luftverschmutzung und salzhaltiger Luft.

Heliotropium arborescens 'Marine'

Strauchige Sonnenwende

Die buschige *H. arborescens* ist eine klassische Bauerngartenpflanze, die wegen ihrer üppigen, süßlich duftenden Blüten sehr beliebt ist. Der kurzlebige Halbstrauch wird oftmals als einjährige Pflanze kultiviert. Im Sommer zeigt 'Marine' ausdauernde, tiefviolettblaue Blütenköpfchen, die einen Durchmesser von bis zu 15 cm erreichen können. An einem hellen Standort mit gleichmäßig feuchter, nährstoffreicher Erde fühlt sie sich am wohlsten. Eignet sich in frostgefährdeten Regionen zur Bepflanzung von Sommerbeeten oder Töpfen. Verwelktes regelmäßig entfernen.

Hibiscus syriacus 'Oiseau Bleu' Echter Roseneibisch

Mit seinen großen, exotisch anmutenden Blüten versüßt 'Oiseau Bleu' seinem Betrachter den ausklingenden Sommer. Seine prächtigen Blüten sind groß, hellviolettblau mit einer dunkelroten Mitte und erscheinen in Massen. Unter den blauen Varietäten gilt sie als die beste. Um die Blühfreudigkeit zu erhalten, brauchen die sommergrünen Sträucher vor allem Sonne, in kaltem Klima eine geschützte Lage. Fruchtbare, kühle, jedoch im Winter nicht zu feuchte Erde ist ideal. Wegen seiner Robustheit wird der Echte Roseneibisch in kühlen Gebieten am häufigsten kultiviert. Nach dem Winter die Triebe etwas einkürzen.

Hippophae rhamnoides

Gewöhnlicher Sanddorn

In den Genuss dieser kugelrunden, flammend orangeroten Früchten kommt nur, wer eine männliche und eine weibliche Pflanze nebeneinander stehen hat. Die weiblichen Pflanzen bilden nach der Blüte, die noch vor dem Blattaustrieb erfolgt, diesen äußerst dekorativen und Vitamin-C-haltigen Beerenschmuck aus. Der stark verzweigte, sommergrüne Strauch mit den stacheligen Trieben ist aber auch wegen seiner silbrigen, schmalen Blätter sehr beliebt. Anspruchslos und robust verträgt er nahezu alle durchlässigen Böden. *H. rhamnoides* eignet sich als Solitär, für Strauch- und Mischrabatten und besonders auch für sandige Küstengärten.

***Hydrangea arborescens* 'Annabelle'** Wald-Hortensie

Klassisch, elegant, kühl. Die exquisite 'Annabelle' mit den großen, schneeballartigen Blütenbällen blüht und blüht und blüht … und gehört damit zu den echten Highlights im Garten. Da sie auf einjährigem Holz blüht, darf sie im Frühjahr kräftig zurückgeschnitten werden.

Bis 2,5 m | Bis 2,5 m | Hochsommer bis Frühherbst

Hydrangea Hortensie

Prachtvolle, große Blüten in zahlreichen wunderschönen Farben und Formen, begleitet von einer endlos langen Blütezeit, das sind – kurz und knapp – die wesentlichen Merkmale der Hortensie. Kein Wunder also, dass sie zu den absoluten Favoriten unter den Gartensträuchern zählt.

Hortensien sind klassische Gartenpflanzen, die ursprünglich in typischen Bauerngärten oder an romantischen Landhäusern standen. Mit ihren bezaubernden Blüten sind sie verdiente Solitäre, aber auch in der Gruppe bieten sie ein faszinierendes Farbspiel, lockern Staudenbeete auf, bringen Farbe in grüne Gehölze, bilden ganze Hecken oder zieren die Terrasse vom Kübel aus. Wenn am Ende der Saison die Blüten langsam in die schönsten, warmen Herbstfarben eintauchen, zeigen sie sich von einer ganz neuen, überraschenden Seite und bleiben bis zum ersten Nachtfrost dekorativ. Manche Arten beeindrucken auch durch ihr ungewöhnlich geformtes und gefärbtes Laub, mehr noch als durch ihre Blüte.

Die Vielfalt der Blütenformen variiert von schlicht bis aufsehenerregend: Sie blühen als lange Rispen, flache, tellerförmige Schirme oder gigantisch große Bälle. Auch in der Blütenfarbe ist *H.* wenig festgelegt. Denn die Farbe der Hortensienblüten hängt weniger von der Sorte als vom Säuregrad des Bodens ab. Auf sauren Böden blüht sie blau, auf kalkhaltigen rosa. Auf neutralen Böden mischen sich die Farben zu einer bläulich rosafarbenen Melange. Hier kann durch Zugabe eines blaufärbenden Hortensiendüngers eine schöne, blaue Blüte erzielt werden. Weißblühende Sorten bleiben von derartigen Manipulationen im Übrigen unbeeindruckt, sie sind farbecht.

Hydrangea aspera 'Macrophylla'
Raue Hortensie

Sehr große, flaumig behaarte Blätter und schöne, flache, lilarosa Schirmrispen mit weißen, sterilen Randblüten geben 'Macrophylla' ihr unverwechselbares Flair.

Bis 2 m | Hochsommer bis Spätsommer

Hydrangea Hortensie

Bis 1,5 m | Hochsommer bis Spätsommer

▲ ***Hydrangea macrophylla* 'Ayesha'** Garten-Hortensie

Ihr Aussehen erinnert an Fliederblüten mit kleinen, wachsigen, becherförmigen Kelchen, die blassrosa bis leicht blau erscheinen. Ziemlich romantisch.

▼ ***Hydrangea macrophylla* 'Kardinal'** Garten-Hortensie

Ein großartiges Farbenspiel offeriert die schirmförmige Blüte von 'Kardinal'. Außen kräftig pinkviolett, innen lavendelblau. Ein herrlicher Kontrast zum grünen Laub.

Bis 1,5 m | Hochsommer bis Spätsommer

Hydrangea ist – nomen est omen – eine äußerst durstige Pflanze, die vor allem im Sommer besonders viel Wasser braucht. Dies gilt vor allem, wenn sie sonnig steht. Am wohlsten fühlt sich der Laubabwerfer in nährstoffreichen, lockeren, feuchten, aber durchlässigen Böden im windgeschützten Halbschatten – optimal ist der lichte Schatten eines Baumes.

Die meisten Hortensienarten können nach der Blüte zurückgeschnitten werden. Die Triebe dabei – viele Arten blühen am zweijährigen Holz – knapp unterhalb des Blütenansatzes kappen. Denn in der darunter liegenden Blattachse entwickeln sich bereits die Blüten für das nächste Jahr.

Bis 1,5 m | Früh- bis Hochsommer

▸ *Hydrangea macrophylla* 'Lilacina'
Garten-Hortensie

Zahlreiche kuppelförmige Köpfchen mit blassrosa bis blassblauen, sterilen Randblüten zeichnen die Teller-Hortensie 'Lilacina' aus. Ein echter Dauerblüher.

◂ *Hydrangea macrophylla* 'Mousmee'
Garten-Hortensie

Die schnell wachsende, großblütige Hortensie zeigt eine seltene Farbkombination: außen Magenta und innen Hellblau.

Bis 1,5 m | Hochsommer bis Herbst

3–7 m | Hoch bis Spätsommer

▸ *Hydrangea paniculata* Rispen-Hortensie

Äußerst dekorativ bis in den Herbst hinein bleiben die konisch zulaufenden, zarten Rispen der *H. paniculata,* nachdem die weiße Blütenfarbe gewichen ist. Die herbstlichen Blütenstände sind zudem auch in der Vase ein schöner Blumenschmuck. Wie 'Annabelle' blüht diese Art auf einjährigem Holz, sie kann im Frühjahr zurückgeschnitten werden.

Hydrangea quercifolia
Eichenblättrige Hortensie

Das eigentlich Spektakuläre an *H. quercifolia* sind weniger die durchaus hübschen, länglichen, weißen Blütenstände mit den sterilen Blütlein, sondern vielmehr ihre Blätter, die wie Eichenlaub gelappt sind und im Herbst eine leuchtende, bronzerote Färbung annehmen.

Bis 2 m | Hochsommer bis Herbst

Hypericum androsaemum Mannsblut

Anspruchslos und robust, wie der buschige, sommergrüne *H. androsaemum* ist, eignet er sich ideal als Füllstrauch für Stauden- und Gehölzgruppen. Dort zeigt er im Sommer dezent seine zahlreichen gelben Blüten, die sich zu kugeligen, rotbraunen, später schwarzen Beeren entwickeln. Solange der Boden ausreichend durchlässig ist, werden Standorte in Sonne oder Halbschatten anstandslos akzeptiert. Ein Rückschnitt ist nicht nötig. Vermehrung über Samen oder Stecklinge.

***Ilex aquifolium* 'Golden van Tol'** Gewöhnliche Stechpalme, Hülse

Die immergrünen Stechpalmen fallen zu Beginn des Winters nicht nur mit ihrem markanten, roten Beerenschmuck auf, der Vögeln als wichtige Nahrungsquelle dient, es gibt auch interessant gefärbte Blätter: Die von *Ilex* 'Golden van Tol' sind leuchtend goldgelb gerandet und haben – angenehmerweise – nur wenige stachelige Zähne. Die Sorte ist derart dekorativ, dass sie auch einen schönen, winterlichen Hausschmuck darstellt. 'Golden van Tol' toleriert beinahe jeden Standort, wenn der Boden nur gut durchlässig und nicht zu trocken ist. Die panaschierte Sorte bevorzugt Sonne, sie sollte allerdings nicht austrocknen. Sie dient zur Belebung von Gehölzgruppen oder kann auch als freiwachsende Hecke eingesetzt werden. *I. aquifolium* ist absolut schnittverträglich und lässt sich in beinahe jede Form bringen. Die giftigen Beeren entwickeln sich nur, wenn männliche und weibliche Pflanzen zusammenstehen.

Juglans regia Echte Walnuss

Dieser Baum wird ganz bestimmt vielen Generationen Freude machen, denn er kann das stattliche Alter von immerhin 600 Jahren erreichen. Das laubwerfende, langsam wachsende Allroundtalent liefert nicht nur die köstlichen Walnüsse, sondern auch apartes Holz für edle Möbel. Seine glänzend grünen Blätter mit ihrem aromatischen Duft machen ihn zu einem tollen Schattenspender. Dekorativ sind übrigens auch die grünbraunen, männlichen Kätzchen. Er liebt warme, sonnige und freie Standorte, tiefgründigen, frischen und nährstoffreichen Boden.

Bis 80 cm | Mittleres bis spätes Frühjahr | Ab Frühherbst | !

uniperus communis 'Compressa'

ewöhnlicher Wacholder

er ideale Platz für die säulenförmige, wergige 'Compressa' ist der Heide- oder teingarten, wo sie aufgrund ihrer geringen öhe ohne Weiteres mehrfach als gestalrisches Element eingesetzt werden kann. ıre Äste tragen kleine, blaugrüne Nadeln, e auch im Winter grün bleiben. Im Herbst scheinen an den weiblichen Sträuchern die auen Wacholderbeeren, vorausgesetzt, es t eine männliche Pflanze in der Nähe. Die eeren haben eine ziemlich lange Reifezeit ıd können erst nach etwa drei Jahren gentet werden. Ihr besonderes Aroma wird der Küche vielfach verwendet. Wacholder ag einen sandigen, durchlässigen, durchs trockenen Boden. Er muss nicht unbengt sonnig stehen, verträgt auch Halbhatten. Diese robuste und anspruchslose flanze benötigt weder besondere Pflege ch einen Schnitt. **Achtung:** Kontakt mit n Nadeln kann zu Hautreizungen führen.

Bis 60 cm | Bis 1,5 m | Frühsommer

Kalmia angustifolia Schmalblättrige Lorbeerrose

Einer der schönsten immergrünen Blütensträucher, der im Frühsommer eine Fülle von breitglockigen, purpurroten Blüten treibt. Halbschatten mit feuchtem, saurem Boden. Auch Sonne wenn die Erde ausreichend feucht ist. Sind freiwachsend am schönsten, daher kein Schnitt.

Bis 3 m | Bis 3 m | Mittleres bis spätes Frühjahr

Kerria japonica 'Pleniflora'

Japanisches Goldröschen, Kerrie, Ranunkelstrauch

Die pomponartigen, goldgelben, gefüllten Blüten von 'Pleniflora' hängen im Frühjahr zu Hauf an den rutenartigen hellgrünen Trieben. Das sommergrüne Laub leuchtet dazu in hellem Grün. Die Starkwüchsige benötigt etwas Platz und wirkt am besten zwischen anderen Sträuchern, alleine stehend büßt sie an Ausstrahlung ein. Sie bildet Ausläufer und kann daher durch Teilung vermehrt werden. Nach der Blüte zurückschneiden, alle drei bis vier Jahre ältere Triebe herausschneiden.

Bis 3 m | Bis 4 m | Spätes Frühjahr bis Frühsommer

Kolkwitzia amabilis Kolkwitzie

Eine dicke Wolke blassrosafarbener, glockenförmiger Blüten hängt im späten Frühjahr in doldigen Rispen an diesem reizvoll überhängenden Strauch und bietet einen geradezu malerischen Anblick. Die recht bekannte Sommergrüne mit dem dunkelgrünen Laub ist ein beeindruckendes Gehölz für eine Einzelstellung, aber auch für gemischte Hecken oder für eine Gehölzgruppe geeignet. Besondere Anforderungen an die Bodenart oder den Standort hat sie nicht. Die elegante Wuchsform sollte am besten ungestört bleiben; wenn nötig, ältere Pflanzen vorsichtig auslichten. Vermehrung über Stecklinge.

Bis 8 m | Spätes Frühjahr bis Frühsommer | !

Laburnum × watereri Hybrid-Goldregen

Er gehört zu den goldgelben Verführern im Garten und wirkt mit seinen unzähligen Blütentrauben, die ab dem späten Frühjahr lose von seinen Zweigen herabhängen, einfach unglaublich prachtvoll. Aus der Gartengestaltung jedenfalls ist er nicht mehr wegzudenken: Ob als Solitär oder zusammen mit anderen blühenden Gehölzen, überall besticht der sommergrüne Baum durch seine leuchtende Blütenfülle. Wichtig ist, dass er reichlich Sonne und einen durchlässigen Boden bekommt. Aber auch reizvolle Laubengänge, Pergolen oder hübsche Bögen lassen sich mit ihm gestalten, indem die biegsamen, jungen Triebe an einem entsprechenden Gerüst in Form gebunden werden. Violette oder blaue Begleiter bilden einen schönen Kontrast. Die natürliche Wuchsform macht seinen besonderen ästhetischen Reiz aus, daher ist er ungeschnitten am schönsten. **Achtung:** Alle Pflanzenteile, besonders die Samenstände, sind stark giftig.

Lantana camara Wandelröschen

Das Wandelröschen hat seinen Namen erhalten, weil sich die Farbe seiner Blüten während der Blütezeit verändert. Die Farben variieren von Weiß bis Gelb, von Orange bis Rot, von Pink bis Rosa. In frostgefährdeten Regionen gehört es in den Kübel, da es frostempfindlich ist. Hell und kühl überwintern. Ob Kübel oder Freiland, Wandelröschen brauchen nur mäßig Wasser, Staunässe wird nicht toleriert, aber die Erde sollte auch nicht austrocknen.

1–2 m | Spätes Frühjahr bis Spätherbst

Laurus nobilis Lorbeerbaum

Die immergrüne, klassische mediterrane Nutz- und Zierpflanze begeistert durch ihre ausgesprochen gute Formbarkeit und wirkt vor allem neben anderen formal geschnittenen Pflanzen wie *Buxus* sehr elegant. Da er nur mäßig frosthart ist, wird *L. nobilis* in kalten Regionen bevorzugt als Kübelpflanze gehalten. Mag trockene, kühle, auch halbdunkle Winterquartiere. Nur in mildem Klima kann er ins Freiland gepflanzt werden. Dort bevorzugt er einen feuchten, wasserführenden Boden an windgeschützter Stelle. Die aromatischen ätherischen Öle in dem glänzend dunkelgrünen Blatt finden auch in der Küche viel Verwendung. Formschnitt – Trieb für Trieb – nach der Blüte.

Lavandula angustifolia Echter Lavendel

Robust, pflegeleicht und natürlich wunderbar duftend. Der immergrüne Strauch mit den nektarreichen, duftenden, violetten Blüten und dem aromatischen, graugrünen Laub wirkt nicht nur auf Bienen unwiderstehlich. Lavendel ist der ideale Begleiter für Rosen. Er hält Rosenläuse fern, im Winter dient er zudem als Windbrecher. Aber auch als niedrige Beeteinfassung, im Kräutergarten oder schlicht im Topf entwickelt er seinen mediterranen Charme. Als Standort eignet sich ein sandiger, kalkhaltiger und durchlässiger Boden. Lavendel ist an trockene Standorte angepasst und benötigt daher nur wenig Wasser. Nach der Blüte im Herbst sollten lediglich die verblühten Triebe entfernt werden. Mit einem kräftigen Schnitt im Frühjahr wächst das Prachtstück schön buschig und verholzt nicht so stark. **Tipp:** Mit den getrockneten Blüten gefüllte Säckchen halten den Kleiderschrank frei von Motten. Zum Trocknen die Blütenstiele zu Beginn der Blütezeit abschneiden und kopfüber aufhängen.

Lavandula angustifolia 'Hidcote'

Echter Lavendel

Die dichten Blütenähren mit den kräftigen, dunkelpurpurfarbenen Blüten von 'Hidcote' bilden einen wunderschönen Kontrast zum silbrig grauen Laub. Typisch für diese beliebte Sorte ist ihre kompakte, leicht gedrungen wirkende Wuchsform.

Bis 2 m | Frühsommer bis Frühherbst

Lavatera olbia 'Barnsley'
Buschmalve, Strauchpappel

Die Buschmalve gehört aufgrund ihrer Blütenfülle nicht nur zu den beliebtesten, sondern auch zu den schönsten Gartenblühern. Der zarte Dauer- und Massenblüher vereint schon einige Vorteile in sich: Er lässt sich leicht anpflanzen und ist sehr genügsam. Hauptsache, er hat einen sonnigen Platz mit einem lockeren, durchlässigen Boden. Der halbimmergrüne 'Barnsley' mit seinen trichterförmigen, romantischen, zartrosa Blüten und einem rosaroten Herz ist zudem voll frosthart. Er eignet sich als Hintergrundbepflanzung für das sommerliche Beet und harmoniert mit Pflanzen wie Rittersporn, Sommermargeriten oder Eisenhut. Einen radikalen, bodennahen Rückschnitt im zeitigen Frühjahr belohnt 'Barnsley' mit einer prachtvollen Blüte. In rauen Lagen empfiehlt sich ein Winterschutz.

2–3 m | Frühsommer bis Hochsommer

Ligustrum ovalifolium 'Aureum' Wintergrüner Liguster

Auffallend an ihm ist sein goldgelb gerändertes oder auch einfarbiges, leicht ovales Laub, das er bei starkem Frost teilweise verlieren kann. Zugegeben, er ist auf den ersten Blick nicht wirklich spektakulär, hat sich aber mit seiner dichten Belaubung einen guten Ruf als zuverlässige, schnittfeste Heckenpflanze erworben, die einen hervorragenden Sichtschutz bietet. Gepaart mit absoluter Anspruchslosigkeit hat er daher durchaus Aufmerksamkeit verdient. Lässt sich über Stecklinge einfach vermehren.

15–20 cm | 60 cm | Spätes Frühjahr und Sommer

Lithodora diffusa 'Heavenly Blue' Steinsame

Seine ausladenden Maße verraten bereits, dass es sich bei 'Heavenly Blue' um einen zur Mattenbildung neigenden Zeitgenossen handelt, der bevorzugt in Steingärten, Hochbeeten oder Trögen eingesetzt wird. Schnellwüchsig, wie er ist, hat er rasch auch unschöne Bodenflächen abgedeckt. Aber dieser immergrüne, verzweigte Halbstrauch ist nicht nur praktisch. Er fasziniert vor allem durch seine ausdauernden, trichterförmigen, azurblauen Blüten, denen er zu Recht seinen Namen verdankt. Die beidseitig behaarten, dunkelgrünen Blätter helfen ihm, an trockenen Standorten Feuchtigkeit zu speichern. Der hübsche Zwerg braucht saure Böden – am besten mit organischem Material anreichern – und Sonne.

Magnolia × soulangeana 'Rustica Rubra' Tulpen-Magnolie

Wie aus feinem Porzellan wirken die dunkelpurpurrot getönten Blüten von 'Rustica Rubra' mit dem alabasterweißen Inneren, die in ihrer Form stark an Tulpenblüten erinnern. Neben den eleganten, kelchförmigen Blüten, die im mittleren Frühjahr zu Hunderten auf den blattlosen Zweigen sitzen, beeindruckt 'Rustica Rubra' durch ihre stattliche, ausladende Statur. Der majestätische Blickfang erhebt daher zu Recht Anspruch auf einen exponierten, aber windgeschützten, sonnigen bis halbschattigen Platz im Garten. Außerdem braucht der sommergrüne Baum, mit seinen dekorativen, ledrigen Blättern einen sauren, nährstoffreichen Boden. Das Pflegeprogramm fällt relativ bescheiden aus: kein Schnitt, dafür großer Wasserbedarf im Sommer.

Bis 6 m | Mittleres bis spätes Frühjahr

Bis 3 m | Bis 4 m | Frühes bis mittleres Frühjahr

Magnolia stellata 'Rosea' Stern-Magnolie

Eine außergewöhnliche Raffinesse hält 'Rosea' bereit. Während ihre im zeitigen Frühjahr erscheinenden Knospen noch purpur gefärbt sind, zeigt sich die sternförmige, duftende Blüte in einem zartrosa überhauchten Weißton. Malerisch ist auch die gleichmäßig ausladende Wuchsform des sommergrünen, langsam wachsenden Strauchs. Spätfröste können die Blüte beschädigen, der Pflanze schaden sie nicht.

Mahonia aquifolium Gewöhnliche Mahonie

Wo auch immer ein buschiger, immergrüner Zierstrauch für schwierige Lagen gefordert ist, ist *M. aquifolium* einsatzbereit. Er akzeptiert alle Lagen von hell bis schattig und jeden normalen Gartenboden, nur durchlässig sollte er sein. Schnitt? Jede Form zu jeder Zeit. Für so viel Beliebigkeit einerseits hat sie andererseits einiges zu bieten. Die lackartig glänzenden, stachelig gezähnten Blätter sind das ganze Jahr über ansprechend. Der frische Austrieb ist bronzerot, ebenso zeigen sich die Blätter nach einem harten Frost in einer herrlich purpurnen Winterfärbung. Im Frühjahr überrascht die Gewöhnliche Mahonie mit einer reichen, ausdauernden, sattgelben Blüte, die reichlich Nektar und Pollen bereithält. Aus den Blüten reifen später schwarze, blaubereifte Beeren, aus denen sich Wein, Kompott und Marmelade herstellen lassen. Sie ist gut geeignet für Stadtgärten oder als Kübelpflanze.

Malus 'Evereste' Zierapfel

'Evereste' kann sich sehen lassen – das ganze Jahr über. Im Frühjahr trägt er rote Knospen und weiße Blüten, im Herbst eine goldgelbe Färbung und orangerote Früchte, die Vögel anziehen und bis in den Winter hängen bleiben. Fruchtbarer, frischer Boden.

Myrtus communis Braut-Myrte

Klassisch mediterranes Flair verbreitet die immergrüne *M. communis* mit ihrem zierlichen, glänzend dunkelgrünen, aromatischen Laub. Der Dauerblüher trägt weiße, süßlich duftende Blüten, aus denen sich schwarzviolette Beeren entwickeln. Im Alter hängen die Äste des buschigen Strauches elegant über. Sie braucht warme, geschützte Lagen mit feuchtem, durchlässigem, mäßig nahrhaftem Boden. Als Heckenpflanze, für Rabatten, Mauern oder Töpfe geeignet. Ist frostempfindlich.

Nerium oleander Oleander

Oleander – klingt nach warmen, duftenden Sommernächten. Die aufrecht wachsenden, buschigen, immergrünen Sträucher tragen in trockenen, sonnenreichen Gebieten eine prachtvolle Blütenpracht in einfachen oder gefüllten, rosafarbenen, roten, weißen, lachsfarbenen oder gelben Variationen. Da Oleander frostempfindlich ist, sollte er in frostgefährdeten Regionen als Kübelpflanze gehalten werden. Ein vollsonniger Platz vor einer geschützten Südwand, reichlich Wasser und Dünger sind der beste Garant für eine schöne Blüte. Drinnen frostfrei, kühl und hell überwintern, wenig gießen. In frostfreien Gebieten mag er im Freiland einen feuchten, fruchtbaren, durchlässigen Boden in voller Sonne. Im Frühjahr einige der ältesten Triebe herausnehmen. **Achtung:** Ist giftig in allen Teilen.

Olea europaea Ölbaum, Olivenbaum

Der Ölbaum ist eine wichtige mediterrane Kulturpflanze, die in den heimischen Regionen des Mittelmeerraumes wegen ihrer Früchte einen enormen ökonomischen Nutzwert besitzt, in den hiesigen Breiten jedoch vorwiegend wegen des schönen, graugrünen Laubs, der duftenden, cremeweißen Blüten und des ihr anhaftenden symbolischen Charakters beliebt ist. Schließlich galt der Ölbaum schon in der Bibel und der griechischen Mythologie als bedeutendes Symbol für Frieden und Wohlstand. Die ausgesprochen robusten Immergrauen lassen sich von kargen Böden, Trockenheit, Kälte oder Hitze nicht schrecken. Wer auf Freiland besteht, sollte in frostgefährdeten Regionen den Baum frühzeitig mit Folie und Vlies einpacken, besonders die Krone ist gefährdet. Dabei darauf achten, dass der Baum noch atmen kann. Als Kübelpflanze lässt sich *O. europaea* in sandiger Erde problemlos, möglichst kühl und hell, drinnen überwintern. Je öfter und kräftiger die wüchsigen Triebe zurückgeschnitten werden, umso kompakter wird die Krone. Im Kübel regelmäßig gießen.

Paeonia delavayi Delavays Strauch-Pfingstrose

Die Wildart *Paeonia delavayi* wirkt durch ihre außergewöhnliche Blütenfarbe von Orange- über Braunrot bis zu einem satten Dunkelrot, die vor den schön kontrastierenden, tief eingeschnittenen, dunkelgrünen und unterseits blaugrünen Blättern besonders intensiv erstrahlt. Der aufrechte, wenige verzweigte Strauch mag tiefgründigen, nährstoffreichen, feuchten Boden in Sonne oder Halbschatten. Unter den Strauch-Pfingstrosen gilt diese als eher einfach zu kultivierende Art. Sie sollte vor Spätfrösten weitestgehend geschützt werden.

Paeonia × suffruticosa 'Shintenchi' Strauch-Pfingstrose

'Shintenchi' bezaubert mit ihren halbgefüllten, zartrosafarbenen Blüten, die an der Basis kräftige, rote Flammen aufweisen. Die ausgesprochen edle und exquisite Strauch-Pfingstrose stellt allerdings auch einige Ansprüche. Sie braucht einen windgeschützten, sonnigen oder halbschattigen Standort, vorzugsweise an einer Hauswand oder Mauer. Der Boden sollte feucht, aber durchlässig, und fruchtbar sein. In den ersten Jahren ist ein leichter Frostschutz aus Laub angebracht. Da der laubwerfende Strauch recht langsam wächst, sollte ein Rückschnitt vermieden werden. **Achtung:** Alle Pflanzenteile können bei Verzehr Übelkeit auslösen.

Bis 2,2 m | Bis 2,2 m | Spätes Frühjahr bis Frühsommer

Perovskia atriplicifolia 'Blue Spire'
Silber-Perowskie, Blauraute

Die bis 30 cm langen, violettblauen Blütenähren, das silbrig graue, aromatisch duftende Laub, die langen, rutenartigen Triebe und der aufrechte, lockere Habitus von 'Blue Spire' erinnern ein wenig an Lavendel. Er braucht einen geschützten, trockenen Standort, um sich richtig entfalten zu können. Ideal geeignet als Rosenbegleiter, für Steingärten, auch für sandige oder kalkige Böden und Küstenbedingungen. Im Frühjahr handbreit über dem Boden zurückschneiden, dadurch entsteht ein verholztes Gerüst. Die Triebe können in kalten Wintern abfrieren, werden nach Rückschnitt ersetzt. Wächst schnell.

Philadelphus 'Belle Etoile' Pfeifenstrauch, Sommerjasmin

Die unglaubliche Anzahl süßlicher, jasminähnlich duftender Blüten ist das Highlight dieses sommergrünen, feinzweigig überhängenden Strauches. Die Blüten von 'Belle Etoile' zeigen sich becherförmig, wächsern weiß mit einem blasspurpurnen Blütengrund. Pfeifensträucher haben keine besonderen Standortansprüche. Sie gedeihen auch mit geringem Lichtangebot problemlos, allerdings ist die Blütenfülle an sonnigen Standorten reicher. Hinsichtlich des Bodens reicht eine gute Nährstoffversorgung. Die überschwängliche Blütenfülle setzt auffällige Akzente in Hecken oder Gehölzgruppen, besonders schön ist die Kombination mit Rosen oder Flieder. Aber auch als Solitär kann er sich wahrhaftig sehen lassen. Pfeifensträucher blühen an kurzen Trieben am vorjährigen Holz. Ein starker Rückschnitt vermindert den Blütenreichtum.

Photinia × fraseri 'Red Robin' Glanzmispel

Der immergrüne, kompakt wachsende Strauch oder auch Baum ist vor allem wegen seines unglaublich attraktiven Laubs und der vollen, kleinen, weißen Blütenrispen so beliebt. Seine Blätter sind im frischen Austrieb leuchtend hellrot und werden später glänzend dunkelgrün. Ideal für freiwachsende Hecken oder als Solitär. In frostgefährdeten Lagen geschützt vor eine Südwand pflanzen.

1,5–3 m | 1,5–2 m

Picea glauca 'Conica' Kanadische Fichte, Schimmel-Fichte, Zuckerhut-Fichte

Immergrüne, langsam wachsende, dichte, kegelförmige Zwergform mit bläulich grünen, feinen Nadeln. Feuchte, saure, tiefe Böden. Ist empfindlich gegen Trockenheit und Hitze. Für Stein- oder Heidegarten.

Bis 4 m | Bis 2 m | Mittleres bis spätes Frühjahr

Pieris 'Forest Flame' Lavendelheide

Herrlich buntes Laub, zur Abwechslung einmal im Frühjahr. *Pieris* sind buschige, immergrüne Sträucher, die wegen ihrer ledrigen, glänzenden Blätter und der dichten Blütenrispen sehr beliebt sind. Sie passen, da sie saure Böden mögen, gut zu immergrünen Gehölzen wie Rhododendren, in den Heidegarten oder auch in den Kübel. Die Sorten unterscheiden sich nicht nur in der Blütenfarbe und der Laubfärbung, sondern auch in der Winterhärte. 'Forest Flame' ist eine Vertreterin, die eine außergewöhnliche Metamorphose hinsichtlich ihrer Laubfärbung durchmacht: von einem leuchtendem Feuerrot beim frischen Austrieb über Rosa, gefolgt von Cremeweiß, bis mit zunehmender Reife der gewünschte dunkelgrüne Ton auftritt. Im Frühjahr hängt der Strauch voller Rispen kleiner, weißer Blüten. Vor starken Frostperioden sollte 'Forest Flame' im Garten jedoch unbedingt geschützt werden.

Bis 1,5 m

Pinus mugo 'Mops'

Berg-Kiefer, Krummholz-Kiefer, Zwerg-Krüppel-Kiefer

Beinahe kugelig und auf jeden Fall sehr langsam wächst die immergrüne, niedrige Sorte. Sie eignet sich damit bestens für kleine Gärten, Heide- oder Steingartenanlagen, als Begleitung für Rhododendren, freiwachsende Hecken oder für Tröge. Mag durchlässige, humose, mäßig trockene Böden.

Pittosporum tenuifolium Schmalblättriger Klebsame

Sein ledrig glänzendes, mittelgrünes Laub, seine glockigen, schwarzroten Blüten und sein angenehmer Blütenduft machen ihn zu einer außergewöhnlich attraktiven Pflanze. Wegen seiner Frostempfindlichkeit sollte er in gefährdeten Gebieten im Kübel gezogen werden. In mildem Klima ist er als Solitär oder, da er besonders gut für Formschnitte geeignet ist, auch als Heckenpflanze gut einsetzbar. Er bevorzugt Morgen- und Abendsonne, den Rest des Tages einen gepflegten Halbschatten in fruchtbarem, frischem Boden.

4–10 m | 2–5 m | Spätes Frühjahr bis Frühsommer

Potentilla fruticosa 'Princess'

Gewöhnlicher Fingerstrauch, Strauch-Fingerkraut

Als unermüdlicher Dauerblüher, dessen zartrosa Blüten das Flair von feinen Wildrosenblüten verbreiten, ziert dieser buschige Kleinstrauch mit seinen gefiederten, länglichen Blättern wochenlang Staudenbeete oder Gehölzgruppen. Da er mehr in die Breite als in die Höhe wächst, ist der Sommergrüne auch zur flächigen Begrünung oder für niedrige Heckenbepflanzungen perfekt geeignet. Ihm reichen karge bis mäßig nährstoffreiche Böden, gerne in voller Sonne, aber auch Halbschatten wird toleriert. Etwa alle zwei bis drei Jahre sollte der Strauch ausgelichtet werden, um den Blütenansatz zu fördern und die Wuchsform zu erhalten. Selbst nach starkem Rückschnitt treibt er wieder aus.

Bis 60 cm | Spätes Frühjahr bis Mitte Herbst

***Prunus* × *amygdalopersica* 'Spring Glow'** Mandel-Pfirsich

Der breit ausladende, laubwerfende, kleine Baum hat ungewöhnliche, tiefrotschwarze Blätter. Bezaubernd sind vor allem seine vor dem Laubaustrieb erscheinenden, schalenförmigen, rosa Blüten, die lange an den Trieben haften bleiben.

Bis 4 m | Frühes bis mittleres Frühjahr | Spätsommer

Prunus Aprikose, Kirsche, Lorbeerkirsche, Mandel, Pfirsich, Pflaume, Schlehe, Traubenkirsche, Weichsel, Zwetsche

Die Gattung *Prunus* umfasst nicht nur eine Vielzahl weit verbreiteter Obstgehölze wie Kirsche, Pflaume oder Mandel, sondern auch zahlreiche dekorative Ziergehölze. Diese Bäume und Sträucher lassen sich in sommergrüne und immergrüne Arten unterscheiden. Die Sommergrünen gehören mit zu den schönsten Ziergehölzen für den Garten und fallen vor allem durch ihre weißen oder rosafarbenen Blütenwolken auf, die sie im Frühjahr oder je nach Art auch schon im milden Winter treiben. Andere Arten werden wegen ihrer dekorativen Rinde oder hübschen Herbstfärbung kultiviert. Die immergrünen Arten sind weniger wegen ihrer Blüte, die meist recht unauffällig ist, als vielmehr wegen ihres glänzenden, dichten Laubes beliebt.

Die laubwerfenden Arten lieben Sonne, die immergrünen vertragen auch schattigere Lagen. Beide gedeihen in beinahe jedem feuchten, aber durchlässigen, tiefgründigen und mäßig fruchtbaren Boden.

Verwendung finden sie in Einzelstellung, in blühenden Gehölzgruppen oder auch als formale oder freiwachsende Hecke. Die meisten Sommergrünen entwickeln sich am schönsten, wenn sie ungeschnitten bleiben. Der immergrüne *P. laurocerasus* verträgt einen kräftigen Rückschnitt.

Bis 1,5 m | Spätes Frühjahr

◂ ***Prunus × cistena*** Rote Sand-Kirsche

Dieser sommergrüne, dekorative, dunkelrot belaubte Zierstrauch trägt Hunderte zierlicher, weißer Blüten, die mit dem Laubaustrieb erscheinen. Im Spätsommer folgen dann schwarz-purpurfarbene Früchte.

Prunus Aprikose, Kirsche, Lorbeerkirsche, Mandel, Pfirsich, Pflaume, Schlehe, Traubenkirsche, Weichsel, Zwetsche

Bis 5 m | Mittleres bis spätes Frühjahr

Bis 2 m | Mittleres bis spätes Frühjahr

▴ ***Prunus laurocerasus* 'Marbled White'**

Kirschlorbeer, Lorbeerkirsche

Der immergrüne, dichte Strauch überrascht durch sein attraktiv glänzendes, weiß gezeichnetes Laub. Wächst auch an schattigen Standorten.

◂ ***Prunus laurocerasus* 'Schipkaensis'**

Kirschlorbeer, Lorbeerkirsche

Besondere Merkmale: Der immergrüne 'Schipkaensis' wächst sehr ausladend und ist ein üppiger Blüher.

Bis 5 m · Bis 8 m · Spätes Frühjahr

▸ *Prunus serrula*
Mahagoni-Kirsche, Tibetische Kirsche

Dieses edle, rundlich wachsende Gehölz bekommt an seinen älteren Trieben eine sehr schöne, glänzend glatte, mahagonifarbene Rinde. Trägt weiße Blüten.

Bis 10 m · Spätes Frühjahr

▸ *Prunus serrulata* 'Kiku-shidare-zakura'
Grannen-Kirsche, Japanische Blütenkirsche

Zu einem laubwerfenden Baum in Trauerform wächst das schöne Ziergehölz heran und trägt unzählige gefüllte, rosa Blüten. Bronzefarbener Blattaustrieb. Schöne Herbstfärbung.

Bis 5 m · Mittleres bis spätes Frühjahr

▴ *Prunus serrulata* 'Shôgetsu' Grannen-Kirsche, Japanische Blütenkirsche

Der rundliche Frühjahrsblüher wird auch 'Shimidsu-zakura' genannt. Er besticht im Frühjahr mit Massen von rosafarbenen Knospen, aus denen gefranste, weiße Blüten hervorkommen. Sein mittelgrünes, anfangs bronzefarbenes Laub verfärbt sich im Herbst orange-rot.

***Prunus spinosa* 'Rosea'**

Das Laub dieses sehr dicht und buschig wachsenden Schwarzdorns ist beim Austrieb rotbraun und färbt sich später grünlich. Im Frühjahr zeigen sich vor dem Laubaustrieb zarte, ungefüllte, rosafarbene Blüten. Trägt später bereifte, essbare, schwarze Früchte. Sommergrün.

Bis 4 m · Frühes bis mittleres Frühjahr

▸ ***Prunus subhirtella* 'Autumnalis'**
Frühjahrs-Kirsche, Higan-Kirsche

Der ausladende 'Autumnalis' ist ein sehr hübscher, winterblühender, kleiner Baum, der in milden Perioden zahlreiche halbgefüllte, rosa überhauchte, weiße Blüten zeigt. Ein echtes Winter-Highlight.

Bis 5 m | Winter bis mittleres Frühjahr

Prunus Aprikose, Kirsche, Lorbeerkirsche, Mandel, Pfirsich, Pflaume, Schlehe, Traubenkirsche, Weichsel, Zwetsche

Bis 3 m | Frühes bis mittleres Frühjahr

◂ ***Prunus* triloba** Mandelbäumchen

Der buschige und reichblühende Strauch wächst dicht verzweigt. Die kleinen, rosa Blüten erscheinen noch vor dem Laubaustrieb. Ideal für kleine Gärten und Vorgärten.

Bis 2,5 m | Frühes Frühjahr

▸ ***Prunus tomentosa***
Japanische Mandel-Kirsche

Der kleine Strauch blüht im Frühjahr mit hübschen, weißen Blüten. Die roten Früchte sind bei Vögeln sehr beliebt.

◂ ***Prunus* × yedoensis**
Tokio-Kirsche, Yoshino-Kirsche

Da diese Art recht groß und ausladend wächst, ist sie wohl eher für größere Gärten geeignet. Die rosa Knospen öffnen sich im zeitigen Frühjahr vor dem Laubaustrieb zu weißen Blüten.

Bis 10 m | Frühes Frühjahr

Pyracantha 'Orange Glow' Feuerdorn

Es sind drei markante Merkmale, die 'Orange Glow' sehr beachtenswert machen: seine glänzend dunkel- und immergrünen Blätter, die dichten Schirmrispen kleiner, weißer Blüten und, seine ganz besondere Pracht, ganze Bündel voller lang haltender, leuchtend orangeroter, herbstlicher Beeren. Der Feuerdorn ist ein besonders robustes Gewächs, er wächst auf fruchtbarem, durchlässigem, auch trockenem Boden, nur allzu sauer sollte er nicht sein. Im Halbschatten oder auch in der vollen Sonne. In sehr harten Wintern kann er schon mal sein Laub abwerfen. Vor kalten Winden im Winter schützen. Sein Verwendungsmöglichkeiten sind recht vielfältig: Er kann freistehend, in Strauchrabatten, als Hecke oder Wandbegrünung, entlang von Zäunen oder als Spalier gezogen werden. Der Schnitt ergibt sich aus der Verwendung. Bei freistehenden Pflanzen störende Triebe im zeitigen Frühjahr entfernen, Heckenschnitt im Hochsommer. Achtung: Der Feuerdorn ist ein Vertreter mit vielen Dornen. Man sollte besser Handschuhe anziehen, wenn man ihn pflanzt oder schneidet. Die Beeren sind unverträglich.

Bis 3 m | Bis 3 m | Spätes Frühjahr | Spätsommer

Rhododendron 'Blue Tit Magor'

Der reichblühende, immergrüne, lavendelblaue 'Blue Tit Magor' gehört zu den Däumlingen unter den Rhododendren, die für den kleinen Garten geradezu ideal sind. Der Kleinblättrige lässt sich auch einen Heckenschnitt ohne weiteres gefallen. Impeditum-Hybride.

Bis 50 cm | Mittleres bis spätes Frühjahr

Rhododendron Alpenrose, Azalee, Rhododendron

Rhododendron zählt zu den bewährtesten Gartenpflanzen: unverwüstlich, unglaublich blühfreudig und ein sicherer Kandidat für schattenreiche Gartenpartien. Die Rhododendronblüte ist auf jeden Fall einer der Höhepunkte im Gartenjahr, garantiert sie doch auch an eher ungünstigen Standorten eine Farbpalette und Farbintensität, wie man sie sonst nur von Sommerbeeten kennt.

Die Vielfalt an Wuchsformen steht der Farbfülle in keinster Weise nach: Sie reicht von Zwergsträuchern bis zu gewaltigen Bäumen. Aus botanischer Sicht lassen sich die immergrünen Rhododendren – im Garten meist Hybriden – von den Azaleen unterscheiden, obwohl die Azalee zur Gattung Rhododendron gehört.

***Rhododendron* 'Comte de Gomer'**

Mollis-Hybrid-Azalee. Die laubwerfende 'Comte de Gomer' hat schöne, trichterförmige, lang haltende, lachsrosafarbene Blüten. Blüte erscheint nach den Blättern.

Bis 2,5 m | Mittleres bis spätes Frühjahr

Rhododendron Alpenrose, Azalee, Rhododendron

Bis 2 m | Spätes Frühjahr bis Frühsommer

Bis 3 m | Spätes Frühjahr bis Frühsommer

▲ ***Rhododendron* 'Dairymaid'**

Große, cremefarbene Blütenköpfe mit feinen, rosa Linien zeichnen diese immergrüne, großblumige Hybride aus.

◀ ***Rhododendron* 'Furnivall's Daughter'**

'Furnivall's Daughter' trägt mit Vorliebe leuchtend rosafarbene, trichterförmige Blüten mit einer auffallenden, erdbeerroten Zeichnung. Der immergrüne, breitbuschige Strauch hat besonders große, breit-ovale Blätter. *Caucasicum*-Hybrid. Verträgt exponierte Standorte, auch als Hecke oder Sichtschutz zu verwenden.

Die meist laubwerfenden Azaleen – Ausnahme hiervon ist insbesondere die Japanische Azalee – bereichern das ohnehin breite Gestaltungspektrum durch intensive Orangetöne und eine auffallende Herbstfärbung.

Für ein gutes Wachstum mit dunkelgrünen, glänzenden Blättern und einer reichen Blüte müssen jedoch einige Voraussetzungen erfüllt werden. Grundlage sind die Auswahl eines geeigneten Standorts und eine sorgsame Bodenvorbereitung.

Rhododendren gedeihen am besten an einem windgeschützten, halbschattigen Platz, vor einer Hecke oder an einer Hauswand. Am günstigsten jedoch ist ein waldähnliches Fleckchen unter hohen, alten Bäumen. Als Schattenspender kommen allerdings nur Gehölze mit tiefgehenden Wurzeln, wie Kiefer, Eiche, Akazie oder Goldregen in Frage, die nicht in Konkurrenz zu dem Flachwurzler treten. Zudem liefert das Laub dieser Bäume einen sauren, schnell verrottenden Mulch. Denn Rhododendren brauchen einen lockeren, sauren und humosen Boden.

Bis 1,5 m | Spätes Frühjahr

Bis 1,5 m | Mittleres Frühjahr

▸ *Rhododendron* 'Goldkrone'

'Goldkrone' bezaubert mit seinen trichterförmigen Blüten in Goldgelb mit zarten, rubinroten Flecken. Ein sehr robuster, immergrüner Strauch.

◂ *Rhododendron* 'Hollandia'

Pontica-Azalee. Dicht verzweigter, sommergrüner Strauch mit leuchtend gelben Blüten. 'Hollandia' blüht mit der Laubentwicklung.

Bis 1,5 m | Spätes Frühjahr

▸ *Rhododendron* 'Homebush'

Knap-Hill-Exbury-Azalee. Der leicht gedrungen wachsende, laubwerfende Strauch schäumt im Frühjahr von trompetenförmigen, halbgefüllten, rosa Blüten nur so über. Zeigt sich ansonsten mit hellgrünen, mittelgroßen Blättern.

***R.* 'Jolie Madame'**

Viscosum-Azalee. Die tiefrosa gefärbten Blüten, die sich weit öffnen, haben eine feine, orangegoldene Zeichnung. Das besondere an 'Jolie Madame': Sie duftet herrlich. Der laubwerfende, wuchsfreudige Strauch ist leicht zu kultivieren.

Bis 1,5 m | Mittleres bis spätes Frühjahr

▸ ***Rhododendron* 'Lilac Time'**

Der Name ist Programm: 'Lilac Time' blüht in feinem Lila. Ihr Habitus gleicht dem eines Zwergstrauches. Die Japanische Azalee, zu deren Gruppe sie gehört, ist wintergrün. Ideal für kleine Gärten. Bei windigen Standorten empfiehlt sich ein Winterschutz.

Rhododendron Alpenrose, Azalee, Rhododendron

◂ ***Rhododendron* 'Lilofee'**

Großblumige, immergrüne Hybride in strahlendem Purpurlila. In der Blütenmitte sorgen die rotbraune Zeichnung und die langen, weißen Staubblätter für einen belebenden Kontrast zur Blütenfarbe. Breit-kompakter, mittelstarker Wuchs.

▴ ***Rhododendron* 'Praecox' syn. *R.* × *praecox***
Vorfrühlings-Rhododendron

Gehört mit zu den schönsten Blühern des zeitigen Frühjahrs. Der niedrige, immergrüne Strauch mit den kleinen Blättern verträgt auch sonnige Lagen. Auch als Hecke zu ziehen.

◂ ***Rhododendron* 'Silvester'**

Immergrüne Japanische Azalee. Im späten Frühjahr bildet 'Silvester' ein unglaublich dichtes Blütenmeer: außen hellrosa, innen rosarot.

Mangelt es daran, sollte der Boden entsprechend aufbereitet werden, beispielsweise mit speziellen Erden. Regelmäßige Düngergaben oder Mulchen verbessern zudem das Wachstum. Rhododendren brauchen viel Wasser. Stehen sie auf trockenem Boden, sollten sie gründlich gewässert werden. Grundsätzlich gilt: Je standortgerechter sie gepflanzt wurden, umso weniger Bewässerung ist nötig.

Sie vertragen auch durchaus kräftige Rückschnitte. Damit sie ihre natürliche Wuchsform entfalten können, lässt man Rhododendren – abgesehen von Hecken – im Allgemeinen ungeschnitten. Lediglich Welkes gelegentlich herauskneifen.

Da Rhododendren langsam wachsende Gehölze sind, eignen sie sich auch für den kleinen Garten. Einzeln oder in Gruppen, ihre volle Blüte und das dunkelgrüne Laub lassen sie das ganze Jahr über äußerst reizvoll aussehen.

Bis 2,5 m | Spätes Frühjahr

▲ ***Rhododendron* 'The Hon. Jean Marie Montague' syn. *R.* 'Jean Marie Montague'**

Die dichten Trauben trichterförmiger, scharlachkarminroter Blüten lassen den immergrünen Strauch so richtig wirken. Der ehrenwerte 'Jean Marie Montague' passt zu allen Gelegenheiten. Ob Sonne, Hitze oder exponierte Lagen, er bleibt immer gut in Form. Arboreum-Gruppe.

***Rhododendron* 'Viscy'**

Für die Liebhaber der eher dezenten und zarten Töne dürfte die schöne 'Viscy' wohl die Richtige sein. Die großblumige Immergrüne trägt wundervolle, cremefarbene, ins Hellorange übergehende Blüten mit einer feinen rötlichen Zeichnung.

Bis 1,5 m | Mittleres Frühjahr

Rhus typhina 'Dissecta'

Essigbaum, Kolben-Sumach

Im Herbst ist dieser Strauch einfach ein Highlight in jedem Garten, wenn sein fein geschlitztes, gefiedertes Laub in den herrlichsten Farben von Rot, Orange bis Gold regelrecht erglüht und seine rotbraunen, behaarten Fruchtstände streng senkrecht in den Himmel zeigen. Mit seinem ausladenden, malerischen Wuchs hat sich 'Dissecta' durchaus einen Platz als Einzelexemplar verdient. Er verträgt jeden Gartenboden, sei es in der Sonne oder auch im Halbschatten. Da er zum Wuchern neigt, ist eine Wurzelsperre sinnvoll.

Ribes sanguineum Blut-Johannisbeere

Die sommergrüne Zierform der heimischen Johannisbeere ist zwar eng verwandt mit dem beliebten Obstgehölz, allerdings sind die unauffälligen, schwarzen Früchte, die ab Hochsommer an ihren Trieben erscheinen, nicht genießbar. Dennoch zählt sie unter den frühjahrsblühenden Sträuchern zu den Aktiven, präsentiert sie doch stramm aufrecht eine reizvolle Fülle rosaroter Blütentrauben. Ein gelungener Kontrast übrigens zu dem aparten, herzförmig gelappten, beidseits behaarten Blattgrün, dem man den Duft von Schwarzen Johannisbeeren nachsagt. Beliebt ist sie als Begleitung von Forsythien, eignet sich aber auch gut als blühende Heckenpflanze. Mit ihrem Bauerngartenflair belebt sie Strauchrabatten und füllt auch Einzelpositionen standesgemäß aus. Anspruchslos ist sie, jeder Gartenboden, der nicht trocken ist, wird akzeptiert. Ein ausdünnender Schnitt alle zwei bis drei Jahre hält sie ausreichend in Form.

Robinia pseudoacacia 'Umbraculifera'

Gewöhnliche Scheinakazie, Robinie, Kugel-Robinie

Der Baum mit der formvollendeten, kugelrunden Krone ist ideal für markante Akzente in kleinen Gärten, auch wenn die Krone einen nennenswerten Umfang bekommen kann; durch einen Schnitt lässt sich diese ohne Probleme klein und kompakt halten. Die Kugelform wächst bei 'Umbraculifera' ganz von allein heran. Das zarte, hellgrüne Laub treibt erst spät aus, bleibt im Herbst aber auch lange haften. 'Umbraculifera' gehört zu den nichtblühenden Sorten von *R. pseudoacacia*. Das Bäumchen ist anspruchslos und kommt auf jedem sonnig gelegenen, normalen Gartenboden gut zurecht.

Ruta graveolens 'Jackman's Blue'
Wein-Raute

Die rundliche, gedrungen wachsende 'Jackmans Blue' wirkt durch ihr schön bereiftes, blaugrünes Laub und die niedlichen, becherförmigen, gelben Blüten. Verträgt jeden Boden. Im Frühjahr zurückschneiden. Obwohl als Heilpflanze verwendet, in größeren Mengen giftig. Hautreizungen möglich.

Salix caprea 'Kilmarnock' Sal-Weide

Durch ihre beinahe bis auf den Boden senkrecht herabhängenden Triebe ist 'Kilmarnock' ein schöner Blickfang für kleine Gärten oder auch Vorgärten. Die auffällige Wuchsform sollte auf jeden Fall mit einer Einzelstellung gewürdigt werden. Im Frühjahr, noch vor dem Austrieb des dunkelgrünen Laubs, erscheinen zahlreiche männliche, silbrig pelzige Kätzchen, die mit zarten, gelben Staubbeuteln bedeckt sind, an denen sich vor allem Bienen gütlich tun. Im Gegensatz zu anderen *Salix*-Arten kommt diese mit einem frischen bis mäßig trockenen Boden aus. Sonnige Lagen werden bevorzugt. Obwohl sie jeden Rückschnitt verträgt, lässt man die Trauerweide am besten ungeschnitten.

Salix integra 'Hakuro Nishiki' Harlekin-Weide

Diese rasch wachsende Zierweide aus Japan – der Name ließ nichts anderes vermuten – zieht die Blicke durch ihr weiß-buntes Laub, das flamingorosafarben angehaucht ist, auf sich. Im Frühjahr zeigen sich an den rötlich gefärbten Zweigen kleine Kätzchen. *Salix integra* 'Hakuro Nishiki' ist ein anspruchsloser Solitär, der Sonne oder Halbschatten und feuchte Böden verträgt. Ein jährlicher Rückschnitt im zeitigen Frühjahr, etwa um die Hälfte, erhält die marmorierte Laubfärbung.

Sambucus nigra Schwarzer Holunder

Der laubwerfende *S. nigra* gehörte früher in jeden Garten. Die Beeren dienten zur Herstellung von Saft, Likör oder Marmelade. Aus den Blüten wurde Tee gekocht. Holunderbeeren sind roh schwach giftig, aber gekocht ein Genuss. Wer ihn nicht nutzen möchte, kann sich einfach an der üppigen, weißen Blüte und den dicken Troddeln schwarzer Beeren erfreuen. Er ist bodentolerant, für eine reiche Blüte alle zwei bis drei Jahre auslichten.

Senna didymobotrya Geflügelte Senna

Eines direkt vorweg: Die gelbe Exotin ist mehr als frostempfindlich. Die von ihr akzeptierte Tiefsttemperatur liegt zwischen 10 und 15 °C – daher ist sie am besten in einem Kübel aufgehoben. Den Sommer über kann sie sich dann auf der Terrasse frei entfalten, im Winter nimmt sie mit einem hellen, kühlen Quartier vorlieb. Ihr eleganter Anblick ist die Mühe allemal wert. Die imposanten, aufrechten Blütentrauben werden immerhin bis zu 0,5 m lang. An ihren Enden öffnen sich immer neue, schwarze Knospen und entfalten ihre gelben Blütenblätter. An sonnigen, windgeschützten Standorten ist sie ein wahrer Dauerblüher. Das samtweiche Laub riecht bei Berührung übrigens nach Erdnüssen. Zweige im Frühsommer zurückschneiden. Schützen. Bei Hitze reichlich wässern, im Winter trocken halten.

Skimmia japonica 'Rubella'
Japanische Skimmie

'Rubella' ist ein immergrünes Zwerggehölz, das wunderbar als Unterpflanzung für halbschattige bis schattige Standorte dienen kann. Die Immergrüne eignet sich auch gut für Winterarrangements, denn das Besondere an ihr sind nicht nur die duftenden Blüten im Frühjahr, sondern vor allem die dekorativen braunroten Knospen, die im Herbst treiben und gemeinsam mit den glänzenden, dunkelgrünen Blättern den ganzen Winter über ein attraktiver Farbtupfer sind. Früchte trägt 'Rubella' nicht, denn es ist eine männliche Sorte. Lockerer, humoser Boden.

Bis 8 m | Spätes Frühjahr | Herbst

Sorbus folgneri 'Lemon Drop'
Chinesische Mehlbeere

Elegant hängende Äste, zusammen mit einer schönen, rotgoldenen Herbstfärbung und breiten, gelben Beeren, sind die Hauptattraktion dieser Sorte. Die Gattung ist als Eberesche oder Vogelbeere bekannt. Mag feuchte, durchlässige, fruchtbare Böden.

Bis 2,5 m | Bis 1,5 m | Frühsommer und Hochsommer

Spiraea douglasii Douglas-Spierstrauch, Oregon-Spierstrauch

Wegen seiner breiten, flauschigen, rosafarbenen Blütenrispen muss man *S. douglasii* einfach mögen. Zusammen mit dem länglich schmalen Laub, das er im Winter verliert, bringt er tatsächlich einen Hauch sommerliche Romantik in den Garten. Bevorzugt in der Sonne, kann er als blühende Hecke oder als farbiger Füllstrauch für grüne Gehölzgruppen verwendet werden. Der unermüdliche Dauerblüher arrangiert sich mit jedem Gartenboden. Ein Schnitt ist nicht wirklich erforderlich, es genügt, den Strauch hin und wieder etwas auszulichten. Kurz, ein wirklich anspruchsloser Vertreter. Es gibt auch frühjahrsblühende Arten der *Spiraea*, die weiß blühen.

Bis 75 cm | Bis 75 cm | Hochsommer bis Spätsommer

***Spiraea japonica* 'Goldflame'** Japanischer Spierstrauch

Die kleinwüchsige, laubwerfende 'Goldflame' mit ihren kräftig dunkelrosafarbenen Blüten bildet, flächig gepflanzt, beeindruckende Blütenteppiche. Aber auch als Einfassungshecke eignet sie sich hervorragend. Ihre Blätter sind im Austrieb beinahe bronzefarben und färben sich mit der Zeit gelbgrün. Im Herbst nimmt das Laub einen Kupferton an. Blüht am einjährigen Holz, daher im Frühjahr vor dem Austrieb etwas einkürzen. Die Standortanforderungen sind die gleichen wie bei *S. douglasii*.

1,5–2 m | Bis 1,5 m | Spätes Frühjahr bis Frühsommer

Syringa meyeri 'Palibin' Meyers Flieder

'Palibin' ist irgendwie der passende Name für die zierliche Zwergform des Duftflieders. Die Blätter sind wesentlich kleiner als beim üblichen Flieder. Die süß duftenden, lavendelrosa Blüten sind in lockeren Rispen angeordnet. Sie erscheinen im späten Frühjahr und sind eine ergiebige Bienenweide. 'Palibin' passt gut in Duftgärten, sein kompakter, langsamer Wuchs macht ihn auch zu einer ausgezeichneten Kübelpflanze oder zu einem dekorativen Hochstämmchen. Mit einem sonnigen Platz in einem einfachen, nährstoffreichen Gartenboden ist er – wie alle Flieder – vollauf zufrieden. Trockenresistent.

Syringa vulgaris 'Andenken an Ludwig Späth' Gewöhnlicher Flieder

Keine Spur von altmodischem Flair. Denn 'Andenken an Ludwig Späth' gehört mit seinen fast 30 cm langen, duftenden, dunkelpurpurfarbenen Blütenrispen immerhin zu den unübertroffenen Gartenklassikern. Ein paar Pflegetipps: Wichtig ist das Entfernen der abgeblühten Rispen. Bleiben sie an den Sträuchern, geht zu viel Kraft in die Samenbildung und die Blüte der nächsten Saison fällt weniger reich aus. Da sich Flieder zu kräftigen Sträuchern entwickeln kann, sollte er gelegentlich ausgelichtet werden. Direkt nach der Blüte ist der beste Zeitpunkt, denn im Frühjahr sind bereits Knospen angelegt.

Bis 7 m | Spätes Frühjahr bis Frühsommer

Bis 5 m | Bis 5 m | Mittleres bis spätes Frühjahr

Tamarix tetrandra Viermännige Tamariske

T. tetrandra gehört zu den Ziersträuchern mit der besten Widerstandsfähigkeit gegen Trockenheit. Er wächst problemlos auf sandigem, trockenem Grund in voller Sonne. Da seine Ursprünge in Küstennähe liegen, kann ihm auch salzhaltiges Klima nichts anhaben. Soweit die praktische Seite. Was noch für *T. tetrandra* spricht: Der sommergrüne, filigrane Strauch mit den rutenartigen Trieben erscheint im Frühjahr als eine unglaubliche, imponierende Wolke aus hellrosa Blüten. Solitärstellung vorprogrammiert.

***'axus baccata* 'Lutea'**

:uropäische Eibe, Gewöhnliche Eibe

)ie immergrünen, dicht verzweigten Gehölze rfreuen sich wegen ihrer schönen Nadeln, ie es in unterschiedlichen Grün- und Gelbuancen gibt, sowie ihrer großen Formenielfalt zunehmender Beliebtheit. 'Lutea' st mit 2 m eine eher kleinwachsende Sorte, ie im Herbst mit hübschen, kugeligen, gelen Früchten besticht. Die gelben, bei aneren Sorten oft rot gefärbten Beeren, ein eliebtes Vogelfutter, zeigen sich allerdings ur an den weiblichen Pflanzen, denn Eiben ind zweihäusig, das heißt, männliche und veibliche Blüten sitzen auf verschiedenen 'flanzen. Als Einzelstrauch, zur Anlage iner formal geschnittenen, dichten Hecke der als Hintergrund für Staudenrabatten ignet sich 'Lutea' hervorragend. Standortragen stellen sich kaum: Toleriert werden onne oder auch Schatten und jeder frische iartenboden. **Achtung:** Alle Pflanzenteile, is auf den Samenmantel, sind hochgiftig.

Thuja occidentalis Lebensbaum, Thuja

Vielseitig einsetzbar, aber als immergrüner Sichtschutz beinahe unschlagbar. Die rundlich, konische Konifere lässt sich ganz nach Belieben schneiden und findet alle Bodenarten geeignet, solange ausreichend Feuchtigkeit vorhanden ist. Die Zapfen sind giftig. Lichtliebend.

***Tsuga canadensis* 'Pendula'** Kanadische Hemlocktanne

Die kaskadenartig überhängende, grazile 'Pendula' ist für eine Einzelstellung geradezu prädestiniert und entfaltet ihre Wirkung gekonnt an Mauern oder Böschungen. Ihre schöne Trauerform und die feine, natürlich wirkende Benadelung machen sie zu einem ausgesprochen eleganten, immergrünen Nadelbaum. Sie mag einen frischen, humosen, sauren bis neutralen Untergrund. Empfohlen ist ein Schutz gegen kalte Winde und heiße Mittagssonne.

◂ *Viburnum × bodnantense*

Bodnant-Schneeball

Ein Frühjahrsblüher mit duftenden, zarten, weißrosa Blüten, die sich bei milder Witterung bereits im späten Herbst aus den Knospen schieben. Ihren Zenit erreicht die Blüte allerding erst im Frühjahr. Vor dem Laubabwurf leuchtet das dunkelgrüne Laub noch einmal bräunlich violett auf. Bildet purpurne Früchte.

Viburnum Schneeball

◂ *Viburnum × burkwoodii* 'Anne Russell'

Burkwoods Schneeball

Eine große, duftende Blütenkuppel scheinen die zunächst rosafarbenen, später eher weißen Blüten der 'Anne Russell' zu bilden. Der kompakt wachsende Strauch wirft im Herbst, anders als andere Sorten dieser Art, sein glänzend dunkelgrünes Laub ab. Durch seine Wuchsform ist er auch für kleine Gärten geeignet. Die Früchte sind anfangs rot und werden später schwarz. Damit man den wohlriechenden Blütenduft genießen kann, eignet sich ein sonniger oder halbschattiger Platz in der Nähe der Terrasse.

◂ *Viburnum davidii* Davids Schneeball

Der immergrüne *V. davidii* mit dem geäderten, leicht runzeligen und behaarten Laub wächst zu einem eher flachen Strauch heran. Aus seinen hellrosa Röhrenblüten entwickeln die weiblichen Pflanzen im Herbst weiß bereifte, dunkelblaue, aber giftige Beeren. Im Gegensatz zu den sommergrünen Arten benötigt diese einen eher halbschattigen, geschützten Platz. Ist auch als Kübelpflanze geeignet.

Als dekorative Gartenpflanze wird der Schneeball vor allem wegen seiner unglaublich üppigen weißen bis rosafarbenen Blütenfülle, der dekorativen roten, blauen oder schwarzen Beeren und des Laubs geschätzt, das viele unterschiedliche Formen und Strukturen aufweist.

Die vielen Arten variieren stark. Es gibt sommer-, winter- und immergrüne Schneebälle, duftende und nicht duftende, Arten mit leuchtendem Herbstlaub und solche, die sich eher unauffällig in die nächste Saison verabschieden. Aber es gibt auch eine praktische Seite. Einige Arten, beispielsweise der *V. opulus*, dienen Vögeln und Insekten als wichtige Nahrungsquelle oder Nistplatz. Dem Gärtner hingegen dient er als blühende Ergänzung für Gehölze, gemischte Rabatten, als Solitär oder als Hecke. Als Untergrund tolerieren die meisten Arten mäßig fruchtbare, feuchte, aber durchlässige Böden. Die immergrünen Arten benötigen keinen Schnitt, eventuell störende Triebe im zeitigen Frühjahr entfernen, die Sommergrünen und *V. tinus* vertragen in der Regel auch kräftige Schnitte.

Bis 3 m | Spätes Frühjahr bis Frühsommer

▶ *Viburnum opulus* 'Roseum'

Gewöhnlicher Schneeball

Ein echter Favorit. Die gefüllten Blüten des lockeren, buschigen 'Roseum' gleichen in der Tat großen, weißen Schneebällen. Die Blütenfarbe entwickelt sich von einer grünweißen Färbung hin zu einem Hauch von Rosa. Bezaubernd ist auch sein Laub, die hellgrünen Blätter bekommen im Herbst eine sehr schöne wein- bis dunkelrote Färbung. Die roten, allerdings giftigen Früchte bleiben lange an den Zweigen haften. Sonne bis Halbschatten.

Bis 4 m | Spätes Frühjahr bis Frühsommer.

▲ *Viburnum plicatum* 'Mariesii' Japanischer Schneeball

Das Verblüffende an 'Mariesii' ist der etagenartige Wuchs der Triebe und Blüten. Lage für Lage baut sich der Sommergrüne auf und bekommt dadurch eine wunderbar gleichmäßige Wuchsform. Die doldenartigen Blüten blühen von außen nach innen auf, wodurch die Blütezeit recht lang ist. Das geäderte Laub erhält im Herbst eine kräftige purpurrote Färbung. Ein klassischer Solitär, der sonnige bis halbschattige Standorte bevorzugt.

Viburnum tinus 'Eve Price'

Immergrüner Schneeball

Rundlich und kompakt wächst der Immergrüne mit dem dunklen, glänzenden Laub. 'Eve Price' kann je nach Witterung schon im späten Winter anfangen zu blühen, aus den Blüten reifen blauschwarze Früchte. Mag es windgeschützt und braucht Winterschutz, verträgt kurzfristig Minusgrade von -5 bis -10 °C.

Bis 3 m | Später Winter bis frühes Frühjahr

Bis 2,5 m | Bis 2,5 m | Spätes Frühjahr bis Frühsommer

***Weigela florida* 'Variegata'**

Liebliche Weigelie, Buntblättrige Weigelie

Die sommergrüne Weigelie schmückt sich im Frühsommer mit einem Meer weiß-rosafarbener, glockenförmiger Blüten. 'Variegata' besticht zudem durch die schönen, graugrünen Blätter mit dem cremeweißen Rand. Ein weiteres Plus ist auch ihr ausladender, sanft überhängender Wuchs. Alles in allem eine zuverlässige, aparte Blüherin, die sich problemlos mit jedem durchlässigen Gartenboden zufrieden gibt. Die ältesten Triebe sollten jährlich nach der Blüte bis auf die Basis herausgenommen werden, so behält sie Wuchsform und Blühkraft. Sehr wirkungsvoll neben blühenden Sträuchern wie Flieder oder Pfeifenstrauch.

***Yucca filamentosa* 'Bright Edge'** Fädige Palmlilie

Eindrucksvoll richten sich die eleganten, schwertförmigen Blätter mit dem breiten, goldgelben Rand nach oben. Ihr steifer Aufbau – sie bleibt im Gegensatz zu anderen Arten stammlos – macht die immergrüne 'Bright Edge' zur auffälligen Strukturpflanze für Sukkulentenbeete oder andere exotisch anmutende Gewächse. Im Sommer schiebt sich ein bis zu 2 m hoher, beeindruckender Blütenstand aus der Mitte der Pflanze hervor, an dem zahlreiche nickende, weiße Blütenglocken hängen. Nach dem Abwelken sollte er entfernt werden. An die Erde stellt sie keine Ansprüche, sie hat es am liebsten trocken und akzeptiert jeden sehr gut wasserdurchlässigen Boden in voller Sonne. Obwohl sie alles andere als zimperlich ist, bevorzugt sie doch ein eher mildes Klima. In sehr frostigen Gebieten sollte sie deswegen frostfrei überwintert werden.

Bis 75 cm | Hochsommer bis Spätsommer

KLETTERPFLANZEN

Grüne Wände und zauberhafte Blütenvorhänge

Sie ranken, schlingen, klimmen entlang an Mauern, Spalieren, Pergolen und Zäunen. Sie begrünen, blühen, tragen Früchte. Sie verschönern, verdecken und verstecken, spenden Schatten. Die stets vitalen Gewächse wollen hoch hinaus oder zumindest in die Breite, ganz langsam oder rasant schnell. Sie halten einen oder zwei Sommer – oder auch viele Jahre.

Kletterpflanzen können bereits auf kleinstem Raum für viel Grün und Farbe sorgen, denn ihr Element ist die Vertikale. Sie schaffen Räume und lenken Blicke. Für die Gestaltung mit ihnen sind einige Dinge grundlegend. Für kurzfristige Akzente sind ein- oder zweijährige Pflanzen ausreichend. Für langfristige Pläne sind Mehrjährige die richtige Wahl. Gelegentlich brauchen sie ein wenig Unterstützung durch Rank- oder Kletterhilfen. Ansonsten sind sie eigentlich nicht sehr anspruchsvoll, vorausgesetzt, man beachtet ihre Ansprüche an Standort und Boden. Darüber hinaus bieten Kletterpflanzen auch viel Raum für Insekten und Vögel.

6–10 m | Frühsommer

Actinidia chinensis

Chinesische Stachelbeere, Kiwifrucht

Mit einem Mal war sie in aller Munde: die Kiwi. Diese köstliche, gesunde Frucht reift an der mehrjährigen, sommergrünen Schlingpflanze *A. deliciosa*. Ihre Attraktion ist das großblättrige, dunkle, sattgrüne Laub. Im Frühsommer erscheinen die cremeweißen bis gelben Blüten. Die Früchte folgen in warmen, sonnigen Klimaten im Spätsommer – an den weiblichen Pflanzen. Bei guter Pflege dürfte diese Pflanze älter werden als ihr Besitzer. Standzeiten von bis zu 80 Jahren werden ihr nachgesagt. Doch dazu müssen einige Anforderungen erfüllt sein: Sie liebt warme, sonnige und windgeschützte Lagen sowie nährstoffreichen, durchlässigen Boden. Leichter Winterschutz empfiehlt sich, Spalier oder Spanndrähte als Kletterhilfe. Ab Herbst ins Frühbeet. **Tipp**: Starkwüchsig. Im Spätwinter schneiden, um Wuchs zu begrenzen.

Actinidia kolomikta Kolomikta-Strahlengriffel

Bei dieser Art färbt sich ein Teil der ursprünglich grünen Blätter ab dem mittleren Frühling von der Blattspitze her weiß, später rosa. Die dekorative Blattfärbung tritt bei männlichen Pflanzen deutlich intensiver auf als bei weiblichen. Dafür tragen die männlichen Pflanzen keine Früchte. Im Frühsommer duftende, weiße Blüten. Schwachwachsender, sommergrüner Schlinger. Standortanforderungen wie bei *A. deliciosa*, aber winterhärter als diese. Vermehrung erfolgt durch Absenker.

Akebia quinata Fingerblättrige Akebie

Ihre filigranen Blätter und die lange Laubhaftung machen sie zu einer sehr dekorativen Schlingpflanze. Zudem treibt sie im Frühling hübsche bräunlich violette, würzig duftende Blüten, denen im Herbst gurkenähnliche grün violette Früchte folgen. Die Blüten sind leicht anfällig für Spätfrost, sodass sich dann auch keine Früchte entwickeln. *A. quinata* bevorzugt einen warmen, windgeschützten Standort in Sonne oder Halbschatten und einen nährstoffreichen, sandig-humosen, gut drainierten Boden. Eine regelmäßige Wasserversorgung ist förderlich. Sie ist halbimmergrün, nur in milden Klimaten besteht die Chance, dass sie ihre Blätter im Winter behält. Sie benötigt eine engmaschige Rankhilfe; da sie nur vertikal treibt, ist Einflechten der Triebe erforderlich. Jungpflanzen ist mit einem leichten Frostschutz geholfen. Vermehrung durch Absenker oder bewurzelte Bodentriebe. Mehrjährig. **Tipp:** Ideal für Pergolen, Sichtschutzwände oder zur Begrünung älterer Bäume.

Aristolochia macrophylla
Amerikanische Pfeifenwinde

Der Klassiker unter den Laubenpflanzen ist ein idealer Schattenspender. Die großen, dachziegelartig angeordneten Blättern bieten nicht nur dichten Sichtschutz, sondern verbreiten auch exotische Üppigkeit. Treibt im Sommer pfeifenähnliche Blüten, die wegen der Größe des Laubes kaum sichtbar sind. Starkwüchsige, sommergrüne Winde. Winterschutz. Halbschattige bis schattige Standorte. Nährstoffreiche, feuchte Böden. Pflegeleicht, regelmäßiger Wasserbedarf. Gelegentlicher Rückschnitt. Benötigt senkrechte Rankhilfe.

3–5 m | Sommer bis Herbst

Bougainvillea 'Elsbeth' Bougainvillee

Elsbeth' ist – ebenso wie andere Sorten er *Bougainvillea* – ein dunkelvioletter arbknaller, der bei strahlender Sonne und lauem Himmel einfach pure Lebensfreude ignalisiert. Sie ist absolut sonnenhungrig und wärmeliebend, braucht aber nicht bermäßig viel Wasser. Es reicht, wenn der Vurzelballen stets leicht feucht gehalten vird. Staunässe verzeiht sie hingegen nicht. en Boden mag sie gut durchlässig und ruchtbar. Bei liebevoller Pflege bildet sie chnell lange Ranken. Ideal zur Begrünung on Hauswänden mit Südausrichtung. Sie erträgt keinen Frost, daher kann man sie n kalten Klimaten als Kübelpflanze halten. letternder, dorniger Strauch.

Bis 8 m | Sommer bis Herbst

Bougainvillea 'Glowing Sunset' Bougainvillee

Der Name passt. Wie ein glühender Sonnenuntergang erstrahlt 'Glowing Sunset' in flammendem Orangerot bis Pink. Einfach umwerfend.

7–12 m | Sommer bis Herbst

Bougainvillea spectabilis 'Alexandra' Bougainvillee

Die robusteste und am einfachsten zu kultivierende *B.* in einem typischen Violett-Magenta. Die kleinen Blüten erscheinen den ganzen Sommer über. Doch was man gemeinhin für Blütenblätter hält, sind leuchtend gefärbte Hochblätter.

Campsis radicans 'Flava'

Amerikanische Trompetenwinde

Da kommt Tropenstimmung auf. Die gelb blühende Sorte bringt mit ihren Trompetenblüten exotische Farbenpracht in den Garten. Ihr sommergrünes Laub ist gefiedert. Die Blüten erscheinen erst nach einigen Jahren. Liebt vollsonnige, geschützte Standorte. Die Wurzeln sollten allerdings beschattet sein. Rückschnitt der abgeblühten Teile empfiehlt sich im Frühjahr oder Spätsommer, da der Blütenansatz am einjährigen Holz erfolgt. Starkwachsender, leicht windender Strauch mit Haftwurzeln. Benötigt Klettergerüst. Gartenboden ausreichend. Absenker oder Steckhölzer.

Campsis × tagliabuana 'Madame Galen'

Trompetenblume, Trompetenwinde

Ist zwar mit *C. radicans* verwandt, aber weniger starkwüchsig als diese und auch dem Frost gegenüber nicht ganz so resistent. Ihre Blüten werden bis zu 8 cm lang und sind außen orange und innen scharlachrot. Ist wegen der Frostempfindlichkeit besonders für Fassaden oder Mauern mit Südlage geeignet. *C.* akzeptiert mäßig fruchtbare, gut wasserdurchlässige Böden.

Celastrus orbiculatus 'Diana'

Rundblättriger Baumwürger

Der starkwüchsige *C. orbiculatus* kann wahre Kräfte entwickeln. Regenrinnen und Wasserrohre sind vor ihm nicht sicher. Ehe man sich versieht, hat er sie umschlungen und zugedrückt. Keine nette Geste. Also lässt man ihn doch lieber gleich dort klettern, wo er nichts zerstören kann: an Wänden, Lauben, Pergolen oder älteren Bäumen. Eine Rankhilfe wäre allerdings erforderlich. Dabei ist er besonders reizvoll, wenn sich im Herbst die Blätter gelb verfärben und die erbsengroßen, scharlachroten Früchte erscheinen – vorausgesetzt, man hat weibliche und männliche Pflanzen. In sonnigen bis halbschattigen Lagen auf ganz normalem Gartenboden kann er sich austoben.

Clematis alpina 'Pink Flamingo'

Alpen-Waldrebe (Gruppe 1)

Hübscher, mittelgroßer Frühblüher; der gefüllte Blütenkopf erreicht 6 bis 7 cm Durchmesser. Außen kräftig rosa, innen deutlich heller gefärbt. Dazu passend trägt sie zartes, hellgrünes Laub.

2–4 m | Spätes Frühjahr und Hochsommer

Clematis Clematis, Waldrebe

Sie ist die Königin unter den Kletterern, überzieht Spaliere und Pergolen, Bäume und Sträucher mit einer verschwenderischen Blütenpracht. Aber sie ist auch ein wenig eitel und möchte von ihren Bewunderern entsprechend gewürdigt werden. Soll heißen: Die Dame will umhegt werden. Als Waldpflanze liebt sie sonnige bis halbschattige Plätze für die Blüten, aber eher Schatten und frische Kühle am Fuß sowie nährstoffreiche und gut drainierte Böden. Trockenheit während der Wachstumsphase macht sie empfindlich gegen die Clematis-Welke, die zum Absterben der oberirdischen Teile führt, und dämpft ihren vitalen Drang zur Ausbreitung. Ein ungeübter Schnitt wird mit Blühboykott geahndet.

▸ ***Clematis* × *jackmanii***
'Jackmanii Superba'
Jackmanii-Gruppe (Gruppe 3)

Der Klassiker unter den großblumigen, spätblühenden Waldreben. Die dunkelviolettfarbenen, beinahe samtigen, tellerförmigen Blüten mit einem Durchmesser von immerhin bis zu 12 cm geben garantiert einen wunderschönen Anblick. Kann auch als Bodendecker eingesetzt werden.

2–4 m | Spätsommer bis Herbst

Clematis Clematis, Waldrebe

2–3 m | Spätes Frühjahr und Spätsommer

◂ ***Clematis* 'Josephine'** Clematis, Waldrebe (Gruppe 2)

Gleich zwei Blühphasen macht die gefüllte, großblumige 'Josephine' mit, im Frühjahr und Sommer. Mehr Blüte geht einfach nicht. Sie liebt es sonnig bis halbschattig.

▾ ***Clematis macropetala* 'Maidwell Hall' syn. *C.* 'Maidwell Hall'**
Großblumige Waldrebe (Gruppe 1)

Die intensiv violettblauen Blütenblätter stehen so deutlich ab, als würden sie von einer unsichtbaren Kraft magisch angezogen. Der Frühblüher trägt halbgefüllte, bis 5 cm breite Blüten. Sonnig bis halbschattig.

2–4 m | Spätes Frühjahr bis Frühsommer

Aus diesem Grund wird die Vielfalt der Clematisarten in drei Gruppen mit unterschiedlichen Schnittansprüchen aufgeteilt.

Gruppe 1
Frühblühende, meist kleinblütige Arten
Darunter sind viele Wildarten wie *C. alpina, C. macropetala, C. montana*. Benötigen keinen Rückschnitt, vertrocknete oder schwache Triebe nach der Blüte herausschneiden.

Gruppe 2
Mittelfrühblühende, großblütige, Hybriden
Rückschnitt im Spätherbst oder zeitigen Frühjahr vor dem Neuaustrieb.

Gruppe 3
Spätblühende, großblütige Sorten, spätblühende Arten
Rückschnitt im Spätherbst oder zeitigen Frühjahr vor dem neuen Austrieb auf 20 bis 40 cm Höhe über dem Boden.

Die Wildarten und ihre Züchtungen gelten generell als robuster und unempfindlicher gegen die Clematis-Welke. Die meisten Probleme haben die frühjahrsblühenden Hybridsorten.

▸ *Clematis montana* 'New Dawn'
Berg-Waldrebe (Gruppe 1)

Erfreut durch zahlreiche Blüten in einem Hauch von Rosa.

◂ *Clematis montana* 'Freda'
Berg-Waldrebe (Gruppe 1)

Die zarten, tellerförmigen, aber kräftig kirschrosafarbenen, ungefüllten Blüten bilden einen hübschen Kontrast zu dem dunkelgrünen Laub.

▸ *Clematis* 'Pixie' Clematis, Waldrebe (Gruppe 1)

Als echter Zwerg, aber dafür mit üppiger, duftender, zitronengelber Blüte präsentiert sich die wintergrüne 'Pixie'. Winterschutz in kalten Klimaten erforderlich.

Clematis orientalis
Orientalische Waldrebe
(Gruppe 3)

Im Sommer erscheinen kleine, laternenförmige, grünlich gelbe Blüten mit leicht zurückgebogenen Spitzen. Dazu dunkelgrüngraues Laub. Mit ihrem auffälligen, fedrigen Samenstand wirkt sie einfach buschig-leicht. Fleißiger Kletterer. Welkunempfindliche Wildart.

3–6 m | Hochsommer bis Herbst

***Clematis tangutica* 'Lambton Park'**
Mongolische Waldrebe (Gruppe 3)

Leicht kultivierbare, widerstandsfähige Sorte mit kleinen, langen, goldgelben Blüten und seidigem Blütenstand.

3–4 m | Hochsommer und Spätherbst

Clematis Clematis, Waldrebe

▼ ***Clematis texensis* 'Etoile Rose'** Texas-Waldrebe (Gruppe 3)

Eine äußerst charmante Vertreterin mit glockenförmigen, kleinen, nickenden Blütlein in einem hellen Kirschrot mit silbrig pinkfarbener Umrandung. Halbkrautig. Sonnige bis halbschattige Standorte.

2–3 m | Hochsommer bis Herbst

Als beste Pflanzzeit für *Clematis* gilt die Zeit von August bis Oktober. Die Pflanzenbasis sollte am besten mit Laub, Mulch oder einer flachwurzelnden Unterpflanzung schattiert werden. Den Wurzelbereich feucht halten, aber keine Staunässe produzieren. Eine gleichmäßige Wasserversorgung und regelmäßige Düngung ab dem zweiten Standjahr gehören zur Grundpflege.

Die *Clematis* ist ein flotter Ranker, der Stäbe, Gitter, Schnüre oder Zäune als Rankhilfe mühelos akzeptiert. Außer an Hauswänden, Pergolen oder Zäunen wirkt die Kletterschönheit auch durch natürliches Hineinwachsen in Sträucher, Bäume oder Hecken. Der schönste Akzent allerdings – der Klassiker überhaupt – wird durch die Kombination von *Clematis* mit farblich abgestimmten Kletter-Rosen gesetzt. Hier empfiehlt es sich, der Rose ein paar Jahre Vorsprung zu geben und die *Clematis* später dazuzupflanzen.

Clematis ist übrigens auch eine wunderbare Schnittblume. Die bereits geöffneten Blüten direkt nach dem Schnitt in die Vase stellen.

▸ *Clematis viticella* 'Etoile Violette'

Italienische Waldrebe (Gruppe 3)

Besonders entzückend wirkt 'Etoile Violette' mit den dunkelvioletten Blüten vor einem hellen Hintergrund. Eine robuste und ausdauernde Pflanze.

3–4 m | Hochsommer bis Spätherbst

Clematis viticella
'Madame Julia Correvon'

Italienische Waldrebe (Gruppe 3)

Lange Blütezeit, hohe Blütenfülle. Die karminrote Madame verdeckt mit ihren mittelgroßen Blüten so manchen unschönen Anblick.

3–4 m | Frühsommer bis Frühherbst

Cobaea scandens Glockenrebe

Für Eilige. Wahre Eroberungszüge tritt die Glockenrebe innerhalb kurzer Zeit an. Die frostempfindliche, immergrüne Kletterpflanze wird bei uns einjährig kultiviert und schafft es in dieser recht kurzen Vegetationsperiode immerhin auf einige Meter Höhe. Die duftenden Glockenblüten – anfangs gelblich grün, später violett – entwickeln sich von Hochsommer bis Herbst. Üppiges, ovales Blattwerk verleiht ihr die exotische Anmutung. Kletterhilfe erforderlich. Sie bevorzugt sonnige oder halbschattige Plätze mit frischen Böden. In warmem Klima übersteht sie den Winter. Ein starker Rückschnitt erfolgt hier im Frühjahr.

Euonymus fortunei Kletternder Spindelstrauch

Mit gedrungener Gestalt kriecht und klettert der schwachwüchsige *E. fortunei* leicht mühselig vor sich hin. Das hört sich nun nicht gerade nach einem Himmelsstürmer an. Aber seine Vorzüge sprechen für sich: Der Haftwurzler ist immergrün, völlig winterhart, verträgt sowohl sonnige als auch schattige Standorte und benötigt keinen Schnitt. Da er sich ohne Unterstützung auch an Mauern und Baumstämmen hochziehen kann, ist er eine Alternative zu *Hedera*. Die kleinen, ovalen Blätter sind oft farbig abgesetzt oder weiß panaschiert. Später im Jahr tönen sie sich leicht rosa. Unscheinbare Blüten erscheinen im Früh- bis Spätsommer nur an alten Pflanzen. Trägt im Herbst weiße Früchte. Sandig-humoser Boden mit ausreichender Bodenfeuchte erforderlich. Auch als Bodendecker geeignet. **Tipp:** Befestigen der langen Triebe mit Knetwachs ist förderlich für das Ranken.

Fallopia baldschuanica

Schling-Flügelknöterich, Silberregen

Engagierte Gegner behaupten, er sei die Pest, andere lieben ihn geradezu. Eins ist gewiss: Unter den Produzenten von Biomasse dürfte er zu den eifrigsten gehören. Mehr als 4 m pro Jahr schafft er und bedeckt damit innerhalb kürzester Zeit alles, was nicht im Blickfeld liegen soll. Anfangs benötigt er dafür eine leichte Stützhilfe. Bezüglich des Bodens ist er gar nicht wählerisch, sprießt in Sonne oder Halbschatten. Im Frühjahr starker Rückschnitt. Kann Dachrinnen und -ziegel beschädigen. Sommergrün.

***Hedera colchica* 'Dentata Variegata'**
Kolchischer Efeu

Hellt dunkle Ecken auf. Die Sorte mit dem breiten, cremeweißen Rand und den großen, ganzrandigen Blättern ist zur Begrünung von Wänden oder als Bodendecker geeignet. Kann, wenn sie zu üppig werden sollte, jederzeit zurückgeschnitten werden. Im Winter verfärbt sich die Rinde rötlich-braun.

Bis 5 m | Herbst

Hedera Efeu

Hedera Efeu

Nicht nur für den romantischen Efeuranken-Look, auch für die Begrünung von Mauern und Zäunen ist die kräftige, immergrüne Kletterpflanze unverzichtbar. Das Laub gibt es in einer unglaublichen Vielzahl von unterschiedlichen Formen und Grüntönen von dunkel bis hell, von silbrig panaschiert bis golden. In seiner Jugend entwickelt sich *Hedera* zunächst langsam, wächst aber mit den Jahren dank kräftiger Haftwurzeln baumartig in die Höhe. Erst nach etwa sieben bis zehn Jahren wird die Jugend- durch eine sogenannte Altersform abgelöst. Er beginnt plötzlich im Herbst zu blühen und Früchte zu tragen.

▸ *Hedera colchica* 'Sulphur Heart'
Kolchischer Efeu

Schwefelgelb gefärbte Blätter. Sieht beinahe aus wie das Negativ von 'Dentata Variegata'. Allerdings wächst diese Sorte flotter und die Blätter sind etwas länger. Ist zur Begrünung hervorragend geeignet.

Hedera Efeu

◂ *Hedera helix* Gewöhnlicher Efeu

Ein rasanter und zuverlässiger Kletterer mit gelappten Blättern ist *H. helix*, die Mutterpflanze zahlreicher Varianten und Kultivare. Benötigt keine Rankhilfe. Schnitt ist jederzeit möglich.

Die im Winter erscheinenden, erbsengroßen, dekorativen Früchte sind eine begehrte Nahrungsquelle für Vögel, für Menschen hingegen sind sie schwach giftig. Eine weitere Besonderheit: Der ältere Efeu entwickelt frei stehende, senkrechte Triebe – ohne Haftwurzeln – mit ganzrandigen, eiförmigen Blättern.

Hedera bevorzugt nährstoffreiche, leicht kalkhaltige, feuchte, aber gut drainierte Böden. Grünblättriger Efeu verträgt Schatten. Die buntlaubigen Sorten sollten jedoch ins Licht gesetzt werden, damit sich die Farbschattierungen besser entwickeln können. Vor kalten Winden schützen. Der Rückschnitt zur Begrenzung der Wuchshöhe ist jederzeit möglich. Im Sommer Stecklinge von jungen Trieben mit Haftwurzeln schneiden.

Da Efeu lichtfliehend wächst, können durch das Erobern von Rissen und Spalten im Mauerwerk Bauschäden entstehen. Stabiles Mauerwerk wird in der Regel nicht beschädigt. Der Abriss von Trieben hinterlässt Spuren an Wänden. Glatte Wände sind zum Klettern wenig geeignet.

▴ *Hedera helix* 'Cavendishii' syn. 'Marginata Minor'
Gewöhnlicher Efeu

Eine langsam wachsende Sorte mit mittelgroßen Blättern und feiner, cremegelber Randung. Zur Begrünung geeignet.

▸ *Hedera helix* 'Glacier'

Graugrüne, fast dreieckige, gelappte Blätter mit silbriger Panaschierung und schmaler, cremefarbener Umrandung. Wirkt kühl, aber bringt Helligkeit in dunklere Ecken.

◂ *Hedera helix* 'Goldheart'

Braucht anfangs etwas Zeit, aber dann geht es ihm nicht schnell genug. Dunkelgrünes, mittelgroßes, dreilappiges Blatt mit goldenem Herz.

▸ *Hedera helix* 'Midas Touch' *syn.* 'Golden Kolibri'

Kleine, kompakte Kletterpflanze mit gelbbunten, eiförmigen Blättern, die sich aufgrund ihrer geringen Wuchshöhe ideal zum Begrünen niedriger Mauern oder Zäune eignet.

***Hedera helix* 'Thorndale'**

Dunkelgrüne, ledrig-glänzende Blätter mit heller Äderung. Sehr widerstandsfähig und robust. 'Thorndale' will hoch hinaus und ist eine ideale Sorte zur Begrünung. Verträgt halbschattige bis schattige Plätze. Wächst etwa 0,5 bis 1 m pro Jahr.

Bis 20 m Herbst

***Humulus lupulus* 'Aureus'**

Gewöhnlicher Hopfen

Der windende Hopfen wächst am besten an einem Pfosten oder Baum hoch. Er mag humose Erde, die sehr feucht ist, und halbschattige Plätze. Die Sorte 'Aureus' ist keine so üppige Blüherin, nur mäßig treibt sie im Sommer die erst grünen, später strohfarbenen, weiblichen Blütenähren. Dekorativ sind dafür die gelbgrünen, ahornartigen Blätter. Vorsicht, bei starker Sonne können sie verbrennen. Im Winter zieht sie ganz ein, um im zeitigen Frühjahr wieder auszutreiben. Tote Triebe im Frühjahr entfernen.

Hydrangea anomala* subsp. *petiolaris Kletter-Hortensie

Gut Ding braucht Weile. Eine Weisheit, die auf die Kletter-Hortensie ganz besonders zutrifft. Denn die ersten vier, fünf Jahre zeigt sie sich äußerst schwachwüchsig und hält sich auch mit ihren Blütenständen stark zurück. Aber Geduld wird belohnt. Wenn sie erst einmal mit ihren Haftwurzeln richtig angedockt hat, gehört sie zu dem Schönsten, was die Kletterer zu bieten haben. Im Sommer erscheinen große, flache Dolden mit aparten, zart duftenden Randblüten, die wie kleine, weiße Sternchen wirken. Das herzförmige, sommergrüne, glänzende Laub färbt sich im Herbst gelb. Treibt früh aus mit dekorativen Knospen. Verträgt feucht-kühle Standorte in halbschattigen bis schattigen Lagen auf lockeren, gut durchlässigen Gartenböden. Kalkmeidend. Ideal an dunklen, nasskalten Mauern oder zum Bewachsen von Bäumen.

Ipomoea tricolor* 'Heavenly Blue' syn. *I. violacea, Pharbitis rubrocaerulea

Himmelblaue Prunkwinde

Viel Zeit nimmt sie sich nicht. Die prächtigen, himmelblauen Trompetenblüten mit dem gelbweißen Schlund öffnen sich am Morgen und sind kurz nach Mittag bereits verblüht. Dank des üppigen Flors hält die Blüte von *I. tricolor* jedoch den ganzen Sommer über. In vollsonniger, geschützter Lage auf fruchtbarem Boden erreicht sie eine Höhe von 3 m. Als Stützhilfe reichen einige Drähte. Pflanzzeit ist temperaturabhängig, es sollten über 10 °C sein. Als einjährige oder kurzlebige Staude, gewünschte Mindesttemperatur 7 °C. **Achtung:** Enthält hochgiftige Samen.

Jasminum nudiflorum Winter-Jasmin

Das Bemerkenswerte am sommergrünen *J. nudiflorum* ist der Zeitpunkt des Erscheinens seiner Blüten. Bei milder Witterung öffnen sich die forsythienähnlichen, gelben Blüten vor dem Laubaustrieb bereits im Dezember, dazu kann mit einer Nachblüte bis ins mittlere Frühjahr gerechnet werden. Mit seinen filigranen Blättern und dem schwachen Wuchs wirkt er im Sommer vielleicht ein wenig unscheinbar, dafür ist er im Winter unübertroffen. Der Spreizklimmer erobert nicht nur Bäume, Mauern oder Spaliere, er ist auch für überhängende Begrünung an Fassaden oder als Bodendecker einsetzbar. Als Standort kommen nährstoffreiche, tiefgründige, leichte Böden in Sonne oder Halbschatten infrage. Etwa alle zwei Jahre Frühjahrsrückschnitt, blüht am jungen Holz.

Jasminum mesnyi Primel-Jasmin

Die zitronengelben, meist gefüllten, aber nicht duftenden Blüten sitzen im zeitigen Frühjahr dicht an dicht an den straff aufrechten, immergrünen Trieben. Warmer, sonniger, heller Standort. Verträgt auch Halbschatten. Bei -10 °C empfiehlt es sich, *J. mesnyi* drinnen zu überwintern. Kletterhilfe nötig, wächst in die Breite.

Jasminum officinale Echter Jasmin, Weißer Jasmin

Endlich kommt Duft ins Spiel. Denn mit seinen unzähligen kleinen, weißen Blüten von Sommer bis Herbst sorgt *J. officinale* für betörenden Duft. Die fiederblättrigen Triebe können in einem Jahr bis zu 2 m Länge zulegen und benötigen stabile Kletterhilfen. Volle Sonne, fruchtbarer, durchlässiger Boden. Winterschutz erforderlich, wenn Frostgefahr. Ältere Pflanzen nach der Blüte ausdünnen.

Lathyrus latifolius Breitblättrige Platterbse

Ein ausgesprochener Dauerblüher ist der mehrjährige *L. latifolius*. Die roten, rosa und weißen Schmetterlingsblüten erscheinen in Trauben vom späten Frühjahr an bis in den Herbst. Er eignet sich bestens zum Beranken von Zäunen, Gittern oder unschönen Mauern, die mit ihren bis zu 2 m langen Trieben rasch zugewachsen sind. Liebt humosen, frischen Boden in sonniger Lage. Zieht im Winter ein.

Lathyrus odoratus 'New Dawn' Duft-Wicke, Duftende Platterbse

Eigentlich gibt es keinen Grund, auf eine Duft-Wicke im Garten zu verzichten: Sie ist ein absoluter Schnellranker, die sich rasch um jede beliebige Stütze windet. Sie ist eine komfortable Schnittblume, benötigt keine großen Arrangements. Ihre unzähligen Blüten duften nach Sommer, einfach verführerisch. Sie schätzt humosen, durchlässigen Boden, ein bisschen Kalk als Beigabe wird gerne genommen. Für ihren prächtigen Wuchs benötigt sie Sonne oder Halbschatten. *L. odoratus* lässt sich aus Samen vorziehen. Die Samen einen Tag vor dem Pflanzen in warmem Wasser einweichen. Einjährig gezogen. Abgeblühtes regelmäßig entfernen, für ausreichend Nahrung sorgen.

Lathyrus odoratus 'Warrior'

Duft-Wicke, Duftende Platterbse

Äußerst siegeswillig tritt 'Warrior' seinen Feldzug im Garten an. Mit rot-weißer Blüte markiert er weithin sichtbar seine Eroberungen: Pergolen, Lauben, Zäune. Klettert tapfer und willig, wo immer man ihn entlang führt. Er blüht ausdauernd – und wie er blüht. Schiebt sich energisch in den Vordergrund. Setzt seine Zeichen: Seht her, wie weit ich schon gekommen bin! An Rückzug ist nicht zu denken. Denn schon im nächsten Jahr werden sich andere an seiner Stelle vorkämpfen, um ein Stück Garten zu erobern.

Lonicera* × *americana Italienisches Geißblatt

Extrem schöne, sommergrüne Art mit cremefarbenen, in zartem Pink überhauchten Blüten. Stark duftend. Vielblüher.

Bis 7 m | Hochsommer bis Frühherbst | !

Lonicera Geißblatt, Heckenkirsche

Diese klassische Bauerngartenpflanze hatte schon die Generation unserer Großeltern zur Laubenbegrünung im Einsatz. Die schlingenden Arten erfreuen sich äußerst großer Beliebtheit, denn sie gelten als sehr anpassungsfähig, winden mit Leichtigkeit an Rankhilfen, Sträuchern, Bäumen empor oder wachsen ganz bodenständig über den Grund.

Charakteristisch sind die röhrenförmigen Blüten, die auf den ersten Blick etwas zausig in kleinen Büscheln in die Gegend stehen. Wegen ihres Duftes machen sich viele *Lonicera*-Arten besonders gut in der Nähe eines Sitzplatzes.

Bis 4 m | Frühsommer bis Spätsommer | ! |

◀ ***Lonicera* × *brownii* 'Dropmore Scarlet'**

Rote Heckenkirsche

Ebenfalls ein Dauerblüher ist die sommergrüne 'Dropmore Scarlet'. Leider duften ihre orange-roten Blüten nicht, dafür sind die jungen Triebe rosa eingefärbt. Im Herbst bekommt sie orange-rote Beeren. Halbimmergrün. Liebt sonnige bis leicht schattige Lagen.

Lonicera Geißblatt, Heckenkirsche

4–6 m | Frühsommer bis Hochsommer | ! |

▲ ***Lonicera henryi* 'Cooper Beauty'** Henrys Geißblatt

Bezaubert weniger durch die Blüten als durch die kleinen, kugeligen, blauschwarzen Beeren. Immergrün. Winterabdeckung erforderlich.

Bis 7 m | Hochsommer bis Spätsommer |

◀ ***Lonicera periclymenum***

Wald-Geißblatt

So verlockend die glänzenden Beeren von *L. periclymenum* ausschauen, zum Verzehr sind sie nicht geeignet. Duftende Blüten.

Was den Standort betrifft, ist *Lonicera* nicht so sehr anspruchsvoll. Eigentlich wachsen und gedeihen die unterschiedlichen Arten auf jedem durchlässigen, nährstoffreichen, frischen bis feuchten Gartenboden. Als typische Waldrand-Gewächse vertragen die meisten Arten halbschattige Plätze, aber auch leicht schattige Lagen. Hier werden sich jedoch die Blüten eher etwas zurückhalten. Um den Wurzelfuß vor Austrocknen und Temperaturschwankungen zu schützen empfiehlt sich eine Unterpflanzung mit einem Bodendecker.

Lonicera sind mittelstark wüchsige Sprossschlinger mit eher geringer Stammbildung. Sie können sehr dichte Laubwände bilden und sind somit ein optimaler Sichtschutz. Frei stehende Rankgerüste wie Pergolen, Zäune und Drahtseile sind gut geeignet.

Die Blätter der sommergrünen Arten bleiben etwa vom mittleren Frühjahr bis in den Herbst haften, bei den halbimmergrünen bis in den Winter. Früher Austrieb. Nach der Blüte empfiehlt sich ein Ausdünnungsschnitt, bei Bedarf auch ein stärkerer Rückschnitt. Ansonsten ist *Lonicera* eine robuste und wenig anspruchsvolle Kletterpflanze.

▸ ***Lonicera periclymenum*** **'Belgica Select'**

Wald-Geißblatt

Schnell wachsende, sommergrüne, duftende Sorte, die durch ihre Blütenfülle besticht. Im Sommer erscheinen zahlreiche gelblich weiße, ins Purpur übergehende Blüten. Zieht Insekten und Vögel, die sich an den Beeren erfreuen.

Bis 5 m | Hochsommer bis Spätsommer

Lonicera × tellmanniana

Goldgeißblatt

Die goldgelben Trompetenblüten werden im Herbst abgelöst von korallenroten Früchten. Die Sommergrüne ist stark windend und anspruchslos.

Bis 5 m | Spätes Frühjahr bis Hochsommer

Parthenocissus henryana

Chinesische Jungfernrebe

Gleich zwei spektakuläre Auftritte hat *P. henryana*. Die bronzegrünen Blätter mit der auffallenden, silbrig gelben Äderung sind sehr dekorativ. Damit nicht genug. Im Herbst setzt eine wunderschöne, rote Färbung ein. Dazu erscheinen kleine, dunkelblaue Beerenfrüchte. **Achtung:** Beeren sind ungenießbar, außer für Vögel. Um durch den Winter zu kommen, braucht sie eine gut geschützte Wand. Laubwerfend.

Parthenocissus quinquefolia Gewöhnliche Jungfernrebe, Wilder Wein

Kaum zurückhaltender in ihrer Wirkung ist *P. quinquefolia*, wenn sie vom späten Frühjahr bis in den frühen Herbst ihre zartgrünen, gefiederten Blätter zeigt. Im späten Herbst krönt sie ihren Auftritt mit einer prächtigen, karminrot-orangen Färbung. Der eher unscheinbaren Blüte im Frühsommer folgen blauschwarze Beeren an roten Stielen. Sehr dekorativ und zudem eine beliebte Vogelnahrung. Bei der Standortfrage ist sie nicht wählerisch: Sie verträgt vollsonnige bis schattige Plätze – die Herbstfärbung ist allerdings in sonnigen Lagen ausgeprägter – und durchlässige, nährstoffreiche Böden. *P. quinquefolia* eignet sich zum Beranken von Bäumen, Lauben und Pergolen. Für eine Fassadenbegrünung empfehlen sich waagerechte Rankhilfen aus Draht oder Seil. Junge Pflanzen sollten gestützt werden, bis sie mit ihren Haftscheiben von alleine klettern können. Laubwerfend.

Parthenocissus tricuspidata

Dreilappige Jungfernrebe

Ein weiterer Garant für eine farbenprächtige Herbstkulisse und zugleich eine der Beliebtesten für die Fassadenbegrünung ist *P. tricuspidata*. Dank kräftiger Haftscheiben überdeckt sie in kurzer Zeit große Flächen. Eine Rankhilfe benötigt sie dafür nicht. Unscheinbare, grüngelbe Blüten im Frühsommer, gefolgt von blauschwarzen Beeren, die als Vogelfutter dienen. Haftung der Blätter von Spätfrühling bis Herbst. Grandiose Herbstfärbung. Laubwerfend. Sommer- und Winterrückschnitt.

Bis 10 m | Frühsommer bis Spätherbst

Passiflora caerulea Blaue Passionsblume

P. caerulea zählt zu den bekanntesten und beliebtesten *Passiflora* überhaupt. Diese ungeteilte Aufmerksamkeit hat sie einigen nennenswerten Eigenschaften zu verdanken: Sie gilt als anspruchslos, wüchsig, äußerst blühfreudig und toleriert auch geringe Temperaturen im Winter, denn sie ist die härteste aller *Passiflora*-Arten. Wer Passionsblumen ganzjährig auspflanzen oder im Kübel auf der Terrasse überwintern möchte, der sollte *P. caerulea* wählen. Die Wurzeln sollten im Winter in kalten Regionen unter einer dicken Laubschicht in nicht zu feuchtem Boden geschützt werden. Wintertemperatur bis maximal -15 °C möglich, ideal sind allerdings über 5 °C. Trägt im Spätsommer orangefarbene, hühnereigroße Früchte. Voraussetzung hierfür ist allerdings eine Bestäubung. Standort: Sonne. Feuchter, durchlässiger Boden. Windgeschützt.

Passiflora edulis Eierfrucht, Maracuja, Purpurgrenadille

Fantastische, fantasievolle Blütenpracht, gepaart mit schmackhaften, vitaminreichen Maracuja-Früchten. Leider nicht frosthart. Benötigt mindestens 16 °C. In kalten Regionen ist sie aber auch als Kübelpflanze ein echter Hingucker.

Bis 5 m | Sommer

6–9 m | Hochsommer bis Frühherbst

Passiflora × *belotii* 'Imperatrice Eugenie'

Eierfrucht, Grenadille, Passionsblume

Sie ruft Erinnerungen an die heißen Tage des Sommers in uns wach. Der duftende Dauerblüher mit dem rosa-violetten und weißen Blütenblattkranz lässt einen Sonne und Wärme förmlich spüren.

Phaseolus coccineus Feuer-Bohne

Extreme bekommen ihr nicht, sie verträgt weder harten Frost noch starke Hitze. Für das kurze, einjährige Vergnügen ist sie jedoch eine zuverlässige Partnerin: Robust und raschwüchsig bildet sie dichte, grüne Laubwände mit feuerroten Blüten. Die jungen Bohnenfrüchte sind gekocht auch noch essbar. Ideale Sommerbegrünung für Lauben, Sitzplätze oder Zäune in sonnigen, warmen Lagen und humosen, lockeren Böden. Bei Trockenheit wässern. Aussaat im Spätfrühling, Samen 24 Stunden vorquellen lassen.

Plumbago auriculata Kap-Bleiwurz

Ein robuster, immergrüner, aber frostempfindlicher Sommerblüher mit leuchtend mattgrünen Blättern, der durch seine in dichten Trauben stehenden, himmelblauen Blüten besticht. In mildem Klima rankt er mit entsprechender Unterstützung an Mauern, Pergolen und Bögen empor und kann Höhen von 3 bis 6 m erreichen. In kühleren Regionen mit Temperaturen über 7 °C sollte er im Topf oder Kübel gehalten werden und im Gewächshaus bei kühlen Temperaturen hell überwintert werden. Dazu Triebe stark einkürzen. *P. auriculata* eignet sich für nährstoffreiche, durchlässige Böden in vollsonniger, windgeschützter Lage. Bei Gefäßbepflanzung nährstoffreiche Topferde verwenden. Im Sommer ausreichend feucht halten. Ein regelmäßiger Schnitt fördert längere Blühzeit. Var. 'Alba' bildet strahlend weiße Blüten.

Rhodochiton atrosanguineus

Rosenkleid, Rosenkelch

Hängende, rosenrote Blütenkelche mit einer samtigen, purpurnen Blütenröhre. Einfach entzückend. Der frostempfindliche, immergrüne, mehrjährige Kletterer benötigt Temperaturen von mindestens 3 bis 5 °C. In gemäßigten Klimaten wird er daher einjährig kultiviert oder aber als Topfpflanze gehalten. Bevorzugt volle Sonne und fruchtbare, feuchte, gut drainierte Böden. Benötigt gitterförmige Kletterhilfe. Ideal für Innenhof oder Wintergarten, auch für Bögen. Blüht reich.

Bis 12 m | Hochsommer

Schizophragma hydrangeoides

Spalthortensie

Die sommergrüne, langsam wachsende Spalthortensie wird ein richtiges Schwergewicht, wenn sie erst einmal ausgewachsen ist. Sie sollte daher an einem robusten Klettergerüst gezogen werden, das nicht direkt unter ihrem Gewicht nachgibt. Ideal sind auch eine Mauer oder ein Baum, an denen sie hochklettern kann. Ihre dunkelgrünen, eiförmigen, grob gezähnten Blätter färben sich im Herbst hellgelb. Im Hochsommer erscheinen über mehrere Wochen kleine, leicht duftende, cremeweiße Blüten mit auffälligen, rautenförmigen, cremeweißen Kelchblättern. Damit sich die Blüten von ihrer besten Seite zeigen können, braucht sie etwas Sonne bis Halbschatten und feuchte, humusreiche, durchlässigen Böden. Die jungen Triebe aufbinden, bis die Haftwurzeln ausreichend Halt haben. Übermäßigen Wuchs im Frühjahr zurücknehmen.

Bis 6 m | Frühsommer bis Frühherbst | Herbst

Solanum crispum Chile-Kartoffel

Hüllt eine warme, sonnige Mauer mit ihren üppigen, glockenförmigen, violetten Blüten in einen exotischen Look. *S. crispum* klettert bevorzugt an Drahtsystemen oder Spalieren. Liebt volle Sonne und durchlässige, alkalische, fruchtbare Böden. Jungpflanzen im Winter mulchen. In kalten Regionen als Kübelpflanze frostfrei überwintern. Wirkt hübsch in Kombination mit Jasmin oder Rosen.

Thladiantha dubia

Quetschblume, Quetschgurke

Schnell schießt *T. dubia* in die Höhe und überzieht Mauern und Zäune mit einem üppigen, hellen Grün und einem Meer zartgelber, glockenförmiger Blüten. Dazu benötigt sie eine Kletterhilfe an einem geschützten Standort, Sonne oder Halbschatten und einen fetten, durchlässigen Boden. Die Kletterpflanze ist einjährig.

Thunbergia alata Schwarzäugige Susanne

Das grazile Pflänzlein mit dem schlanken Wuchs wird vor allem wegen seiner niedlichen, leuchtend orangegelben Blüten geschätzt. Neugierig scheinen sie ihren Betrachter mit dem schwarzen Auge, das sich tief aus der Blütenmitte abhebt, zu mustern. Mit ihren schlingenden Trieben erobert *T. alata* mit Leichtigkeit Sträucher und Bögen oder wächst an Spalieren vor Mauern und Zäunen empor. Um ihr den Start zu erleichtern, sollten die jungen Triebe am Gerüst aufgebunden werden. Als Kind der Tropen liebt *T. alata* regengeschützte, vollsonnige Plätze und gedeiht am besten in feuchtem, fruchtbarem Boden. Da sie frostempfindlich ist, kann sie in den gemäßigten Regionen nur als Einjährige oder als Topfpflanze gezogen werden. Ein Rückschnitt kann nach der Blüte erfolgen.

Thunbergia gregorii

Orangefarbene Thunbergie

In einem kecken, strahlenden Orange recken sich die Blütenköpfe von *T. gregorii* genüsslich Richtung Sonne. *T. gregorii* gedeiht unter ähnlichen Bedingungen wie *T. alata*, zeigt sich allerdings noch empfindlicher gegenüber Kälte. In Kombination mit anderen einjährigen Kletterern wie *Lathyrus* sorgt sie für sommerliche Blütenpracht in Hülle und Fülle. Als Einjährige ereicht sie eine Höhe von bis zu 2,50 m, als Mehrjährige kann sie 4 m und mehr erreichen. *Thunbergia* sind ausdauernde Blüherinnen.

Trachelospermum jasminoides
Chinesischer Sternjasmin

Vor einer sonnigen, warmen Hauswand, windgeschützt, kann *T. jasminoides* seine weißen, duftenden Blüten schön entfalten. Benötigt eine Rankhilfe und nährstoffreiche Böden. In sehr kalten Regionen hell und frostfrei überwintern.

Tropaeolum peregrinum Kanaren-Kapuzinerkresse

Die einjährige, sehr wüchsige Kanaren-Kapuzinerkresse ist mit ihren kleinen, gefransten, kräftig gelben Blüten, die an kleine Flügel erinnern, ein hübscher Ranker. Besonders schön ist auch das zierliche, gelappte, graugrüne Laub. Die Kanaren-Kapuzinerkresse wuchert noch üppiger als die verwandte Große Kapuzinerkresse und begrünt innerhalb kurzer Zeit Spaliere und Zäune, selbst im Halbschatten.

Vitis coignetiae Rostrote Weinrebe

Eine kletternde Schönheit mit besonders großen, herzförmigen, schwach gelappten Blättern. Das dichte, dunkelgrüne Blattwerk verwandelt Lauben und Pergolen in lauschige Refugien und ist an Sitzplätzen ein willkommener Schattenspender. *V. coignetiae* ist wuchsfreudig und gedeiht am besten in warmer, sonniger Lage auf durchlässigen, schwach alkalischen, humosen Böden. Prachtvolle Herbstfärbung. Die kugeligen, blauschwarzen Weintrauben sind nicht genießbar. Bei übermäßigem Wuchs im Winter und erneut im Sommer zurückschneiden.

Bis 15 m | Herbst

Bis 7 m | Herbst

Vitis vinifera **'Purpurea'** Weinrebe

'Purpurea' ist ein Augenschmaus, der mit seiner hinreißenden herbstlichen Blattfärbung Wände, Pergolen und Zäune oder Bäume und Sträucher in ein violett-rotes Farbenmeer hüllt. Passend dazu erscheinen im Herbst kugelige, purpurfarbene Trauben, die man als dekoratives Element besser an der Pflanze hängen lassen sollte, denn sie sind nicht wirklich schmackhaft. Standort- und Pflegebedingungen sind wie bei *V. coignetiae*. Vermehrung ist möglich durch Steckhölzer im Winter oder durch Absenkung im Herbst. Blattfarbe im Sommer gräulich grün.

***Wisteria floribunda* 'Alba'**
Japanischer Blauregen

Entwickelt ungewöhnlich lange Blütentrauben (bis zu 60 cm) und blüht, später als *W. sinensis*, sehr reichhaltig in voll belaubtem Zustand. Rechtswindend.

Wisteria sinensis Chinesischer Blauregen

Die hellgrün belaubten Lianen des Blauregen geben nicht nur Fassaden, Pergolen und Bögen ein wirkungsvolles neues Gepräge. Beliebt ist er vor allem wegen seiner eleganten, duftenden, blau-violetten Blütentrauben, mit deren er jedes „Tragwerk" prachtvoll schmückt. Aber es gibt auch Schattenseiten: Blauregen ist absolut fordernd und raumgreifend; wie eine Krake umschlingt er, was ihm gefällt. Um ihn zu bändigen, ist ein regelmäßiger Rückschnitt, am besten zweimal im Jahr, erforderlich. Den Blüten folgen bohnenförmige, graugrüne, samtige Hülsen. *W. sinensis* blüht vor oder mit dem Laubaustrieb und ist in der Jugend manchmal etwas blühfaul. Liebt sonnig-warme, windgeschützte Standorte auf tiefgrundigem, frischem, humosem Boden. Benötigt an Wänden eine vertikal-linienhafte und sehr stabile Rankhilfe. **Tipp:** Harmoniert traumhaft mit Goldregen (*Laburnum*).

***Wisteria sinensis* 'Alba'** Chinesischer Blauregen

Sie Sorte 'Alba' besitzt üppige, weiße Blütentrauben (20 bis 30 cm), und steht der blauen *W. sinensis* in nichts nach. Am Rande: *W. sinensis* schlingt gegen den Uhrzeigersinn um eine Stütze und kann mehrere hundert Jahre alt werden. Der Duft der Blüten zieht Bienen und Hummeln an.

Kräuter und Gewürze

Frisches aus dem Kräuterbeet

Frische Kräuter und raffinierte Gewürze sind voll im Trend, sowohl im Garten als auch in der Küche. Denn Kräuter aus dem eigenen Anbau schmecken einfach am besten, sind frisch verfügbar und verwandeln den Garten zudem in eine aromatisch duftende Oase. Ganz gleich, ob in Beet, Kasten oder Topf, ein passender Platz für Kräuter lässt sich auf kleinstem Raum finden und viele Kräuter eignen sich wunderbar zur Gartengestaltung. Die meisten sind zudem relativ pflegeleicht und unkompliziert. Ein Rückschnitt im Herbst und, wenn nötig, etwas Winterschutz aus Laub oder Reisig helfen den meisten Kräutern, draußen zu überwintern. Nicht frostharte Kräuter können ohne Probleme im Haus überwintert werden. Fast alle Kräuter lassen sich gut konservieren. Zum Trocknen werden sie an den Enden zusammengebunden und mit der Spitze nach unten aufgehängt. Auch beim Gefrieren bleiben Aroma, Inhaltsstoffe und Farbe gut erhalten. Kräuter waschen, trockentupfen, danach ganz oder gehackt einfrieren. Auch durch Einlegen in Öl oder Essig lässt sich das Aroma frischer Kräuter wunderbar konservieren.

Bis 90 cm | Bis 1,5 m | Hochsommer bis Frühherbst

Agastache foeniculum Anis-Ysop, Duftnessel

Die stark belaubte, aufrechte und in die Breite wachsende Staude findet mit ihren eleganten, violettblauen Blütenähren im Kräuter- oder Ziergarten gleichermaßen Einsatz. Die hellgrünen Blätter besitzen ein feines Anisaroma. Sie lassen sich, vor der Blüte gepflückt, für Süßspeisen, Salate oder Tees verwenden. Für Duftsäckchen oder Schlafkissen eignen sich sowohl die getrockneten Blätter als auch die Blüten. Die schlanken Blütenstände und der intensive Duft wirken auch auf Bienen, Hummeln und Schmetterlinge anziehend.

Da *A. foeniculum* nicht voll frosthart ist, wird ein Winterschutz empfohlen. Schätzt einen durchlässigen, sandig-lehmigen Boden in voller Sonne. Die hübsche Staude ist auch für die Kübelhaltung gut geeignet.

Allium schoenoprasum Schnittlauch

Wer kennt ihn nicht, den leicht scharfen Geschmack des *A. schoenoprasum*, besser bekannt als Schnittlauch. Die zwiebelähnliche Lauchart wird meist in Salaten oder als Quarkzutat verwendet. Sehr dekorativ sind auch seine dichten, meist violetten, seltener weißen Blütendolden. Sie können als nette Dekoration verwendet werden. Erntezeit ist das ganze Jahr über. Die Zwiebelpflanze mag einen durchlässigen, fruchtbaren Boden, vorzugsweise im Halbschatten. Soll im Garten Blattläuse fernhalten. **Tipp:** Getrocknete Schnittlauchröhrchen lassen sich mit Salatdressing oder Zitronensaft wieder auffrischen.

Allium ursinum Bärlauch

Die großen Blätter des *A. ursinum* – leicht zu verwechseln mit denen des giftigen Maiglöckchens – besitzen ein ausgeprägtes, knoblauchartiges Aroma. Das Gute daran ist, dass man den feinen, scharfen Geschmack ohne unangenehme Begleiterscheinungen genießen kann, denn nach wenigen Minuten ist der Knoblauchduft verflogen. Die aromatischen Blätter lassen sich zu schmackhaften Suppen, zu Pesto oder Quark- und Salatgerichten verarbeiten. Der Verzehr der frischen Blätter soll eine reinigende und entschlackende Wirkung haben. Die zarten, weißen, duftenden Blüten kann man geschnitten auch im Salatdressing verwenden. Die Erntezeit endet bei dieser Zwiebelpflanze etwa im Frühsommer, da die Pflanze nach der Blüte einzieht. Lockerer, humoser, feuchter Boden.

Anethum graveolens Dill

Mit ihrer bizarren, verästelten Statur und dem zarten Laub zieren die hohen Triebe des Dills nicht nur den Kräuter- oder Bauerngarten, sondern können auch als dekorativer Vasenschmuck verwendet werden. Die Blätter des aus Indien stammenden Krauts werden insbesondere für Salate, Marinaden oder Fischgerichte verwendet. Zusammen mit den Blüten können auch Kräuteressige hergestellt werden, etwa für Dillgurken. Dilltee aus abgekochten Samen lindert Magen- und Darmbeschwerden. Feuchter, lockerer, humoser Boden. Windgeschützt. Dill ist einjährig, samt sich aber aus.

Bis 1m | Bis 1 m | Spätsommer

Artemisia abrotanum Eberraute

Der aufrechte, halbimmergrüne Strauch trägt graugrüne, gefiederte Blätter, deren kräftiger, zitroniger Duft so intensiv ist, dass sie nur recht sparsam eingesetzt werden sollten. Passt zu Saucen, Fleischgerichten und Salaten. In Duftsäckchen eingenäht hilft die Eberraute auch gegen Motten im Kleiderschrank. Als aufgebrühter Tee sollen die Blätter magenstärkend und appetitanregend wirken. Im Spätsommer erscheinen kleine, gelbliche Blütenköpfchen. Liebt kalkhaltigen, humosen Boden, der eher etwas trocken sein darf als zu feucht. Lässt sich gut in Form schneiden.

Bis 50 cm | Hochsommer

nthriscus cerefolium Garten-Kerbel

ie petersilienähnlichen Blättchen des Garen-Kerbels werden meist für Suppen oder emüse und Salate verwendet. Sein aromatischer Geschmack erinnert ein wenig n Anis. Seine Blüte kommt in dezenten, veißen Dolden zum Vorschein. Die aufrecht vachsende Einjährige sät sich meist von lleine aus und mag einen lockeren, mäßig euchten Boden. **Tipp:** Kerbel am besten mmer frisch verwenden, er verliert sonst ein Aroma.

Bis 1,2 m | Spätsommer

Artemisia dracunculus Estragon

Estragon hat zwei sehr unterschiedliche Formen. Der Russische Estragon (*A. dracunculus*) ist robust, voll frosthart, wüchsig und ertragreich, aber das Feine, das den Estragon ausmacht, fehlt ihm gänzlich. Der Französische Estragon (*Artemisia dracunculus* var. *sativa*) hingegen ist in der Kultur insgesamt etwas empfindlicher, hat dafür aber dieses unvergleichliche, typische Aroma, weswegen er in der internationalen Küche so sehr geschätzt wird. Passt zu feinen Saucen, Dips, Marinaden und in Salatdressings. Der Halbstrauch mag gut durchlässige, fruchtbare Böden. Ernte vor der Blüte. **Tipp:** Getrocknet haben die Blätter des Französischen Estragons ein noch intensiveres Aroma. Er kommt nur frostgeschützt durch den Winter.

Bis 1,2 m Hochsommer bis Herbst

Artemisia ludoviciana Weißer Beifuß

Bedeutender als sein kulinarischer Wert ist der Zierwert des hochwachsenden Weißen Beifuß. Die scharf eingeschnittenen, silbergrauen Blätter setzen wunderbare Kontraste zu Purpur- und Rosatönen in Stauden- und Kräuterbeeten. Das wermutartige Aroma der Blätter kann in Tees Verwendung finden. Bildet weißwollige Rispen mit bräunlich gelben Blütenköpfchen. Bevorzugt einen durchlässigen Boden in warmer Lage.

***Artemisia vulgaris* 'Variegata'** Gewöhnlicher Beifuß

'Variegata' trägt weiß geflecktes Laub, vor allem im jungen Blattaustrieb. Hierdurch bekommt dieser Gewöhnliche Beifuß einen hübschen Zierwert, der ihm – neben dem Kräutergarten – auch den Zugang zu jedem Staudenbeet öffnet. Seine Blätter können gut für Dekorationen von Salaten verwendet werden. Die im Blatt enthaltenen Bitterstoffe helfen bei der Verdauung üppiger Speisen. Besonders wohl fühlt er sich in einem sonnig warmen, nährstoffreichen, auch leicht feuchten Boden.

Bis 1 m Sommer

Bis 60 cm Sommer

Borago officinalis

Einjähriger Borretsch, Gurkenkraut

Schon allein wegen der wunderbar zartblauen, sternförmigen Blüten, die er im Sommer – sehr zur Freude aller – ausdauernd produziert, lohnt es sich, den einjährigen *B. officinalis* als festen Bestandteil im Kräuterbeet aufzunehmen. Überhaupt besitzt die reich verzweigte, borstig behaarte Pflanze einen herrlich luftigen Wildcharakter. Die Blüten sind essbar und hübsches Zierwerk im Salat. Die frischen Blätter haben einen gurkenähnlichen Geschmack, sie eignen sich für Saucen, Salate und Dips. *B. officinalis* braucht humose Böden mit guter Wasserversorgung, ist ansonsten aber eher anspruchslos. **Tipp:** Die Blüten im Sommer in Eiswürfel einfrieren. Bereichert jedes Erfrischungsgetränk.

Calamintha nepeta* subsp. *nepeta

Kleinblütige Bergminze

Im Sommer erscheinen luftige, federartige Blütenstände mit kleinen, weißen bis zartblauen Blüten. Die buschige, niedrigwüchsige Staude hat ein intensives Minzaroma, das sich sehr gut für Kräutertees eignet. Mag durchlässige Böden.

***Coriandrum sativum* Koriander**

Vor allem die Koriandersamen werden häufig in der asiatischen Küche verwendet und geben den Speisen den typischen, bergamottenähnlichen Geschmack. Aber auch die frisch gehackten Blätter besitzen dieses milde Aroma und können über asiatische Gerichte, frische Salate und Suppen gestreut oder für Kräuterdips und Joghurtgetränke verwendet werden. Die Wirkung soll verdauungsfördernd sein. *C. sativum* ist einjährig und besitzt glänzende, leuchtend grüne Blätter. Ab dem Hochsommer erscheinen zarte, weiße Blüten, aus denen sich die goldbraunen Samen entwickeln. Die Standortentscheidung richtet sich nach der gewünschten Ausbeute: Ein sonniger Standort fördert die Samenernte, ein halbschattiger sorgt für reiches Blattwachstum.

***Foeniculum vulgare* 'Giant Bronze' syn. *Ferula* 'Giant Bronze'**

Fenchel

Fenchel ist ein sehr altes Heil- und Würzkraut. Das anisartige Aroma des Samens findet seit langem als Würzmittel für Brot und Gebäck, Fisch, Suppen, Salate und Tees Verwendung. Neben der bedeutenden geschmacklichen Komponente besitzt Fenchel eine überaus krampflösende und appetitanregende Wirkung. Hinter all diesen nützlichen Facetten steht jedoch auch eine auffallende Staude mit ausgesprochen hohem Zierwert für Kräuter- und Staudenbeet. Fenchel mag sonnige, warme Standorte mit lockerem, feuchtem, gut drainiertem Boden. **Tipp:** Einzelne Fencheltriebe wirken auch in der Vase besonders bizarr.

Galium odoratum Waldmeister

Bekannt durch Maibowle und Waldmeistereis, hat diese liebreizende, duftende Waldstaude durchaus auch gärtnerische Aufmerksamkeit verdient. Mit ihrem attraktiven, hellgrünen Laub bildet sie schnell einen dichten, grünen Rasen, auf dem im späten Frühjahr duftende, weiße Sternchenblüten erscheinen. Seine enormen flächendeckenden Qualitäten kann der Waldmeister auch im Gehölzgarten hervorragend unter Beweis stellen. Bevorzugt schattigere Plätze mit feuchtem, humosem Boden. **Achtung:** Den Waldmeister in der Bowle nicht allzu lange ziehen lassen, sonst kann es Kopfschmerzen geben.

Hyssopus officinalis Ysop

Dank seiner wunderschönen, dunkelblauen Blütenähren macht der halbimmergrüne, aromatische Zwergstrauch mit seinen aufrechten Trieben auch außerhalb des Kräuterbeetes eine beeindruckende Figur. Dazu gilt der Ysop als überaus anspruchslos und gibt sich mit einem lockeren, trockenen Boden in voller Sonne zufrieden. Die herbwürzigen Blätter geben vielen Kartoffelgerichten, Dressings und Marinaden eine angenehm bittere Note, als Tee wirkt er beruhigend auf den Magen und hilft bei Husten.

Melissa officinalis Zitronen-Melisse

Zu einem üppigen, aufrechten Busch entwickelt sich die zitronig duftende *M. officinalis*. Sie liebt sonnige, geschützte Plätze im humosen, gut durchlässigen Kräuterbeet. Die kleinen, wenig auffälligen, blassen Blüten erscheinen den Sommer über in den Blattachseln. Das starke Zitronenaroma ihrer frisch gehackten Blätter findet überall dort Anwendung, wo man Zitrone verwendet: Kräutersaucen, Salate, Marinaden oder fruchtige Süßspeisen. **Tipp:** Wegen ihres intensiven, angenehmen Duftes kann Zitronen-Melisse auch gut in die Nähe von Sitzplätzen gepflanzt werden.

Bis 50 cm | Spätsommer

Mentha × piperita

Für ihr erfrischend aromatisches, leicht kühlendes Aroma ist die Pfefferminze bekannt. Ein frischer Pfefferminztee – unübertroffen. Auch in Salaten, Marinaden und Saucen entfaltet das frisch geschnittene Blatt seine leicht scharfe Wirkung. Die ausladende Staude ist sehr wüchsig und hat schnell ihr Umfeld überwuchert, wenn man sie nicht stoppt. Bevorzugt einen feuchten, luftigen Schattenplatz. Trägt im Spätsommer violette Blüten.

Bis 50 cm | Spätes Frühjahr bis Herbst

Nasturtium officinale

N. officinale hat einen wunderbar scharfen, aromatischen und ganz leicht bitteren Geschmack. Die Brunnenkresse kann zu einem frischen Salat bereitet werden oder würzt Eier- und Fischgerichte, Quark und Remouladen. Da sie in der Natur oft an Bachläufen zu finden ist, benötigt sie auch im Garten einen entsprechenden Platz. Idealerweise wird sie in feuchten Kästen an einem schattigen Standort kultiviert oder, falls vorhanden, am Teichrand. Dort kann man sie während der Sommermonate ernten.

30–60 cm | Spätsommer

Ocimum basilicum 'Sweet Mammoth' Basilienkraut, Basilikum

Extra große, aromatische Blätter besitzt 'Sweet Mammoth'. Das scharf-würzige, intensive Blattaroma des *O. basilicum*, landläufig als Basilikum bekannt, ist der Evergreen in der mediterranen Küche und passt hervorragend zu Pasta- und Tomatenspeisen, zu Salaten, Pesto und Gemüsetöpfen. Um das Aroma zu bewahren, sollte es jedoch niemals mitgekocht werden, am besten wird es frisch gerupft über die Speise verteilt. Das Basilikum wächst einjährig oder als kurzlebige Staude. Es liebt einen warmen, sonnigen Platz. **Tipp:** Der Einfachheit halber vorgezogene Pflänzchen komplett mit Pflanztopf ins Beet setzen. Rosapurpur bis weiße Blüte. Ernte vor Beginn der Blüte.

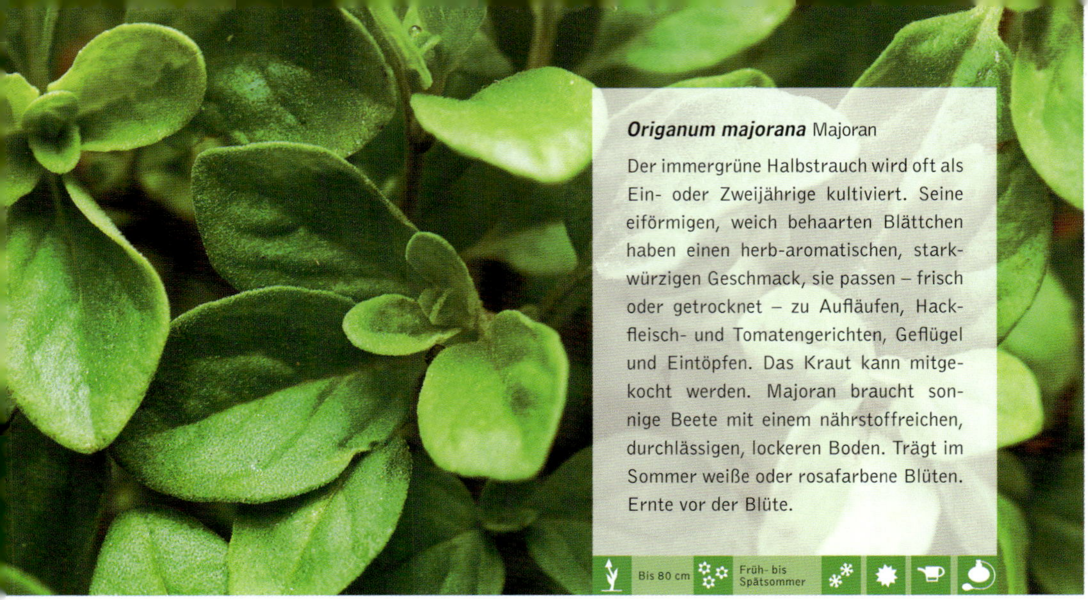

Origanum majorana Majoran

Der immergrüne Halbstrauch wird oft als Ein- oder Zweijährige kultiviert. Seine eiförmigen, weich behaarten Blättchen haben einen herb-aromatischen, starkwürzigen Geschmack, sie passen – frisch oder getrocknet – zu Aufläufen, Hackfleisch- und Tomatengerichten, Geflügel und Eintöpfen. Das Kraut kann mitgekocht werden. Majoran braucht sonnige Beete mit einem nährstoffreichen, durchlässigen, lockeren Boden. Trägt im Sommer weiße oder rosafarbene Blüten. Ernte vor der Blüte.

Bis 80 cm | Früh- bis Spätsommer

Origanum vulgare 'Rosenkuppel'

Gewöhnlicher Dost, Oregano, Wilder Majoran

Nicht nur mit einem aromatischen Blatt, sondern auch mit einer wunderschönen, kräftig rosaroten Blüte wartet 'Rosenkuppel' auf. Die aufrechte Staude lockt Bienen in Kräuter- oder Steingärten, auch eine Topfkultur ist für die attraktive 'Rosenkuppel' geeignet. Frisch oder getrocknet bereichert das landläufig als Oregano bekannte Kraut Pizza und Pastagerichte, Saucen und Aufläufe mit einem bitter-herben, leicht pfeffrig-scharfen Geschmack. Es darf mitgekocht werden. Der geeignete Standort ist warm, sonnig, trocken und gut durchlässig. Ernte vor der Blüte. **Tipp:** Die blühenden Triebe lassen sich zu hübschen Kräutersträußen binden.

Bis 40 cm | Hochsommer bis Frühherbst

10–25 cm | Sommer

Petroselinum crispum Petersilie

Frisch-würzig und leicht bitter. Die glatte Variante wird als die aromatischere gerühmt, die krause Petersilie ist dafür einfach unverwechselbar, der Klassiker eben. Petersilie findet vielfachen Einsatz in der Küche. Sie verfeinert Salate, pikante Gerichte und gibt Kartoffeln den letzten Schliff – selbstverständlich immer frisch darübergestreut. Aus den Wurzel lassen sich Eintöpfe und Suppen bereiten. Das zweijährige Kraut kann aber auch im Garten Akzente setzen: als dekoratives Strukturelement oder zur Einfassung im Kräuterbeet. Liebt humosen, feuchten Boden. Ernte vor der Blüte.

Bis 1,5 m | Bis 1,5 m | Mittleres Frühjahr bis Frühsommer

Rosmarinus officinalis Rosmarin

Dieser durchdringend duftende Strauch ist ein Klassiker in der mediterranen Küche und darf im Kräutergarten nicht fehlen. Die ledrigen, dunkelgrünen, nadelartigen Blätter verdanken ihrem hohen Gehalt an ätherischen Ölen einen kräftigen, beinahe parfümierten Geschmack, der Fleisch- und Kartoffelgerichten, Marinaden und Gemüse eine besondere Note gibt. Er wirkt zudem appetit- und verdauungsfördernd. Rosmarin ist nicht voll frosthart und sehr wärmebedürftig, daher sollte er in frostgefährdeten Gebieten besser als Kübelpflanze gehalten werden. In weniger frostgefährdeten Lagen mag er einen durchlässigen, mäßig fruchtbaren Boden, am besten vor einer Südwand. Die herrliche Pflanze blüht ab dem mittleren Frühjahr mit purpurblauen bis weißen Blüten, die zahlreich in den kleinen Blattachseln erscheinen. Außerdem ist Rosmarin immergrün, sodass er jederzeit geerntet werden kann. Er kann frisch und getrocknet verwendet werden, sein Geschmack ist im getrockneten Zustand allerdings noch viel intensiver als frisch.

40–60 cm | Frühsommer bis Hochsommer

Pimpinella anisum Anis

Das typische Anis-Aroma steckt in den Samen dieser zarten Pflanze. Daher muss sie unbedingt zur Blüte kommen, damit die Samen geerntet werden können. Anis verleiht süßen wie herzhaften Speisen gleichermaßen einen unverwechselbaren Geschmack. Das volle Aroma der Anissamen entfaltet sich am besten, wenn man sie kurz vor dem Gebrauch im Mörser zerstößt. Die einjährige Pflanze liebt einen durchlässigen, sonnigen Platz.

Bis 1 m | Sommer | !

Ruta graveolens Wein-Raute

Die Wein-Raute ist als Küchenkraut wegen des fast bitteren, scharfen Geschmacks nicht ganz so geläufig und wird höchstens in ganz kleinen Mengen, häufig für alkoholische Getränke, eingesetzt. Die zierlichen, eiförmig geteilten Blätter dieses rundlich wachsenden Strauchs haben allerdings einen so hübschen Zierwert, dass er auf jeden Fall einen Platz als Hintergrundbepflanzung im Kräuter- oder Bauerngarten verdient hat. Im Sommer erscheinen zudem viele kleine, gelbe Blüten. Schätzt einen sonnigen, mageren Boden. Sommerliche Trockenheit ist kein Problem. **Achtung:** Kontakt mit den Blättern kann zu Lichtüberempfindlichkeit führen. Nicht im Übermaß verzehren.

***Salvia officinalis* 'Purpurascens'** Echter Salbei

Die halbstrauchige, immergrüne Staude ist ein echtes Universalgenie. Das wollig behaarte, aromatische Blatt – frisch oder getrocknet – ist nicht nur eine geschmackliche Bereicherung für Pasta, Fleisch- und Geflügelgerichte oder Marinaden. Auch sein Image als „heilende" Pflanze hat der Salbei völlig zu Recht, dank der antiseptischen und krampflösenden Wirkung, die bereits als Tee wirksam wird. Und last but not least ist *S. officinalis* eine überaus attraktive Blattstaude für den Beethintergrund. Die verschiedenen Sorten haben unterschiedliche Blattfarben, sodass sich wunderschöne, bunte Beete gestalten lassen. 'Purpurascens' zeigt beim Laubaustrieb purpurrote Blätter, die sich später grün färben. Im Frühsommer gesellen sich zarte, fliederfarbene Blüten hinzu. Dekoration par excellence. Salbei mag einen trockenen, mageren und durchlässigen Boden in voller Sonne. Ernte unabhängig von der Blüte.

Sanguisorba minor Kleiner Wiesenknopf

Als Kleiner Wiesenknopf oder auch Pimpinelle ist dieses herrliche Wildkraut landläufig bekannt. Die Vitamin-C-reichen, frischen Blätter sind eine Originalzutat zur Frankfurter „Grünen Sauce" und verleihen Fischgerichten, Salaten und Suppen ein feines Nussaroma. Die kurzlebige Staude hat äußerst dekorative, zierlich gefiederte, am Rand gesägte Blätter. Im Frühsommer erscheinen an langen Stielen rundliche Blütenknöpfchen mit rötlich grünen Einzelblüten. Mäßig fruchtbarer, feuchter, aber durchlässiger Boden.

***Santolina chamaecyparissus* 'Edward Bowles'** Graues Heiligenkraut

Das Graue Heiligenkraut ist ein gedrungener, immergrüner Strauch mit fein gefiederten, stark aromatischen, silbrigen Blättern. Im Hochsommer erscheinen zartgelbe Blütenköpfchen. Das Interessante am Grauen Heiligenkraut ist, dass es sich bereitwillig in Form schneiden lässt und damit hervorragend für die Anlage niedriger Hecken, etwa zur Einfassung eines Kräuterbeetes, geeignet ist. Auch für Staudenbeete, Steingärten oder andere trockene Lagen passt es gut. Durchlässiger, trockener Boden in voller Sonne. **Tipp:** Die getrockneten Blätter können wirksam gegen Motten verwendet werden.

Thymus vulgaris Echter Thymian, Quendel

Der buschige Halbstrauch mit den aromatischen, graugrünen Blättchen bildet ab dem späten Frühjahr herrlich dichte Blütenpolster aus purpurnen oder weißen Blüten. Neben dem Kräuterbeet lässt er sich dank seines Schmuckwertes auch für Wegränder oder andere sonnige, trockene Lagen einsetzen. *T. vulgaris* ist heute eines der wichtigsten Gartenkräuter, das – getrocknet oder frisch – klassischerweise zu Fleisch, Wild und Saucen passt. Es kann ruhig mitgekocht werden. Thymian-Tee wirkt als krampflösendes Hustenmittel, auch in Duftkissen erfüllt das würzige Kraut einen entspannenden Zweck. Ernte vor der Blüte. Thymian gibt es in verschiedenen Aroma-Sorten und unterschiedlichen Blattfarben.

Satureja hortensis Sommer-Bohnenkraut

Am würzigsten ist das pfeffrig-beißende Aroma des Sommer-Bohnenkrauts kurz vor und während der Blüte, weshalb die Blätter der buschigen Einjährigen auch blühend geerntet werden und wahlweise frisch oder später getrocknet zum Einsatz kommen. Klassische Beigabe zu Bohnen, schmackhaft zu Eintöpfen, Ragouts und Pilzgerichten. Lockeres, humusreiches Beet in voller Sonne.

Valeriana officinalis Echter Baldrian

V. officinalis spielt im Kräutergarten vor allem auch eine dekorative Rolle, da er mit seiner Statur schon reichlich Höhe ins Beet bringt. Hübsch sind die fein gefiederten, hellgrünen Blätter und die schirmartigen, rosa oder weißen Blütenstände, die während des ganzen Sommers erscheinen. Die getrocknete Wurzel des Echten Baldrian ist ein klassisches Mittel zur Beruhigung, das in Form von Tee zubereitet wird. Mag jeden feuchten Boden. Eventuell abstützen.

Rosen

Magische Blütenträume

Charisma, betörender Duft, vollkommene Blütenpracht. Ewiges Symbol von Liebe und Schönheit, aber auch von Schmerz und Vergänglichkeit. Die Rose ist eine der ältesten und zugleich mythenreichsten Kulturpflanzen. Auf der Beliebtheitsskala rangiert sie unübertroffen ganz weit oben, als Gartenpflanze wie auch als Schnittblume. Ihre eleganten oder auch nostalgisch geformten Blüten besitzen geradezu magische Anziehungskraft. Ihren farbenfrohen Charme präsentiert sie entweder den ganzen Sommer über oder ein einziges Mal, dafür mit überreicher Kraft. Im Laufe der Zeit entstand eine fast unüberschaubare Vielfalt an Wuchsformen, herrlichen Blütenfarben und betörenden Duftnuancen. Kaum ein Garten kommt ohne sie aus und dank ihrer Vielgestaltigkeit ist auch für jeden Garten ein passendes Exemplar zu finden. Respekt verschafft sie sich nicht nur mit einem formvollendeten Auftritt. Die Gute besitzt durchaus ein gewisses Maß von Angriffslust, geradezu Kratzbürstigkeit, die derjenige deutlich zu spüren bekommt, der sich ihr unbedacht nähert. Doch wer ihr einmal verfallen ist, verzeiht auch das.

Rosa Rose

Bis 1,1 m | Bis 75 cm | Sommer bis Herbst

***Rosa* 'Blessings'** Tee-Hybride

Elegant und anmutig, wüchsig und robust. All diese Traumattribute vereint die edle 'Blessings' auf sich. In geradezu verschwenderischer Fülle präsentiert sie ihre großblütigen, gefüllten, urnenförmigen Blüten in Lachsrosa – und das gleich mehrmals im Jahr. Das dunkelgrüne, leicht glänzende Laub bietet wirkungsvoll den geeigneten Hintergrund dafür. Die süßlich duftende 'Blessings' ist perfekt geeignet fürs sonnige Rosenbeet mit einem fruchtbaren, feuchten, gut drainierten Boden. Wie alle Edelrosen ist sie eine wunderbare Schnittblume. Gut remontierend.

▸ *Rosa* 'Blue River' ('KORsicht')
Tee-Hybride

'Blue River' gehört zu den besonders duftintensiven Sorten. Die wunderschönen, malve-lilafarbenen, großblütigen, gefüllten Blüten der Tee-Hybride zeigen sich öfter im Jahr, gut remontierend. Dunkles, glänzendes Laub.

60–80 cm | Sommer bis Herbst

Rosa Rose

50–70 cm | Sommer bis Herbst

Bis 1,1 m | Sommer bis Herbst

70–80 cm | Sommer bis Herbst

◂ *Rosa* 'Duftwolke' ('TANellis') syn. *R.* 'Fragrant Cloud', *R.* 'Nuage Parfumé'
Tee-Hybride

Mit ihrem überragenden, fruchtigen Duft macht 'Duftwolke' ihrem Namen wirklich alle Ehre. Zudem zeigen sich die edlen, korallenroten, stark gefüllten, großen Blüten äußerst blühwillig – und sie toleriert sogar Halbschatten. Gut remontierend. Aufrechte, buschige Wuchsform.

◂ *Rosa* 'Eden Rose' Tee-Hybride

Für romantisches Flair sorgt die duftende, gefüllte, dunkelrosafarbene 'Eden Rose', deren Kronblätter an der Unterseite hellrosa gefärbt sind. Die eleganten Blüten heben sich herrlich von den olivgrünen Blättern ab. Remontierend. Verträgt einen sonnigen Standort.

◂ *Rosa* 'Lolita' ('KORlita') Tee-Hybride

Die reichlich duftende 'Lolita' erfreut durch ihre goldbronzefarbenen, gefüllten Blüten. Eine starke, robuste Rose. Gut remontierend.

Nach ihrem Wuchs oder nach ihrer Abstammung werden Gartenrosen in Klassen eingeteilt, die sich nicht immer eindeutig abgrenzen lassen, sondern sich teilweise auch überschneiden. Die gröbste Unterscheidung wird zunächst zwischen Alten oder Historischen Rosen und Modernen Rosen gemacht.

Alte Rosen sind die ersten kultivierten Gartenrosen. Darunter tummeln sich alle vor 1867 eingeführten Rosenarten. Mit der Züchtung der ersten Tee-Hybride 'La France' im Jahr 1867 wurde dann die Klasse der Modernen Rosen eingeführt.

Wildrosen oder auch Botanische Rosen stehen außerhalb dieser Gruppierung. Sie sind die Vorfahren der Gartenrosen, von ihnen stammen alle Kultursorten ab.

Moderne Gartenrosen
Aristokratische Schönheit – Tee-Hybriden, Edelrosen
Die Tee-Hybriden, auch als Edelrosen oder Großblütige Beetrosen bekannt, gelten als die feinste Klasse unter den Rosen. Die eleganten,

▸ ***Rosa* 'Mainzer Fastnacht' ('TANnacht') *syn. R.* 'Blue Moon', *R.* 'Sissi'** Tee-Hybride

Fliederfarben erblühen die gefüllten, großen Blüten dieser „blauen" Rose. Süß duftend. Mattes, dunkelgrünes Blatt. Remontierend.

◂ ***Rosa* 'Mildred Scheel' syn. *R.* 'Deep Secret'** Tee-Hybride

Geradezu magisch und geheimnisvoll wirken die tief karminroten, gefüllten, kugeligen Blüten von 'Deep Secret'. Die stark duftende, wüchsige Sorte trägt glänzende, dunkelgrüne Blätter. Gut remontierend.

▸ ***Rosa* 'Mme. Caroline Testout'** Tee-Hybride

Gut gefüllt, sehr groß, lange haltbar und intensiv duftend. Die Rede ist von den großen, wunderschön runden, rosafarbenen Blüten der 'Mme. Caroline Testout', die ein sanfter Hauch von Karminrot überzieht. Die wüchsige, buschige Tee-Hybride trägt dazu mittelgrüne, große Blätter und große, rote Stacheln. Gut remontierend.

***Rosa* 'Peer Gynt'**
Tee-Hybride

Ein leichter Duft umweht die kugeligen, gefüllten, gelben Blüten mit dem rötlichrosa gefärbten Rand. Die großblütige 'Peer Gynt' ist recht wüchsig und hat sattgrünes Laub. Öfterblühend.

◀ *Rosa* 'Prima Ballerina' Tee-Hybride

Die rosaroten, gefüllten, urnenförmigen Blüten zeigen sich von Sommer bis Herbst. Für so viel duftende Ausdauer hat 'Prima Ballerina' schon kräftigen Applaus verdient. Die Tee-Hybride hat ledrige, mittelgrüne Blätter. Gut remontierend.

Rosa Rose

◀ *Rosa* 'Rosemary Harkness' ('HARrowbond') Tee-Hybride

An frische Passionsfrucht erinnert der betörende Duft der orange- bis lachsfarbenen, kugeligen, gefüllten Blüte von 'Rosemary Harkness'. Die buschige Sorte hat glänzendes, dunkelgrünes Laub. Öfterblühend.

◀ *Rosa* 'Amber Queen' ('HARroony') syn. *R.* 'Prince Eugen von Savoyen'
Floribunda-Rose

Wunderschön bernsteinfarbene, würzig duftende, becherförmige, gefüllte Blüten öffnet diese hübsche, ausladende Floribunda-Rose. Trägt ledriges, dunkelgrünes Laub, das beim Austrieb rötlich grün ist. Dauerblüher.

◀ *Rosa* 'Escapade' ('HARpade')
Floribunda-Rose

Ein Dauerblüher für sonnige Lagen. Die halbgefüllten Blüten haben eine leuchtende, rosaviolette Färbung mit dezenter, weißer Mitte. Leichter Moschusduft. Dichter Wuchs.

häufig duftenden, gefüllten Blüten sitzen einzeln oder in Dreier- bis Fünfergruppen auf langen Stielen. Sie tragen mittel- bis dunkelgrünes, mattes oder glänzendes Laub und sind durch einen meist kräftigen, straff aufrechten Wuchs gekennzeichnet. Die breite Farbpalette umfasst beinahe alle Farben außer Blau. Als Solitär, in Hecken oder Beeten. Klassische Schnittrose. Remontierend.

Büschelige Blütenpracht – Floribunda-Rosen, Polyantha-Rosen

Diese beiden Rosenklassen sorgen den ganzen Sommer über für frische Dauerblüte. Typisch sind ihre verzweigten, mehrblütigen Blütenstiele, weswegen sie auch als büschelblütige Beetrosen bezeichnet werden. Die einfachen oder gefüllten, manchmal duftenden, kleineren Blüten erscheinen in Gruppen von bis zu 25 Blütenköpfen. Ihr Wuchs ist eher buschig, ihre Höhe erreicht im Schnitt etwa 50 bis 100 cm. Wegen ihrer Dauerblüte sind sie beliebte Gruppenpflanzen für Beete oder Hecken. Blühen am jungen und in Kurztrieben am zweijährigen Holz. Meist robuste, gesunde Sorten.

▸ *Rosa* 'Eye Paint' ('MACeye') Floribunda-Rose

In großen Gruppen öffnen sich die hellen, scharlachroten Blüten mit der weißen Mitte ab Sommer. Becherförmige bis flache, ungefüllte Blüten. Dichtes, dunkelgrünes Laub. Buschiger Wuchs. Gut remontierend.

◂ *Rosa* 'Friesia' ('KORresia') syn. *R.* 'Sunsprite' Floribunda-Rose

Die hellgelben Kronblätter von 'KORresia' sind am Rand leicht gewellt. Ihre duftenden, gefüllten, urnen- bis becherförmigen Blüten öffnen sich von Sommer bis Herbst. Kompakter Wuchs mit hellgrünem Blattwerk. Frühblühend, remontierend.

▸ *Rosa* 'Gruß an Aachen' Floribunda-Rose

Traumhaft schön heben sich die zartrosa, fast cremeweißen, üppig gefüllten, kugeligen Blütenköpfe von dem dunkelgrünen, ledrigen Laub der kleinen, aufrecht wachsenden Floribunda-Rose ab. Süß duftend. Remontierend.

◂ *Rosa* 'Margaret Merril' ('HARkuly')
Floribunda-Rose

Perlweiß mit einem zartrosa Hauch und braunen Staubgefäßen. Die edlen, gefüllten, becherförmigen Blüten der reichblühenden 'Margaret Merril' erscheinen einzeln oder in Dolden. Buschiger Wuchs mit festem Blatt. Sehr kräftiger Duft. Remontierend.

▸ *Rosa* 'Marlena' Floribunda-Rose, Zwerg-Rose

Irgendwie klassisch: karminrote, leicht duftende Blüten zu dunkelgrünem Laub. Von Sommer bis Herbst zeigt die niedrige, kompakte 'Marlena' zahlreiche Büschel dieser schönen, gefüllten, becherförmigen Blüten. Remontiert sehr gut.

Bis 45 cm | Sommer bis Herbst

Rosa Rose

Bis 80 cm | Sommer bis Herbst

▲ *Rosa* 'Schneewittchen' ('KORbin') syn. *R.* 'Iceberg', *R.* 'Fée de Neige'
Polyantha-Rose

Die bezaubernde, reinweiße 'Iceberg' gehört zu den bekanntesten Floribunda-Rosen überhaupt. Die becherförmigen, gefüllten Blüten erscheinen in großen Gruppen, sehr zuverlässig die ganze Saison. Kräftiger Moschus-Duft.

60–90 cm | Spätsommer bis Herbst

◂ *Rosa* 'The Fairy' Polyantha-Rose

Breit wie hoch wächst 'The Fairy' und ist dabei ein hübscher Bodendecker. Die kleinen, stark gefüllten Blüten erscheinen ab Spätsommer in üppigen Büscheln. Blüht spät, danach unregelmäßig.

Klein und fein – Zwerg- und Patio-Rosen

Zwerg-Rosen sind die kleinsten Rosen überhaupt. Die zierlichen, verzweigten und gedrungenen Winzlinge sind meist übersät mit einer Unmenge kleinblütiger, einfacher oder gefüllter, selten duftender Blütenbüschel, die an sehr kurzen Trieben stehen. Sie blühen in mehreren Schüben von Sommer bis Herbst. Patio-Rosen werden im Gegensatz zu den Zwerg-Rosen etwas höher, tragen aber ähnlich wie sie sehr viele kleine, selten duftende Blüten an Dolden. Beide eignen sich als Wegbegrenzung, niedrige Hecken, für Beete, als Bodendecker oder Topfpflanzen.

Pflegeleichte Blütenteppiche – Bodendecker-Rosen

Mit ihrem stark ausladenden oder kriechenden, auch überhängenden Wuchs sind die Bodendecker-Rosen ideal geeignet für Beete – wo sie Unkraut keine Chance lassen – und Einfassungen. Sie umspielen Wegränder und Treppenaufgänge oder überwachsen kleine Mauern und Terrassenböschungen. Die einfachen oder gefüllten, manchmal auch duftenden Blüten stehen in dichten Büscheln.

Bis 45 cm | Sommer bis Herbst

Rosa 'Angela Rippon' ('Ocaru')
syn. *R.* 'Ocarina' Zwerg-Rose

Von Sommer bis Herbst zeigen sich die rosafarbenen bis lachsroten, urnenförmigen, gefüllten Blüten über dem dunkelgrünen Laub. Wächst aufrecht. Remontierend.

Bis 45 cm | Sommer bis Herbst

***Rosa* 'Baby Faurax'** Zwerg-Rose

'Baby Faurax' zeigt kleine, rosettenförmige, gefüllte Blüten in dichten Büscheln, die die ganze Saison über blühen. Niedriger, buschiger Wuchs mit dichter, mattgrüner Belaubung. Remontierend.

30–40 cm | Sommer bis Herbst

***Rosa* 'Bluenette'** Zwerg-Rose

Flieder-violett präsentiert sich die hübsche 'Bluenette'. Mit ihrem niedrigen, kompakten Wuchs ist sie auch ideal für Töpfe und Blumenkästen. Öfterblühend. Ganz schwacher Duft.

***Rosa* 'Mandarin' ('KORcelin')** Zwerg-Rose

Die wüchsige, kompakte 'Mandarin' gehört zu den attraktivsten niedrigen Rosen. Ihre unglaublich aparte Farbmischung aus Lachs, Karminrosa und Orange lässt sie insgesamt tatsächlich mandarinenfarben wirken. Leicht süßlicher Duft. Blüht nahezu ununterbrochen.

Bis 60 cm | Sommer bis Herbst

***Rosa* 'Zwergkönig 78'**
Zwerg-Rose

Die altbewährte, kompakte Zwerg-Rose treibt den Sommer über ihre hübschen, leicht gefüllten, leuchtend blutroten Blüten in lockeren Büscheln. Die Blüten sind recht wetterfest und halten auch längeren Regenschauern stand. Öfterblühend.

Bis 50 cm | Sommer bis Herbst

Rosa 'Blühwunder' ('KORedan') syn. _R._ 'Flower Power'
Patio-Rose

Einen Hauch wilder Romantik versprühen die becherförmigen, gefüllten, pfirsich-lachsfarbenen Blüten der gedrungen wachsenden 'Flower Power'. Wunderschöne, zart duftende Patio-Rose. Dauerblüher.

Bis 35 cm | Sommer bis Herbst

Rosa Rose

Bis 60 cm | Sommer bis Herbst

◂ _Rosa_ 'Heidesommer' ('KORlirus') syn. _R._ 'Cévennes' Bodendecker-Rose

Der buschige, reichblühende Bodendecker hat strahlend weiße Blüten mit rahmweißen Innenblättern und gelben Staubgefäßen. Sie duftet lieblich süß. Dauerblüher.

Bis 75 cm | Sommer bis Herbst

◂ _Rosa_ 'Mainaufeuer' ('KORtemma') syn. _R._ 'Chilterns', _R._ 'Red Ribbons', _R._ 'Canterbury', _R._ 'Fiery Sunsation'
Bodendecker-Rose

Mit einer Breite von bis zu 2,2 m bedeckt die wuchskräftige 'Chilterns' schon recht große Flächen. Tief karminrote, zart duftende Blüte. Blüht früh und lange, auch mehrmals. Eine wertvolle Gartenpflanze.

Bis 75 cm | Sommer bis Herbst

◂ _Rosa_ 'Mirato' (_'TANotax'_) syn. _R._ 'Chatsworth', _R._ 'Footloose'
Bodendecker-Rose, Strauch-Rose

Die 'Chatsworth' trägt halbgefüllte, duftende, rosafarbene Blüten, die sich herrlich von dem glänzend dunkelgrünen Laub abheben. Blüht nahezu ununterbrochen.

Einige Sorten blühen nur im Sommer am zweijährigen Holz, andere sind remontierend und blühen auch am jungen Holz. Gemeinsam ist allen Sorten eine dichte Belaubung und gute Verzweigung.

Von majestätischer Größe – Strauch-Rosen
Mannshoch entfalten die Strauch-Rosen ihre Blütenpracht und sorgen damit für Höhe und Struktur im Garten. Streng genommen sind alle Rosen Sträucher. Zu der vielfältigen Gruppe der Strauch-Rosen zählen vor allem große, stärker wachsende Rosen, die sich nicht so leicht einer anderen Gruppe zuordnen lassen, auch die Englischen Rosen oder Alten Rosen gehören dazu. Gemeinsam ist ihnen eine Höhe von meist über 1,2 m. Ihre Blüten können einfach bis stark gefüllt sein, sie stehen einzeln oder in Büscheln. Meist duften sie und sind öfterblühend. Der Wuchs ist meist stattlich buschig, kann aber auch überhängend sein. Einige Sorten haben so lange Triebe, dass sie auch als Kletter-Rosen gezogen werden können. Sie sind als Solitäre genauso geeignet wie in gemischten Rabatten. Robuste, dichte Sorten können als Hecke oder

Bis 50 cm | Sommer

◀ *Rosa* 'Nozomi' syn. *R.* 'Heideröslein Nozomi' Bodendecker-Rose

Die perlmuttfarbenen, leicht nach Moschus duftenden Blüten wirken zart wie dünne Porzellanschälchen und bedecken im Sommer die ganze Pflanze. Die zierliche 'Nozomi' gehört zu den kleinsten Bodendecker-Rosen. Breite bis 1,5 m. Einmalblühend.

Bis 80 cm | Sommer bis Herbst

▶ *Rosa* 'Palmengarten Frankfurt' ('KORsilan') syn. *R.* 'Beauce', *R.* 'Country Dream', *R.* 'Our Rosy Carpet' Bodendecker-Rose

Ein malerisches Gesamtarrangement stellt die 'Palmengarten Frankfurt' dar. Die leicht gefüllten, schalenförmigen Blüten erscheinen ab dem Sommer in großer Fülle. Sie ist ein ausgesprochen robuster, pflegeleichter Bodendecker, der auch Halbschatten und Hitze toleriert. Dauerblüher.

***Rosa* 'Pink Spray' ('LENspra')** Bodendecker-Rose

Zur wichtigsten Eigenschaft dieser niederliegenden, kleinen Rose dürfte ihre Blühfreudigkeit gehören. Ihre bezaubernden, dunkelrosa Blüten mit der hellen Mitte und den goldenen Staubblättern bedecken die Pflanze zur Blütezeit komplett. Den Blüten folgen zinnoberrote Hagebutten. Einmalblühend.

Bis 50 cm | Sommer

▸ *Rosa* 'Royal Bassino' ('KORfungo') syn. *R.* 'Country Prince' Bodendecker-Rose

In dichten Büscheln von bis zu 25 halbgefüllten Blüten präsentiert sich die leuchtend rote 'Royal Bassino' bis in den Spätherbst hinein. Eine wüchsige und robuste Sorte für kleine Gärten. Leichter bis zarter Duft. Gut remontierend.

◂ *Rosa* 'Schneeflocke' ('NOAschnee') syn. *R.* 'White Flower Carpet' Bodendecker-Rose

'White Flower Carpet' beeindruckt mit wunderschön großen, strahlend weißen, halbgefüllten Blüten mit leicht gerüschten äußeren Kronblättern und einem Kranz gelber Staubblätter. Öfterblühend. Verträgt Sonne.

◂ *Rosa* 'Sommerwind' ('KORlanum') syn. *R.* 'Surrey', *R.* 'Vent d'Eté'
Bodendecker-Rose, Strauch-Rose

Ihre unübersehbaren Qualitäten: ein überreicher Flor aus zauberhaften, rosaroten, gefüllten Blüten und Ausdauer bis zum Ende der Saison. Leichter Moschusduft.

◂ *Rosa* 'Angela' ('KORday') syn. *R.* 'Angelica' Strauch-Rose

Unglaubliche schalenförmige, blassrosa Blüten mit einer karminroten Rückseite zeigen sich ab Sommer in dichten Büscheln. Robuste Strauch-Rose. Reiche Blüte.

Einfassung dienen, dank ihrer stacheligen Zweige sind sie kaum zu durchdringen.

Zauberhafte Senkrechtstarter – Kletter-Rosen und Rambler-Rosen

Sie wollen hoch hinaus, beanspruchen wenig Fußraum und sind ideal für kleine Gärten. Ganz gleich ob sie Pergolen, Spaliere, Fassaden oder Rosenbögen zieren, ihre Blütenpracht sorgt für eine märchenhafte, romantische Atmosphäre. Sie sind nicht im klassischen Sinne Kletterpflanzen, denn ihre Triebe müssen an einer entsprechenden Rankhilfe aufgebunden werden. Man unterscheidet zwei Wuchsformen. Kletter-Rosen wachsen wie Strauch-Rosen, ihre relativ steifen, längeren Triebe müssen mit entsprechenden Stützhilfen geleitet werden. Die sogenannten Rambler-Rosen entwickeln hingegen weichere, biegsamere und oft auch längere Triebe. Wachsen sie über ihre Stütze hinaus, hängen ihre Triebe lianenartig über. Manche Sorten sind derart wuchsstark, dass sie sich mit Hilfe ihrer Stacheln bis in Baumkronen hochhangeln können.

Bis 1,5 m | Sommer bis Herbst

Bis 1,2 m | Sommer bis Herbst

▸ ***Rosa*** **'Dirigent' syn. *R.* 'The Conductor'**

Strauch-Rose, Floribunda-Rose

'Dirigent' entwickelt sich zu einem großen, breiten Busch und wird daher auch als Strauch-Rose eingestuft. Die blutroten Blütenbüschel sind unempfindlich gegen Regen, daher wird 'Dirigent' in regenreichen Gebieten sehr geschätzt. Gut remontierend.

◂ ***Rosa*** **'Fimbriata' syn. *R.* 'Phoebe's Frilled Pink'**

Rugosa-Hybride, Strauch-Rose

Das Besondere an der überhängenden, attraktiven 'Fimbriata' ist ihr gekräuselter und gerüschter Rand, der sie wie eine Nelkenblüte wirken lässt. Die flachen, gefüllten Blüten erscheinen in lockeren Büscheln und sind anfangs blassrosa, später werden sie weiß. Robust und wüchsig. Blüht Mitte der Saison, danach unregelmäßig.

Bis 2 m | Sommer bis Herbst

▸ ***Rosa*** **'Golden Wings'** Strauch-Rose

Obwohl sie so zerbrechlich wirkt, ist 'Golden Wings' sehr witterungsbeständig. Aus den zitronengelben, schalenförmigen Blüten, die sich später zu einem Cremeweiß wandeln, entwickeln sich orangefarbene Hagebutten. Fruchtiger Duft. Gut remontierend.

Rosa **'Lavender Dream' ('INTerlav')**

Strauch-Rose

Die recht stacheligen Triebe der wetterfesten und blühfreudigen 'Lavender Dream' können in warmen Gebieten schnell eine Länge von bis zu 2 m erreichen, in kalten Gegenden hingegen erreichen sie gerade einmal die Hälfte. Trägt dunkelrosa bis blassrosaviolette, halbgefüllte, kleine Blüten. Gut remontierend.

Bis 1,5 m | Sommer bis Herbst

***Rosa* 'Lavender Lassie'**
Moschata-Hybride, Strauch-Rose

Die üppig gefüllten, rosafarbenen, duftenden Blüten haben eine wunderbar nostalgische Form und erscheinen in Sträußen von bis zu 30 Blütenköpfen. Ein echter Dauerblüher, vor allem in warmen Klimaten.

Bis 1,5 m | Sommer bis Herbst

Rosa Rose

Bis 2,2 m | Frühsommer

▲ ***Rosa* 'Nevada'** Strauch-Rose

Ihre langen Triebe biegen sich elegant nach außen und sind mit flachen, weißen Riesenblüten überdeckt. Ein echter Frühblüher.

Bis 1 m | Sommer bis Herbst

◀ ***Rosa* 'Pearl Drift' ('LEGgab')** Strauch-Rose

Die perlmuttfarbenen, rosa überhauchten Schalenblüten heben sich wunderschön von dem extrem dunklen Laub ab. Leichter Moschusduft. Dauerblüher.

Nostalgischer Blütenzauber – Englische Rosen
Die Englischen Rosen mit ihrer barocken Blütenpracht gehen zurück auf die Züchtungen des englischen Rosenzüchters David Austin, der in den 60er Jahren des 20. Jahrhunderts begann, Alte Rosen mit modernen Edelrosen zu kreuzen, und damit eine völlig neue Kategorie in der Rosenzucht geschaffen hat. Englische Rosen verfügen über die dicht gefüllte Blüte, den betörenden Duft und die Robustheit der Alten Rosen und besitzen die Größe und Remontierfähigkeit der Modernen. Eigentlich gehören sie zur Gruppe der Strauch-Rosen, durch ihr charakteristisches, romantisches Flair heben sie sich allerdings so deutlich von anderen Sorten ab, dass sie berechtigterweise in einer eigenen Gruppe vorgestellt werden können. Dank ihrer brillanten Eigenschaften passen sie hervorragend in die Nähe von Sitzplätzen, außerdem harmonieren sie gut mit anderen Ziergehölzen und Stauden.

Bis 1,6 m | Sommer bis Herbst

▸ *Rosa* 'Rhapsody in Blue' ('FRAntasia')
Strauch-Rose

Rotviolett bläulich sind die becherförmigen, halbgefüllten Blüten; sie stehen in Büscheln und duften angenehm.

Bis 1,2 m | Sommer bis Herbst

◂ *Rosa* 'Rosika' ('HARmusky') Strauch-Rose

Die stark gefüllten Blüten sind beim Aufblühen innen vollrosa und zartrosa am Rand. Eine reichblühende, kräftig wachsende Sorte. Öfterblühend.

Bis 2 m | Sommer bis Herbst

▸ *Rosa* 'Westerland' ('KORwest') Strauch-Rose, Kletter-Rose

Ein echtes Allroundtalent ist die kräftige 'Westerland' mit ihren halbgefüllten, apricotorangen, fruchtig duftenden Blüten. In warmen Klimaten wird sie als niedrige Kletter-Rose geschätzt, sie erreicht dabei Höhen von bis zu 2,5 m. 'Westerland' toleriert Halbschatten und hat regenfeste Blüten. Öfterblühend.

***Rosa* 'Albertine'**
Wichuraiana-Rambler-Rose

Einen reizvollen Kontrast bilden die gefüllten, intensiv duftenden, lachsrosa Blüten zu den dunkleren Knospen. Die Blühfreudigkeit dieser Sorte zeigt sich zwar nur einmal, ist dafür aber unübertroffen.

Bis 5 m | Hochsommer

Bis 3,5 m · Sommer

◂ ***Rosa* 'Alchymist'** Kletter-Rose, Strauch-Rose

Einmal im Sommer zeigt 'Alchymist' ihre gelb-orangen, rosa überhauchten, dicht gefüllten Blüten, die nicht nur nostalgischen Charme versprühen, sondern auch einen kräftig fruchtigen Duft. Eine der schönsten einmalblühenden Kletter-Rosen. Unempfindlich gegen Hitze und sehr kalte Winter.

Rosa Rose

Bis 5 m · Hochsommer

◂ ***Rosa* 'American Pillar'**
Wichuraiana-Rambler-Rose

Ein beinahe undurchdringliches Dickicht bildet 'American Pillar' mit ihren zahlreichen schlanken Trieben, die mit großen Stacheln bedeckt sind. Trägt einmal im Jahr schwach duftende, ungefüllte, karminrote Blüten mit leuchtend weißer Mitte.

Bis 4 m · Sommer bis Herbst

◂ ***Rosa* 'Bantry Bay'** Kletter-Rose

In dezentem Dunkelrosa zeigen sich die halbgefüllten, schwach duftenden, großen Blüten den ganzen Sommer über. Leichter, süßer Duft. Verträgt einen sonnigen Standort.

Bis 3,5 m · Sommer

◂ ***Rosa* 'Bleu Magenta'**
Rambler-Rose, Multiflora-Hybride

Sie zählt zu den blauesten unter den violetten Kletter-Rosen. Die einzelnen Blüten stehen in dichten Büscheln und verfärben sich von Karminrot bis zu einem Veilchenblau. Leichter Duft. Einmalblühend.

Alte Rosen, Historische Rosen

Alte Rosen sind die ersten – vor 1867 – kultivierten Gartenrosen. Man unterscheidet unter anderem:

Alba-Rosen

Das Farbspektrum der einmalblühenden Alba-Rosen beschränkt sich auf Weiß, Zartrosa und Rosa. Die meisten Sorten haben einen angenehmen Duft. Ihr Wuchs ist kräftig buschig, oft überhängend, dabei erreichen sie Höhen von 180 cm und mehr. Sie gedeihen auch unter schwierigsten Bedingungen und in halbschattigen Lagen. Für Standorte, die eine besonders frostharte, sehr widerstandsfähige Rose erfordern, ist eine Alba-Rose sicherlich die richtige Wahl.

Bourbon-Rosen

Die remontierenden Bourbon-Rosen bilden den Übergang zwischen den Alten Rosen und den modernen Tee-Hybriden. Ihr Farbspiel reicht von weiß über rosa bis scharlach-karminrot. Sie zeigen von Sommer bis Herbst wunderbar duftende, gefüllte Blüten. Ihr Wuchs ist kräftig, einige von ihnen können auch als Kletter-Rosen verwendet werden.

Bis 8 m | Sommer

▸ *Rosa* 'Blush Rambler' Multiflora-Rambler-Rose

Nett und adrett sitzen die blassrosafarbenen, nur leicht halbgefüllten, kräftig duftenden Blüten in großen, lockeren Büscheln. Wirkt in trockenen Gebieten am schönsten, da die Blüten bei Regen Flecken bekommen. Einmalblühend.

Bis 4 m | Spätsommer

◂ *Rosa* 'Bobbie James' Multiflora-Rambler-Rose

Die robuste 'Bobbie James' zeigt einmal in der Saison ihre großen Büschel cremeweißer, schwach gefüllter, herrlich duftender Blüten, aus denen sich unzählige kleine, orangerote Hagebutten entwickeln. Eine der besten kleinblütigen Rambler-Rosen. Toleriert Halbschatten und Nordseiten.

Bis 3 m | Sommer bis Herbst

▸ *Rosa* 'Ghislaine de Félingonde' Multiflora-Rambler-Rose

Nahezu stachellos gibt sich diese kleine Rambler-Rose, die auch als Strauch hervorragend wächst. Im Frühsommer trägt sie große Büschel apricotgelber, gefüllter, moschusartig duftender Blüten, die später noch einmal in weniger üppiger Ausstattung erscheinen. Leichte Nachblüte im Herbst.

***Rosa* 'May Queen'**

Wichuraiana-Rambler-Rose

Die äußerst wüchsige 'May Queen' zeigt prächtige, nostalgisch geraffte, rosarote Blüten in einer gevierteIten Anordnung. Die Blütenbüschel hängen durch ihre hübsche Last leicht über. Die Blüten duften nach Äpfeln. Rote Knospen. Blüht einmal früh.

Bis 4 m | Sommer

Rosa 'New Dawn' syn. _R._ 'The New Dawn'
Kletter-Rose

Eine der unverwüstlichsten und beliebtesten Kletter-Rosen, ideal für Wände, Pergolen oder Bögen. Toleriert Halbschatten, Hitze und harten Frost. Zarte, perlmuttrosa gefärbte, duftende Blüten, Dauerblüher.

Bis 3 m | Sommer bis Herbst

Rosa Rose

Bis 10 m | Sommer

◂ _Rosa_ 'Paul's Himalayan Musk' syn. _R._ 'Paul's Himalayan Rambler'
Rambler-Rose, Moschata-Rose

Diese einmalig blühende Rambler-Rose besitzt eine gewaltige Wuchskraft und erreicht schwindelnde Höhen. Die kleinen, gefüllten, violett rosa Blüten verblassen innerhalb weniger Tage zu Cremeweiß. Ihre üppigen Blütenbüschel wirken in Bäumen sehr effektvoll.

Bis 2,5 m | Sommer

◂ _Rosa_ 'Paul's Scarlet Climber' Kletter-Rose

Die leuchtend karminroten Blütenbüschel mit dem scharlachroten Hauch stehen an langen Stielen und sind auch für die Vase gut geeignet. Robuste, sehr winterharte Sorte mit leichtem Duft. Blüht einmal überreich. Verträgt volle Sonne.

Bis 3 m | Sommer bis Herbst

◂ _Rosa_ 'Pink Perpétue' Kletter-Rose

Den ganzen Sommer über zeigen sich die rosafarbenen Blüten von 'Perpétue'. Die niedrige Kletter-Rose eignet sich für kühlere Regionen. Gut remontierend.

Centifolia-Rosen
Die üppig gefüllten Blüten der „Hundertblättrigen Rose" erscheinen von weiß über rosa bis hin zu dunkelrot. Ihr Wuchs ist hoch und locker. Noch heute sind diese Rosen wegen ihres intensiven Dufts sehr beliebt. Einmalblühend.

China-Rosen
Kleine bis mittelgroße Strauch-Rosen, die mehrmals im Laufe des Sommers und Herbstes blühen. Schwach duftende oder duftlose Blüten.

Damaszener-Rosen
Die Blütenfarbe der Damaszener-Rosen reicht von reinem Weiß bis zu leuchtendem Purpur. Fast alle Sorten haben einen schweren Duft. Sie werden bis 2 m groß und haben einen meist kräftigen Wuchs mit langen, überhängenden Trieben. Einige Sorten blühen im Herbst am neuen Holz. Sie sind sehr winterhart und stachelig. Dienen der Gewinnung von Rosenölen.

Bis 3 m | Sommer bis Herbst

▸ *Rosa* 'Sander's White Rambler'
Wichuraiana-Rambler-Rose

Sie blüht nur einmal spät in der Saison, aber dafür ist sie während dieser Zeit über und über mit kräftig duftenden, weißen Blütenbüscheln versehen. Mit ihrer ausladenden Form füllt sie schnell Bäume oder ungenutzte Gartenecken.

Bis 4 m | Spät-sommer

◂ *R.* 'Santana' ('TANklesant') Kletter-Rose

Ihre blutroten Blüten vor dem glänzenden Laub sind halbgefüllt, langlebig und wetterfest. Eine blühfreudige Sorte – treibt bis zum ersten Frost Blüten – mit ausgezeichneter Winterhärte. Gut remontierend.

Bis 3 m | Sommer bis Herbst

▸ *Rosa* 'Sympathie' Kletter-Rose, Kordesii-Hybride

Ganz samtig wirken die gefüllten, dunkelroten, eleganten Blüten von 'Sympathie'. Die wetterfesten Blütenbüschel erscheinen nach der üppigen ersten Blüte etwas verhaltener, aber dafür bis in den späten Herbst. Glänzende, kräftig grüne Blätter.

***Rosa* 'Venusta Pendula'** Rambler-Rose

Mit einem starken Wuchs und überreicher, einmaliger Blüte tritt 'Venusta Pendula' an. Die gefüllten, weißen, rosa überhauchten Blüten erscheinen in kleinen Büscheln an ihren langen, schlanken Trieben. Duftet kräftig nach Moschus und Myrrhe. Viele Stacheln und rote Hagebutten. Kleine, dunkelgrüne Blätter mit karminroten Trieben.

Bis 4 m | Sommer

▸ ***Rosa* 'Abraham Darby' ('AUScot')**

Englische Rose, Strauch-Rose, Kletter-Rose

'Abraham Darby' triumphiert mit einem der begehrtesten Farbtöne überhaupt: leuchtendes Kupfer-Apricot, außen mit zartem rosa Schimmer. Die dicht gefüllten, großen Blütenköpfe duften nach Früchten. Die stark buschig wachsende Schönheit gehört zu den erfolgreichsten Englischen Rosen. Gut remontierend.

Rosa Rose

◂ ***Rosa* 'Ambridge Rose' ('AUSwonder')**

Englische Rose, Strauch-Rose

Eine zuverlässige Blüherin ist die sehr attraktive 'Ambridge Rose'. Sie zeigt ihre blassrosa-apricotfarbenen Rosettenblüten einzeln oder in kleinen Büscheln rasch hintereinander. Kräftiger Duft.

▴ ***Rosa* 'Charles Austin' ('AUSles')**

Englische Rose, Strauch-Rose

Durch ihre großen, stark gefüllten, apricotfarbenen Blütenköpfe zeichnet sich die buschige, aufrechte 'Charles Austin' aus. Öfterblühend.

◂ ***Rosa* 'Chianti'** Englische Rose, Strauch-Rose

Sehr beeindruckend sind die violett-karminroten Blüten, die sich im Aufgehen zu Pompons entwickeln. Einmalblühend. Gute Schnittblume.

Gallica-Rosen

Die locker gefüllten, meist duftenden Blüten dieser Rosengruppe wurden bereits im Mittelalter zur Herstellung von Rosenöl genutzt. Die Gallica-Rosen gehören zu den ältesten Rosen überhaupt und zeichnen sich durch sehr gute Winterhärte aus. Das Farbspektrum reicht von porzellanrosa bis karminrot und purpur. Viele Sorten sind gestreift, gesprenkelt oder gefleckt. Im Herbst zieren kugelige, rote bis dunkelrote, aufrecht stehende Hagebutten die Sträucher. Einmalblühend.

Moos-Rosen

Die Blüten dieser Moos-Rosen sind in der Regel gefüllt und duften gut. Ihre Besonderheit und besonderer Reiz ist der namengebende moosartige Bewuchs auf den Blütenkelchen und Stielen, der nach Harz duftet. In der Regel haben die Triebe sehr starke Stacheln. Einmalblühend.

Portland-Rosen

Zartrosa bis karmesin- und purpurrot erscheinen die Blüten mit einem intensiven, süßen Duft. Viele Sorten der kompakt wachsenden Portland-Rosen blühen im Spätsommer nach.

Bis 1,5 m · Sommer bis Herbst

▸ *Rosa* 'Constance Spry' ('AUStance')

Englische Rose, Strauch-Rose, Kletter-Rose

Der Archetyp unter den Englischen Rosen. Im Sommer öffnen sich die großen, kugelig gefüllten, traumhaften Blüten. Überhängender Wuchs. Einmalblühend. Duftet nach Myrrhe.

Bis 2,5 m · Sommer

◂ *Rosa* 'Corvedale'

Englische Rose, Strauch-Rose

Schalenförmige Blüten in einem klaren Rosarot, die gut nach Myrrhe duften. Kompakt wachsender Strauch. Gut für den Schnitt geeignet.

▸ *R.* 'Cressida' ('AUScress') Englische Rose, Strauch-Rose, Kletter-Rose

In warmen Gegenden kann 'Cressida' durchaus Höhen von 3 m erreichen und lässt sich somit auch als buschige Kletter-Rose kultivieren. Ihre großen, schalenförmigen, auffällig schönen Blüten sind anfangs apricot-, später hautfarben. Im Herbst stehen sie in Sträußen von bis zu 20 Stück. Kräftiger, fruchtiger Duft.

Bis 1,5 m · Sommer bis Herbst

Bis 1,5 m · Sommer bis Herbst

◂ *Rosa* 'Eglantyne' ('AUSmak')

Englische Rose, Strauch-Rose

Voller nostalgischem Charme sind die blassrosa Rosettenblüten von 'Eglantyne'. Sie zählt zu den blühfreudigsten und schönsten Englischen Rosen. Kräftiger Duft. Fast ein Dauerblüher.

Rosa 'Falstaff' ('AUSverse')

Englische R., Strauch-Rose, Kletter-Rose

In warmen Regionen lässt sich die leuchtend karminrote 'Falstaff' auch als Kletter-Rose ziehen, sie erreicht dann bis zu 3 m Höhe. Ihre schön gefüllten Blüten werden später mattviolett. Duftet kräftig süß.

Bis 1,5 m | Sommer bis Herbst

Rosa Rose

Bis 1,25 m | Sommer bis Herbst

◂ _Rosa_ 'Gertrude Jekyll' ('AUSbord')

Englische Rose, Strauch-Rose

Der wüchsige Strauch schmückt sich ab Sommer mit dicht gefüllten, tiefrosafarbenen Rosettenblüten. Starker Duft. In warmen Gegenden stark wachsend. Gut remontierend. Verträgt auch Halbschatten.

Bis 80 cm | Sommer bis Herbst

◂ _Rosa_ 'Glamis Castle' ('AUSlevel')

Englische Rose, Strauch-Rose

'Glamis Castle' wächst niedrig und buschig mit zahlreichen dünnen Zweigen. Die weißen, schalenförmigen, regenfesten Blüten haben eine außergewöhnliche Fülle und blühen kontinuierlich. Verträgt Sonne.

Bis 1,75 m | Sommer bis Herbst

◂ _Rosa_ 'Graham Thomas' ('AUSmas')

Englische Rose, Strauch-Rose

Ein dankbarer Klassiker! In warmen Regionen wird die locker überhängende 'Graham Thomas' mühelos 3 bis 4 m hoch. Ihre leuchtend goldgelben, dicht gefüllten Blüten bilden einen hübschen Kontrast zum großen, glänzend hellgrünen Laub. Sehr gut remontierend. Kräftiger, fruchtiger Duft.

Remontant-Rosen

Reinweiß, rosa, karmesin, purpurfarben, auch zweifarbig, meist gut duftend, bilden die Remontant-Rosen Sträucher von bis zu 180 cm Höhe. Alle blühen mehr als einmal, allerdings fällt die zweite Blüte oft mager aus.

Wildrosen

Wildrosen haben meist einfache, duftende Blüten mit fünf Kronblättern und zahlreichen Staubgefäßen in der Mitte. Allgemein zeichnen sie sich durch eine frühe, einmalige Blüte sowie durch eine attraktive Hagebuttenbildung im Herbst aus. Sie eignen sich für die naturnahe Rabatte, als Bienenweide oder blühende Heckenpflanze. Bis auf Staunässe tolerieren sie fast jede Bodenart und gedeihen ohne Weiteres auch an halbsonnigen Standorten.

Zwar eilt der Wildrose ein Ruf als zimperliche und kapriziöse Gartendiva voraus, solange jedoch einige schlichte Grundvoraussetzungen erfüllt sind, zeigt sie sich durchaus von ihrer robusten Seite. Die wichtigsten Standorteckdaten für ein gesundes Wachstum und eine verschwenderische Blütenfülle lauten:

Bis 1 m | Sommer bis Herbst

▶ ***Rosa* 'Heritage' ('AUSblush')**

Englische Rose, Strauch-Rose

Noch eine beliebte Englische Rose. Die dicht gefüllten, kugeligen Blüten öffnen sich kaum, sie erscheinen in Büscheln und schmücken den gefälligen Strauch fast bis zum Boden.

Bis 1,2 m | Sommer bis Spätherbst

◀ ***Rosa* 'Kathryn Morley' ('AUSvariety')**

Englische Rose, Strauch-Rose

Während der Saison bildet 'Kathryn Morley' alle drei bis vier Wochen einen neuen Blütenflor, der sich wirklich sehen lassen kann. In warmen, trockenen Regionen erreicht sie schnell eine Höhe von 2 m. Gut remontierend. Kräftiger Duft.

Bis 2 m | Sommer

▶ ***Rosa* 'Leander' ('AUSlea')** Englische Rose, Strauch-Rose, Kletter-Rose

Vereinzelt lässt sich die wunderschöne, wüchsige 'Leander' zu einer Nachblüte bewegen. Die kräftigen, fruchtig duftenden, apricotfarbenen Blüten sitzen in langstieligen Büscheln. Sie verfärben sich später über lachsrosa bis weiß. In warmem Klima als niedrige Kletter-Rose zu behandeln.

***Rosa* 'Mary Rose' ('AUSmary')**

Englische R., Strauch-Rose

Die schöne 'Mary Rose' gehört zu den ersten und letzten Rosen, die im Laufe der Saison blühen. Mit ihren leicht gekrausten, rosaroten Blütenblättern wirken ihre dichten Blüten wie gerüscht. Gut remontierend.

Bis 1,2 m | Sommer bis Herbst

▸ *Rosa* 'The Pilgrim' ('AUSwalker') syn. *R.* 'Gartenarchitekt Günther Schulze'

Englische Rose, Strauch-Rose

Die äußerst blühfreudige 'The Pilgrim' bildet zur Saison ein unübersehbares, duftendes, gelbes Farbenmeer voller üppiger Blütenbüschel. Wunderschön ist der Kontrast zwischen den äußeren, blassen zu den inneren, leuchtenden Blütenblättern. Gut remontierend.

Rosa Rose

◂ *Rosa* 'Tradescant' ('AUSdir')

Englische Rose, Strauch-Rose

Diese dunkelrot-violetten Blüten gehören zu den dunkelsten unter David Austins Englischen Rosen. 'Tradescant' gebührt daher ein besonderer Platz im Garten, der die süßlich duftende Rose richtig in Szene setzt.

◂ *Rosa* 'Wife of Bath' ('AUSbath') syn. *R.* 'Glücksburg', *R.* 'The Wife of Bath'

Englische Rose, Strauch-Rose

Eine robuste, zuverlässige Blüherin mit tiefrosefarbenem Zentrum und blassrosa äußeren Blättern. Gut remontierend. Verträgt volle Sonneneinstrahlung.

◂ *Rosa* 'Yellow Button'

Englische Rose, Strauch-Rose

Am schönsten wirken die kräftig goldgelben, zum Rand hin weiß verblassenden Blüten in einem kühleren Klima, da die Blüten bei Hitze zu schnell ihre Farbintensität verlieren. Die rosettenförmigen Blüten duften fruchtig.

sonnig, luftig und geschützt. Rosen lieben einen hellen Standort mit guter Luftzirkulation, die ein schnelles Trocknen der Blätter nach einem Regenschauer ermöglicht. Als Sonnenanbeter vertragen Rosen durchaus direkte Sonneneinstrahlung für einige Stunden am Tag, mögen aber keine Hitze. Ost- oder Westlagen sind hier einer meist allzu heißen Südlage vorzuziehen. Manche Sorten tolerieren auch absonnige oder halbschattige Lagen; dunkle Ecken, Tropfwasser oder Wurzeldruck hingegen werden gar nicht erst akzeptiert.

Als Tiefwurzler brauchen Rosen viel Platz in der Erde. Der Boden sollte tiefgründig, humos, feucht, aber durchlässig sein. Ungeeignet für Neubepflanzungen sind Böden, in denen kurz vorher bereits Rosen gestanden haben. Als beste Pflanzzeit gelten frostfreie Phasen im Winter oder zeitigen Frühjahr.

Bis 1,5 m | Sommer bis Herbst

▶ ***Rosa* 'Blanchefleur'** Centifolia-Rose

An leicht überhängenden Trieben hängen die stark gefüllten, blassrosa bis cremeweißen, duftenden Blüten in dichten Büscheln. Blüht einmal früh in der Saison, dafür lange.

Bis 1,5 m | Früh-sommer

◀ ***Rosa* 'Boule de Neige'** Bourbon-Rose

Beinahe ein Dauerblüher ist 'Boule de Neige' mit ihren großen Büscheln weißer, süß duftender Blüten. Die Blüten sind recht fragil, sie sollten vor Regen geschützt werden.

Bis 80 cm | Sommer

▶ ***Rosa* 'Camaïeux'** Gallica-Rose

Eine aufregende Blütenfärbung besitzt diese kleine, kompakt wachsende Gallica-Rose. Karminrote und weiße Streifen leuchten auf einem rosafarbenen Grund, die Blüten verblassen in wenigen Tagen zu zarten Flieder- und Grautönen. Einmalblühend mit süßem Duft.

***Rosa* 'Cardinal de Richelieu'**
Gallica-Rose

Die Blütenblätter dieser schönen, purpurfarbenen Gallica-Rose stehen dicht an dicht und lassen die Blüte dadurch üppig erscheinen. Hübsch ist der helle Kontrast, der durch die nach innen gebogenen Blütenblätter entsteht. Einmalblühend.

Bis 1 m | Sommer

Bis 1,5 m Sommer

◀ ***Rosa* 'Charles de Mills' syn. *R.* 'Bizarre Triomphant'** Gallica-Rose

Unter der prächtigen Last ihrer Blüten neigen sich die fast stachellosen Triebe von 'Charles de Mills' elegant nach unten. Wegen ihrer karminvioletten Blütenfarbe, ihrer Wuchskraft und Anspruchslosigkeit ist die süßlich duftende Sorte sehr geschätzt. Einmalblühend.

Bis 1,75 m Sommer

◀ ***Rosa* 'Commandant Beaurepaire'** Bourbon-Rose

In manchen Jahren blüht 'Commandant Beaurepaire' im Herbst ein zweites Mal, im Regelfall zeigt sie ihre hübschen, unregelmäßig gestreiften Blüten aber nur einmal. Süßer Zitrusduft.

Bis 2,5 m Sommer

▲ ***Rosa* 'Complicata'** Gallica-Rose

Mit unbeschwerter Schlichtheit trumpft 'Complicata' auf. Die einfachen, flachen, aber großen Blüten duften leicht süßlich und schließen sich über Nacht. Die wüchsige Pflanze trägt sie in kleinen Büscheln an ihren überhängenden Trieben.

Bis 1,75 m Sommer bis Herbst

◀ ***Rosa* 'Comte de Chambord'** Portland-Rose

Die buschige, dicht beblätterte Portland-Rose zeigt die ganze Saison über annähernd perfekt geformte, rosa Blütenköpfe. Süßer Duft.

Bis 1,5 m | Hochsommer

▸ *Rosa* 'Duc de Cambridge' Damaszener-Rose

Einmal in der Saison zeigt sich 'Duc de Cambridge' in ihrer ganzen Pracht. Wunderschöne, rosafarbene, zum Rand hin heller werdende Blüten mit einem kräftigen, anregenden Duft.

◂ *Rosa* 'Félicité Parmentier' Alba-Rose

Robustheit und Wüchsigkeit machen die buschige, aufrechte Alba-Rose mit der rauen, blaugrünen Belaubung zu einem echten Gartenjuwel. Die zartrosafarbenen Blüten stehen in dichten Büscheln, sie färben sich im Verblühen weiß.

Bis 2,5 m | Sommer

Bis 2,5 m | Sommer bis Herbst

▸ *Rosa* 'Ferdinand Pichard' Remontant-Rose

Nach Himbeeren riechen die halbgefüllten, rosafarbenen Blüten mit den karminroten, unregelmäßigen Streifen und Flecken. Die öfterblühende, aufrecht wachsende 'Ferdinand Pichard' ist kräftig und robust. Eine der schönsten gestreiften Rosen.

***Rosa* 'Général Jaqueminot'**

Remontant-Rose

Ihre Herkunft geht auf 1846 zurück. Wegen ihrer reichen Blüte war sie sehr viele Jahre die am häufigsten kultivierte rote Rose der Welt. Duftet kräftig, süß und remontiert gut.

Bis 1,5 m | Sommer bis Herbst

***Rosa* 'Gloire de Guilan'**
Damaszener-Rose

Neben ihren zartrosafarbenen, dicht gefüllten und gefältelten Blütenschalen vereint 'Gloire de Giulan' gleich zwei weitere bedeutende Vorzüge auf sich. Sie duftet sehr stark und ist sehr winterhart. Die Einmalblühende wächst breit und sanft überhängend.

Bis 1,75 m | Sommer

Rosa Rose

Bis 2,5 m | Sommer

◄ ***Rosa* 'Goethe'** Moos-Rose

Die bemoosten Blütenstiele und Knospen lassen 'Goethe' auch nach der Blüte noch sehr ansprechend wirken. Wegen ihrer dicht sitzenden, langen Stacheln wird sie gerne als Heckenpflanze verwendet.

Bis 1,5 m | Sommer

▲ ***Rosa* 'Henri Martin'** Moos-Rose

Nicht nur die herrlich roten Blüten von 'Henri Martin' bieten ein unvergessliches Dufterlebnis, auch die grüne Bemoosung duftet intensiv nach Harz. Trägt im Winter pelzige, orangefarbene Hagebutten.

Bis 80 cm | Sommer bis Herbst

◄ ***Rosa* 'Hermosa'**
China-Rose oder China-Hybride

An einem geschützten Platz zeigt 'Hermosa' ihre nickenden Blütenköpfe ohne Weiteres bis in den frühen Winter hinein. Duftet nach Tee.

Bis 1,75 m | Sommer bis Herbst

Bis 1,5 m | Sommer bis Herbst

▸ *Rosa* 'Jacques Cartier' syn. *R.* 'Marchesa Boccela' Portland-Rose

Die tiefrosafarbenen, geviertelten Blüten scheinen aus unendlich vielen Blütenblättern zu bestehen. Traumhaft blühfreudig und sehr robust.

◂ *Rosa* 'La Reine' syn. *R.* 'Rose de la Reine' Remontant-Rose

Wegen ihrer dünnen Blütenblätter, die bei feuchter Witterung schnell verkleben, eignet sich die großblütige 'La Reine' besser für warme, trockene Gebiete. Die kompakte Remontant-Rose stammt von 1842.

Bis 2 m | Sommer

▸ *Rosa* 'Maxima' Alba-Rose

Bescheidenheit, gepaart mit Überfluss – so lassen sich die wesentlichen Qualitätsmerkmale von 'Maxima' prägnant zusammenfassen. Die stattliche, ausladende Alba-Rose mit graugrüner Belaubung ist nicht nur äußerst robust und sehr winterhart, sie eignet sich auch für magere Böden, solange ausreichend Sonne vorhanden ist. Dafür bedankt sie sich mit gefüllten, weißen Blüten und süßem Duft in Hülle und Fülle.

Bis 1,5 m | Sommer bis Herbst

◂ *Rosa* 'Mme. Louis Lévêque' Moos-Rose

Ihre großen, runden Knospen sind leicht mit grünem Moos bedeckt. Sie öffnen sich zu großen, rosafarbenen, dicht gefüllten Blüten, die einen süßen Duft verströmen. Wirkt am besten in trockenen Klimaten, sehr winterhart.

▸ ***Rosa* 'Mme. Pierre Oger'**
Bourbon-Rose

Mit ihren besonders transparenten, porzellanartigen, cremerosa Blüten zählt 'Mme. Pierre Oger' zu den beliebtesten alten Gartenrosen. Nach der ersten, reichen Blüte erscheinen bis zum Frost zart duftende, dicht gefüllte Blüten.

Bis 2 m | Sommer bis Herbst

Rosa Rose

◂ ***Rosa* 'Portland Rose' syn. *R.* 'Duchesse of Portland', *R.* 'Paestana'** Portland-Rose

Die blühfreudige Portland-Rose bildet ein niedriges Dickicht aus schlanken Trieben mit leuchtend dunkelrosa, halbgefüllten Blüten, die wunderbar duften. Remontierend.

Bis 80 cm | Sommer bis Herbst

Bis 1 m | Sommer bis Herbst

▴ ***Rosa* 'Roger Lambelin'** Remontant-Rose

Die dunkelkarminroten, locker gefüllten Blüten haben auffällig panaschierte Blütenblätter. Neigt zu strauchigem Wuchs.

◂ ***Rosa* 'Tour de Malakoff'** Centifolia-Rose

Das herrliche Farbspiel ihrer unvergleichlich duftenden, großen Blüten liegt zwischen Magenta, Purpur und blassem Lilagrau.

Bis 2 m | Sommer

▸ ***Rosa* 'Tricolor de Flandres'** Gallica-Rose

Klein und kompakt wächst 'Tricolor de Flandres'. Die wohlgeordneten, dicht gefüllten, gestreiften Blüten zeigen ein grünes Auge in der Mitte. Schwacher Duft.

◂ ***Rosa × odorata* 'Viridiflora' syn. *R. chinensis* 'Viridiflora', *R.* 'Lü E', *R.* 'Viridiflora'** Tee-Rose

Ein recht eigenwilliges Exemplar ist die Grüne Rose 'Viridiflora'. Ihre anfangs grünen Blüten verfärben sich mit der Zeit zu einem schönen Kupferton.

▸ ***Rosa canina*** Hunds-Rose

Für viele gilt *R. canina* als die Wildrose schlechthin. Ihre kurzlebigen, weißen bis tiefrosafarbenen, zarten, frisch duftenden Blüten öffnen sich einmal im Sommer. Danach entwickelt sie korallenrote Hagebutten, aus denen schmackhafte Konfitüre hergestellt werden kann.

Rosa glauca Bereifte Rose, Rotblättrige Rose

Vor allem wegen ihrer rot bläulich schimmernden Blätter, den vielen leuchtend roten Hagebutten und den im Winter braunroten, bläulich bereiften Trieben besitzt *R. glauca* einen unschätzbaren Zierwert für den Garten.

Bis 2 m | Sommer

▸ *Rosa moyesii* Mandarin-Rose

Ab dem Spätsommer erscheinen an den leicht übergeneigten Zweigen lange, flaschenförmige Hagebutten und leuchten in intensivem, herbstlichem Zinnoberorange. *R. moyesii* blüht in beinahe jeder Schattierung von rosa über blutrot bis dunkelkarmin.

Bis 4 m | Frühsommer

Rosa Rose

Bis 1,75 m | Frühsommer

◂ *Rosa pendulina* var. *pendulina*

Alpen-Rose, Hängefrucht-Rose

Die zierliche Alpen-Rose treibt kräftig rosafarbene, einfache Blüten und besitzt beinahe stachellose Triebe. Im Herbst erscheinen flaschenförmige, orange Hagebutten. Sehr winterhart.

Bis 2 m | Frühsommer

◂ *Rosa pimpinellifolia* var. *altaica*

Neben den cremefarbenen, leicht fruchtig duftenden Blüten sind die runden, schwarzen Hagebutten ein weiterer Blickfang im Herbst.

▸ *Rosa villosa* syn. *R. pomifera* Apfel-Rose

Auffallend sind ihre dunkelroten, meist borstig behaarten Hagebutten, die im Herbst zahlreich groß und rund an *R. villosa* erscheinen. Blüht blassrosa mit leichtem Duft.

Bis 2 m | Sommer

Rosa xanthina* f. *hugonis

Vater Hugos Rose

Sie blüht oft als erste Rose der Saison mit primelgelben Blüten, die sich reichlich entlang der gebogenen Triebe zeigen. Sie trägt besonders schönes, farnartiges Laub.

Bis 2 m | Spätes Frühjahr

KLIMAZONEN-KARTEN

Durchschnittliche jährliche Tiefsttemperatur
Darstellung in Anlehnung an die Klimazoneneinteilung der USDA (US Department of Agriculture)

°C	Zone
-40 bis -35	3
-35 bis -29	4
-29 bis -23	5
-23 bis -18	6
-18 bis -12	7
-12 bis -7	8
-7 bis -1	9
-1 bis 5	10

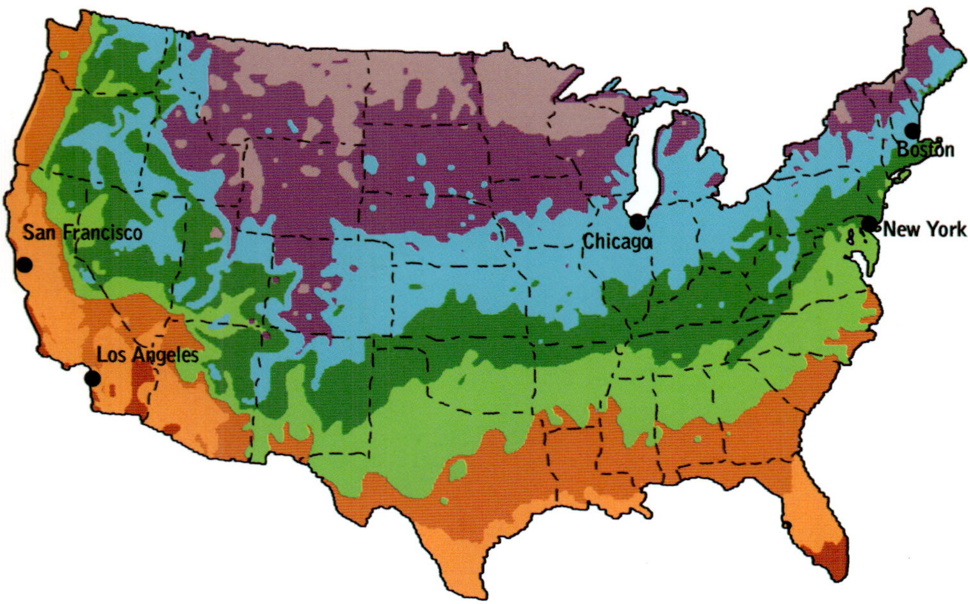

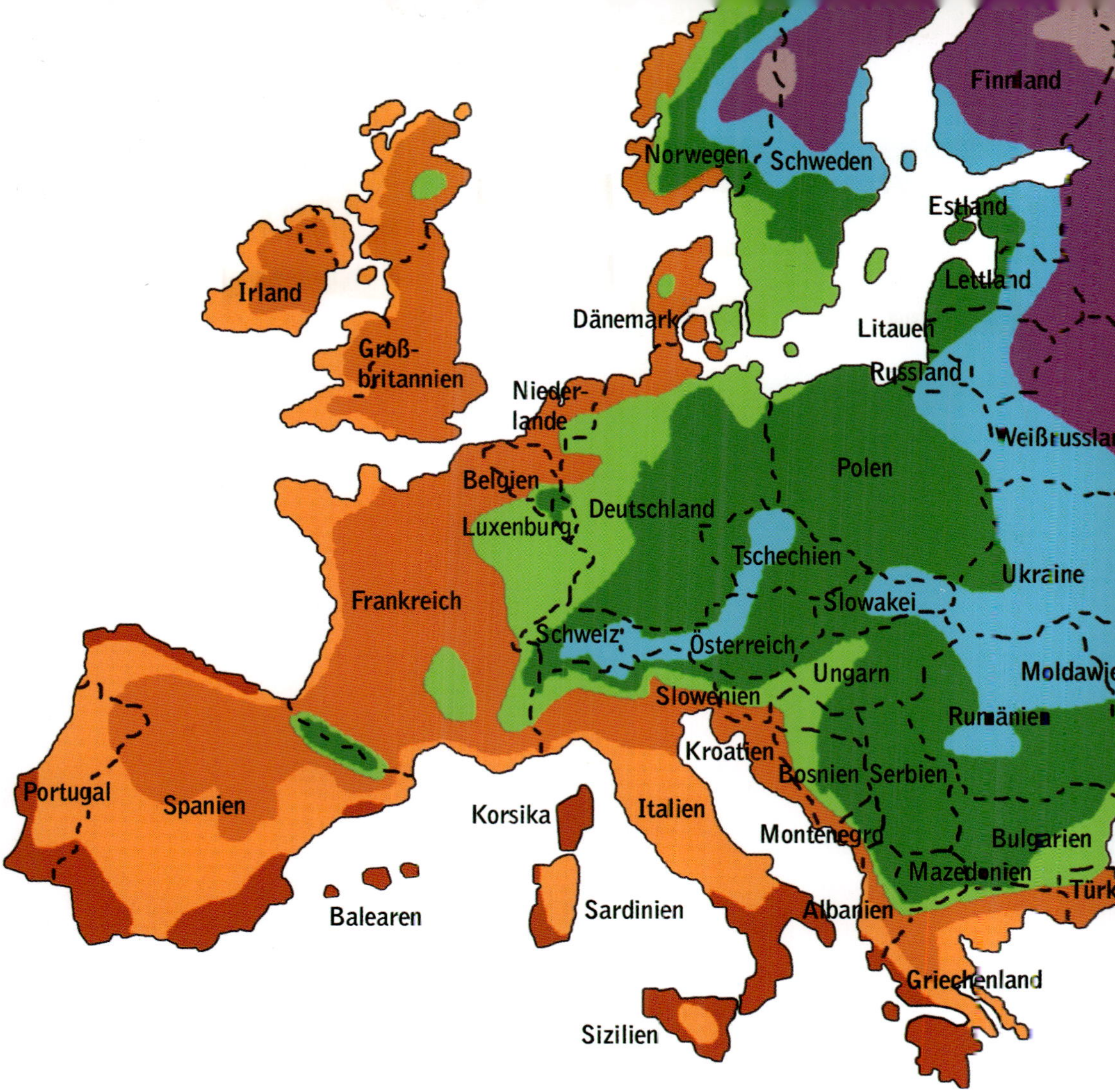

Jede Pflanze in diesem Buch ist entsprechend ihrer Frosthärte gekennzeichnet. Mitentscheidend für das Überleben und Gedeihen einer Pflanze ist aber auch das Mikroklima vor Ort im Garten. Die Frosthärte von Pflanzen wird dabei günstig beeinflusst von Faktoren wie einem warmen Standort beispielsweise an einer Mauer, ausreichendem Schutz vor kalten und austrocknenden Winden, durch eine konstante Schneedecke sowie durch einen gut drainierten Boden.

Viele Pflanzen können unter günstigen Bedingungen für einen kurzen Zeitraum auch niedrigere Temperaturen überdauern. Da auch Züchtungen von Pflanzen innerhalb einer Art stark variieren können, kann die Frostverträglichkeit immer nur als Richtwert verstanden werden.

Piktogramm-Erklärung

Die Farbe der Piktogramme variiert mit dem Motiv, bei dem sie stehen.

Allgemeine Informationen	Standort	Wasserbedarf	Frosthärte
Wuchshöhe	Sonne	gering	bedingt frosthart, bis 0 °C
Wuchsbreite	Halbschatten	mittel	frosthart, bis -5 °C
Blütezeit	Schatten	hoch	voll frosthart, bis -15 °C
Schnittblume			
Kübel-/Topfpflanze			
Vorsicht*			
Früchte			
Duft			

* Die mit einem Ausrufezeichen gekennzeichneten Pflanzen sind in einigen Teilen giftig, sind nicht zum Verzehr geeignet oder können bei Berührung Hautreaktionen hervorrufen, worauf auch im Text hingewiesen wird. Bei einigen Pflanzen derselben Sorte gilt die im Text definierte Gefährdung sowie das bei der ersten Pflanze gesetzte Ausrufezeichen für alle von dieser Sorte vorgestellten Pflanzen. Pflanzen Sie keine giftigen Gewächse in Gärten, in denen kleine Kinder spielen. Können die Wirkstoffe der Kräuter in Maßen genossen gesundheitsförderlich sein, so kann sich der positive Effekt ins Negative kehren, wenn man Kräuter in großen Mengen verzehrt. Nicht alle Beeren und Früchte sind unbedenklich essbar. Bei dem geringsten Zweifel sollten Sie auf den Verzehr verzichten und in einer Gartenfachhandlung weitere Informationen einholen. Alle gemachten Angaben sind nach bestem Wissen und Gewissen zusammengetragen worden.

INDEX

F

I

J

Q

R

S

Bildnachweis

Modeste Herwig alle Fotos, außer:

Jürgen Becker Umschlagvorderseite unten rechts, Seite 2, 12 oben, 19 unten rechts, 21 oben, 32 alle, 33 oben rechts, 58 oben und Mitte rechts, 61 unten, 62 Mitte links, 64 unten links, 65 oben rechts, Mitte rechts und unten, 66 oben und unten links, 67 oben links, rechts und Mitte rechts, 68 oben, 69 Mitte rechts, 83 unten rechts, 217 beide rechts, 326 unten, 328 oben, 332–333, 334 oben, 2. von oben und unten, 335 alle 3 oben, 336 2. von unten, 337 oben links, 2. von oben rechts und unten, 339 alle, 340 alle 3 unten, 341 alle, 342 alle, 343 oben rechts, 344 oben und unten, 345 oben links und 2. von oben rechts, 346 oben links, 350 alle 3 unten, 351 beide oben rechts, 353 oben links, 354 alle, 355 alle, 356 oben, 357 alle, 358 alle, 359 alle, 360 alle, 361 oben links, 2. von oben rechts und unten, 362 alle und 363 unten, Umschlagrückseite Mitte.

blickwinkel Seite 11 oben links, 16 beide, 22 unten, 34 oben, 43 oben links, 46 Mitte links, 48 oben links, 76 oben, 78 oben, 81 links, 82 Mitte, 92–93, 94 beide, 96 oben und Mitte, 99 beide rechts, 100 oben, 101 links, 113 beide rechts, 120 unten, 134 oben, 158 oben, 160 Mitte, 161 oben rechts, 164 oben, 165 oben rechts, 172 unten, 175 unten, 182 Mitte rechts und unten, 185 unten, 189 rechts, 190 oben, 192 unten, 193 oben links, rechts und Mitte, 199 unten rechts, 202 unten, 203 oben rechts und unten, 232 oben, 233 oben rechts, 235 rechts, 237 oben, 241 unten rechts, 250 oben links, 254 Mitte, 256 unten, 268 unten, 269, 322 unten links, 325 oben rechts, 329 links.

International Bulb Center Seite 11 unten rechts, 14 oben, 25 beide oben rechts, 30 Mitte, 31 oben, 36 unten links, 37 oben links, oben rechts und unten, 43 oben rechts, 45 unten, 46 Mitte rechts und oben, 56 Mitte.

Besonderer Dank

Für ihre unermüdlichen Bemühungen um die außerordentliche Qualität dieses Werkes bedanken wir uns bei Phoebe Päth, Justyna Krzyzanowska, Claudia Wester und dem ganzen Makro Chroma Team.